Gebrauchsanweisung für Tokio und Japan

Andreas Neuenkirchen

Gebrauchsanweisung für Tokio und Japan

PIPER

Mehr über unsere Autoren und Bücher:
www.piper.de

ISBN 978-3-492-27744-0

Karte: cartomedia, Karlsruhe
Satz: Fotosatz Amann, Memmingen
Druck und Bindung: CPI books GmbH, Leck
Printed in the EU

Inhalt

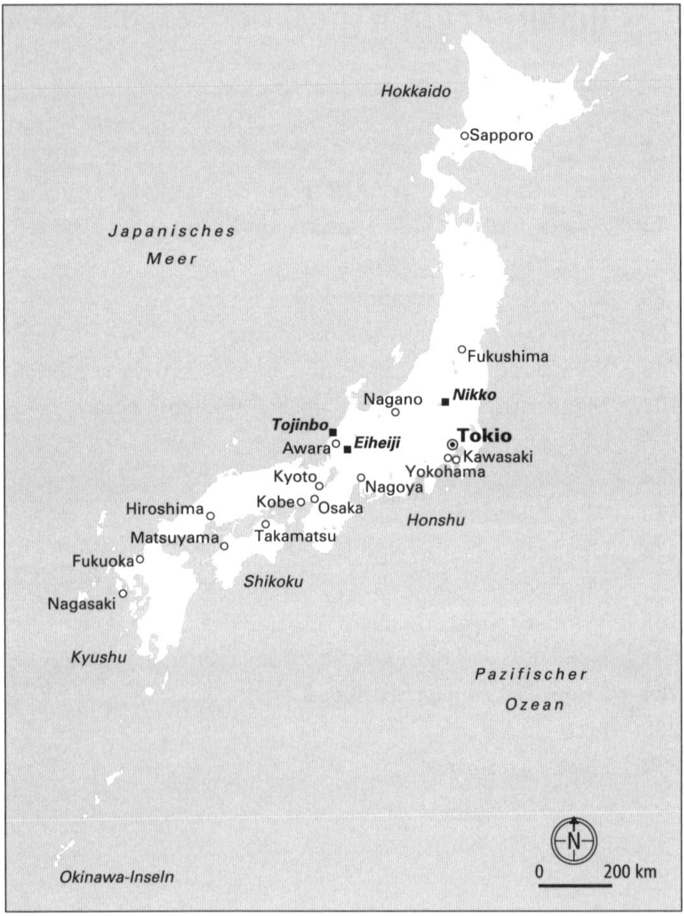
Hokkaido
Sapporo
Japanisches Meer
Fukushima
Nagano
Nikko
Tojinbo
Tokio
Awara
Eiheiji
Kawasaki
Yokohama
Kyoto
Nagoya
Kobe
Osaka
Hiroshima
Honshu
Matsuyama
Takamatsu
Fukuoka
Shikoku
Nagasaki
Kyushu
Pazifischer Ozean
N
Okinawa-Inseln
0
200 km

Hello Kitty lebt hier nicht mehr

Keine Sorge, ganz so schlimm ist es doch noch nicht gekommen. Aber wo ich Ihre Aufmerksamkeit habe: Japan ist im Wandel. Ein Satz, so beliebig, dass man ihn am liebsten gleich wieder streichen möchte. Nichtsdestotrotz kann man kaum bestreiten, dass seine Kernaussage in mehr als einer Hinsicht stimmt. Die Gesellschaft transformiert sich ebenso schnell wie die Szenerie. Die Alten werden immer älter, Neugeborene kommen kaum nach. In Tokio lebt es sich wie auf einer Baustelle: Jeden Abend fragt man sich vor dem Einschlafen, welches Haus wohl morgen nicht mehr steht, und welches stattdessen. Das ist nicht immer eine bange Frage. Ganz unter uns: Nicht jedes Haus, das in Tokio so rumsteht, hat es verdient, um jeden Preis für die Nachwelt erhalten zu bleiben.

Wandel muss also keineswegs von Übel sein, aber Wandel kann verwirren und an den Kräften zehren. Und so ist es vielleicht bezeichnend, dass Hello Kitty, obwohl die Nachrichten von ihrem Ableben stark übertrieben sind, nicht mehr die beliebteste Kreation ihres Herstellers Sanrio ist. Jahrzehntelang war sie das, was sie zu einer Art Botschafterin des Landes machte (ab 2008 war sie es sogar konkret: da wurde sie offiziell zur Tourismusbotschafterin ernannt). Während sie im Ausland für Japan steht wie kaum eine andere Symbolfigur, hat sie in ihrer Heimat mittlerweile eine Cartoon-Kreation namens Gudetama in Sachen Beliebtheit überflügelt. Der Name heißt so viel wie »faules Ei«, und tatsächlich handelt es sich um ein stets schlafendes oder zumindest müdes Stück Eigelb, das es sich am liebsten unter seiner Speckdecke bequem macht. Die Frage, was das über die japanische Volksseele aussagt, beflügelt jede Menge Japan-Interpretatoren zu küchenpsychologischen Höchstleistungen.

Japaner mögen manchmal müde sein, sie sind schließlich auch nur Menschen, doch das Land als Ganzes schläft nicht. Es ist mit Elan dabei, sich neu zu erfinden, oder sich zumindest neu zu präsentieren. Das tut man am besten mit Schlagworten. Und wenn einem die alten nicht mehr genehm sind, müssen neue her. *Omotenashi* statt *Fukushima*. In der allerersten Ausgabe dieses Buches hatte ich 2009 meinen Unmut darüber geäußert, dass über Japan im Westen anscheinend eine Nachrichtensperre verhängt sei, solange es nicht um kuriose Schmunzelmeldungen oder Neues aus der Hightech-Welt gehe. Im Frühjahr 2011 allerdings mochte man sich wünschen, es möge mal wieder etwas weniger über Japan berichtet werden. Zumindest weniger hysterisch, weniger spekulativ, weniger elendspornografisch. Nach dem Tōhoku-Erdbeben und dem Tsunami an der Ostküste der größten japanischen Insel Honshū waren alle Medien überall auf der Welt voll von Japan. Die anschließende Kernreaktorhavarie in Fukushima sorgte dafür, dass das noch eine ganze Weile so blieb. Dabei wurde dem Ausland das Bild vermittelt, ganz Japan sei ein einziges Desaster, vermutlich für immer.

Dahingehend hat sich die Nachrichtenlage wieder ein wenig entspannt. Trotzdem bleibt Fukushima ein eng mit der ganzen Nation verbundenes Schlagwort, und zwar nicht unbedingt eines, das den hochgesteckten Zielen der japanischen Tourismusindustrie gelegen käme. Da musste ein neues her, und das lieferte die TV-Persönlichkeit Christel Takigawa im September

2013, als sie es dem Internationalen Olympischen Komitee und dem Rest der Welt strahlend, gestenreich und geduldig nach dem japanischen Silbenalphabet vorbuchstabierte: »o – mo – te – na – shi«. Auf Deutsch in etwa: Gastfreundschaft. Fortan war *omotenashi* so was von in aller Munde, dass man meinen mochte, die kleine Vokabellektion allein hätte Japan den Zuschlag für die Olympischen Sommerspiele 2020 beschert. In Japan selbst war das Wort zuvor eines unter Tausenden gewesen, ein wenig angestaubt, weder in den Medien noch auf der Straße sonderlich präsent. Doch plötzlich hatten alle eine Meinung dazu. Zu einer erfolgreichen Schlagworteinführung gehört selbstverständlich auch eine kräftige Kontroverse. Die Alten maulten, dass es die *omotenashi* der guten alten Schule ja gar nicht mehr gäbe. Mit dem Geburtenrückgang geht auch die Zahl der Beschäftigten im Dienstleistungsgewerbe zurück, beziehungsweise es gibt nicht mehr genügend Kunden zu bedienen, um, zum Beispiel, in wirklich allen Geschäften gewinnbringend menschliche Regenschirmtrockner und Fahrstuhlknopfdrücker einzustellen. Die sogenannten Expats, die in Japan wie im Rest der Welt oft eigene Unzulänglichkeiten verbiestert ihrer neuen Heimat ankreiden, maulten, dass diese *omotenashi* erstens total oberflächlich sei (dabei verwechselten sie offenbar Gastfreundschaft mit Blutsbrüderschaft), und zweitens sowieso total auf die Nerven ginge. Es muss natürlich jeder selbst wissen, ob er oberflächliche Unfreundlichkeit oberflächlicher Freundlichkeit vorzieht. (Eigentlich bin ich Anglizismen-Skeptiker, aber »Expats« scheint mir im realen Sprachgebrauch doch eher eine besondere Art von Auswanderern als Auswanderer ganz allgemein zu meinen. Und diese besondere Art meine ich hier.)

Cool Japan nur noch lauwarm?

Auch wenn man nicht zu den zynischen Expats gehört, muss man zugeben: Früher war es leichter, Japan anzupreisen. Zum Beispiel vor rund zehn Jahren, als die besagte erste Ausgabe dieses Buches erschien. Das Land war die zweitgrößte Wirtschaftsmacht der Welt (inzwischen auf einem wackeligen dritten Platz), die japanische Popkultur die coolste der Welt (es gibt inzwischen asiatische Konkurrenz, über die noch zu sprechen sein wird), und von Fukushima hatte kein Mensch was gehört (das hat sich geändert). Immerhin hat die japanische Regierung begriffen, dass man auf Softpower setzen muss, wenn man sonst kaum noch Power hat. Manga, Sushi und Kimono statt militärische Invasionen und wirtschaftliche Übernahmen scheint nun das Motto zu sein, und wer würde das nicht gerne unterschreiben? Ob es jedoch eine gute Idee war, dafür gleich einen halbstaatlichen »Cool Japan Fund« ins Leben zu rufen? Schließlich ist nichts so uncool wie staatlich geförderte Popkultur. Daran scheint der bislang überschaubare Erfolg des Unterfangens nicht zu rütteln.

Japans auch popkultureller internationaler Bedeutungsverlust belastet die japanische Seele, was sich bisweilen sonderbar äußert. Kürzlich sahen meine japanische Frau und ich einen amerikanischen Thriller, in dem ein paar wenige Szenen in Südkorea spielten. Es handelte sich nicht um ein schmeichelhaftes Porträt, die Südkoreaner waren allesamt dekadente, skrupellose, sexbesessene Computerhacker. Da seufzte meine Frau wehmütig und sagte: »Ist das nicht schade? Vor ein paar Jahren hätte Hollywood dafür noch Japaner genommen.« Die fragwürdige Darstellung von »Asien« und »Asiaten« störte sie kaum (da ist man im Osten tatsächlich weniger dünnhäutig als im debattierwütigen Westen). Schlimmer war, dass man an Japan nicht mal mehr denkt, wenn es Ganoven und Perverse zu besetzen gilt.

In der vorletzten Weihnachtssaison sah ich in einer Buchhandlung ein farbiges, hochglänzendes Fanbuch zu einer südkoreanischen Boyband. Ist normal, möchte man meinen. K-Pop ist schließlich in Japan rasend beliebt. Ich sah es allerdings nicht in einer japanischen Buchhandlung, sondern in einer deutschen. Und es handelte sich nicht um ein Nischengeschäft in einem Berliner Trendviertel, sondern um eine Kettenbuchhandlung in der Fußgängerzone von Bremen-Vegesack. Da wusste ich: Das kann Japan nicht mehr aufholen. Die Pop-Weltmacht Nummer 1 außerhalb der englischsprachigen Hemisphäre ist nun Südkorea.

Aber muss man überhaupt immer die Nummer 1 sein? Nö. Wenn die Hysterie verflogen ist, wenn die Influencer und Trendhopper weitergehüpft sind, um andere Orte abzufotografieren, beginnt das gute Leben. Einmal saß ich in einer Bar in Tokio mit einem deutschen Nachwuchskünstler, mit einem Ohr einem lokalen Blues-Musiker lauschend, mit dem anderen dem Künstler. Die Stadt war gut, die Bar war gut, die Musik war gut, das Bier war gut, doch der Künstler zog Flunsch. »In Tokio ist nichts mehr los«, maulte er, »ich glaub, ich geh nach Schanghai.« Ich dachte: Bitteschön, da ist die Tür. Ein Teil des Problems weniger.

Japan hat jetzt etwas Besseres zu tun, als hip zu sein. Wer den Nabel der asiatischen Welt sucht (vielleicht damit den der Welt an sich?), wird womöglich in Korea oder China fündig. Macht nichts, sind ja auch schöne und interessante Länder. Dabei sieht es keineswegs so aus, als folge auf Japans globalen Bedeutungsrückgang ein weltweiter Interessenverlust. Ganz im Gegenteil. Die japanische Tourismusbranche hatte ihre sportlichen, vor ein paar Jahren staatlich vorgegebenen Ziele lange vor der Zeit übererfüllt. Da wurden diese Ziele einfach flott erhöht. Das wird ebenso zu schaffen sein.

Warum auch nicht? Werfen wir doch noch einmal einen Blick in den Phrasenbaukasten, aus dem wir bereits »Japan ist im Wandel« gezogen hatten. Was liegt gleich daneben und sieht ähnlich abgegriffen aus? Richtig: »Japan ist ein Land zwischen Tradition und Moderne.« Eine Feststellung so richtig wie unoriginell. Kann man genauso gut über andere Länder und Regionen sagen, zum Beispiel über Bayern. Japans Vorteil: Japan war schon modern, als andere Länder noch weit davon entfernt waren. Dass es jetzt in der einen oder anderen Disziplin ein bisschen hinterherhängt, kann dem geneigten Besucher schnurz sein. Er besucht vielleicht nicht das modernste Land der Welt, dafür aber die Wiege der Modernität. Das Land, in dem die Zukunft begann. Das Land des aufgehenden Walkmans. Das Land, in dem es schon Sushi gab, bevor der Thai-Döner-Imbiss in der norddeutschen Fußgängerzone es auf der Karte hatte. Das Land, das mehreren Generationen von Erwachsenen die Kindheit mit Zauberworten wie *Kimba*, *Dragon Ball*, *Sailor Moon* oder *Neon Genesis Evangelion* verzauberte. Und vergleicht man mal auf Serviceebene einen nächtlichen Einkauf in einem Tokioter Convenience Store mit dem Besuch einer Nachttanke in Deutschland, dann spürt man: Da liegt etwas ganz Besonderes in der Luft. Ich glaube, es ist: o – mo – te – na – shi.

Was kümmert mich mein Geschwätz von gestern?

Oder: Was hat Konrad Adenauer mit Japan zu tun? Nichts, soweit ich weiß. Dieses liebenswerteste aller Adenauer-Zitate ist zwar so, wie es ist, knackig genug. Dennoch ist die populäre Verkürzung eine Verfälschung, lautet es doch vollständig: »Was kümmert mich mein Geschwätz von gestern? Nichts hindert mich, weiser zu werden.«

Unter diesem Motto bin ich an die Neuausgabe dieses Buches herangegangen. Sie erzählt von Begebenheiten aus der Zeit, in der ich als ungebundener kleiner Rotzlöffel von ungefähr 30 Jahren reisend durchs Land dilettierte sowie aus der Gegenwart, in der ich als altersmilder Familienvater in der Hauptstadt residiere. Vieles, was mir vor zwanzig Jahren Routine war, würde mir heute nicht mehr einfallen. Einiges, was ich im Zuge dessen niederschrieb, sehe ich inzwischen anders. Nichtsdestotrotz wollte ich das Buch nicht komplett um (Spät-)Jugendsünden bereinigen; es war ja nicht alles schlecht, damals. Nicht weniges musste trotzdem weichen, um den über neunzig brandneuen Seiten Platz zu machen. Bei denen wünsche ich viel Spaß, und bei den alten Lausbubengeschichten ebenfalls.

Tokio, im Januar 2020 (beziehungsweise Jahr 1 der Reiwa-Zeit)

Hajimemashite! Von Kontakt und Kommunikation und anderem Unvermeidlichen

Guten Morgen, Guten Tag, Guten Abend, Gute Nacht. All das kann man ohne Weiteres auf Japanisch sagen: *ohayō gozaimasu, konnichi wa, konban wa, oyasumi nasai.* Wobei Letzteres ebenso gut *Gute Freizeit* wie *Gute Nacht* heißen könnte, denn wann außer zur Nachtruhe hat man als Japaner schon Freizeit? Trifft man jemanden zum ersten Mal im Leben, sagt man zur Begrüßung erst mal: »*Hajimemashite!*« Wörtlich übersetzen lässt der Ausdruck sich schwer; es handelt sich um die Feststellung, dass es das erste Mal ist, und gibt der Hoffnung Ausdruck, dass man einander gewogen sein wird.

Aber die Frage, was man zur Begrüßung sagt, ist gar nicht des Pudels Kern. Interessanter ist, was man dabei mit Körper und Gliedmaßen tut.

Das große Zappeln

Wenn Japaner und Europäer aufeinandertreffen, wird es zappelig. Japaner wissen, dass Europäer einander die Hände schütteln, besonders lebenslustige Exemplare einander sogar die Wangen küssen. Europäer wissen, dass in Japan beides unüblich ist und dass man sich stattdessen voreinander verbeugt. Nur: Soll man sich als Besucher der Landessitte anbiedern oder davon ausgehen, dass die Einheimischen das gar nicht erwarten, und von sich aus die Hand zum Gruße strecken? Die Antwort kennt niemand, denn es gibt keine. Japaner machen sich vor der Begegnung dieselben bangen Gedanken. Deshalb wird das erste Aufeinandertreffen von Ost und West immer ein großes Zappeln zwischen angetäuschten Verbeugungen, zuckenden Handbewegungen und nervösem Gelächter sein. Und das wird so lange anhalten, bis beide Parteien einen gemeinsamen Rhythmus, vielleicht ein gemeinsames Ritual gefunden haben.

Wer bereits einem Japaner die Hand geschüttelt hat, mag zu der Überzeugung gelangen, Japaner können keine Hände schütteln. Die Flosse liegt passiv in der eigenen und lässt die Begrüßung über sich ergehen, eigener Druck wird nicht ausgeübt. Das liegt an der mangelnden Erfahrung mit diesem Brauchtum. Umgekehrt gilt genauso: Europäer können sich einfach nicht anständig verbeugen. Denn Verbeugung ist nicht gleich Verbeugung. Unterschiede finden sich sowohl in der Tiefe der Bewegung wie in der Dauer des gebeugten Verharrens. Abhängig ist das von Alter und Status des Begrüßten im Verhältnis zum eigenen Alter und Status. Manche Verbeugung ist kaum mehr als ein Nicken, bei anderen fragt man sich nach einer Weile bang, ob dem Grüßenden da unten etwas zugestoßen ist. Gerne wird sich auch mehrmals kurz hintereinander verbeugt, insbesondere bei der Verabschiedung oder beim Bedanken und Entschuldigen (es ist oft eh ein und dasselbe, siehe das Kapitel *Mein erstes japanisches Wort*). Die Verbeugung gehört nämlich keinesfalls exklusiv der Begrüßung, sondern ist ein unverzichtbares Kommunikationsmittel, genauso wie inflationär genutzte Füllwörter der Zustimmung oder Verwunderung wie »a so« oder »so so so« (nicht zu verwechseln mit dem skeptischen deutschen »So so …«, eher vergleichbar mit einem bestätigenden: »So ist es!«). Verbeugt wird sich demnach auch beim Telefonieren. Weil man gar nicht anders kann. Die Verbeugung ist mit den Jahren zum atmungsähnlichen Reflex geworden.

Nicht ohne *omiyage*

Wenn man von Reisen zurückkehrt oder ohnehin aus dem Ausland kommt, ist es unvermeidlich, beim Treffen von Verwandten, Freunden und Geschäftspartnern kleine Geschenke mitzubringen, sogenannte *omiyage*. Das Geschenk sollte den Ort reflektieren, aus dem man kommt. Aus meiner alten Heimat bringe ich gerne Rammstein-CDs, Teddybären und Schnapsgläser mit, weil ich damit den deutschen Rundumschlag elegant ausgeführt finde. Wer innerhalb Japans reist, wird an Bahnhöfen erschlagen von Verkaufsständen, die regionale Mitbringsel verkaufen, meistens kulinarischer Natur. Halten Sie das nicht für zu touristisch – zu touristisch geht gar nicht, wenn es um *omiyage* geht. Kaufen Sie die Grünteepralinen mit der großäugigen Geisha-Karikatur auf der Packung oder die Schokolade mit der aufgedruckten Gebirgskette, man wird es Ihnen danken.

Eine schöne Verpackung versteht sich von selbst. Auch hier gilt: Was in Deutschland gilt, muss nicht in Japan gelten. Wer in deutschen Geschäften für deutsche Bekannte Artikel als Geschenk verpacken lässt, ärgert sich oftmals, wenn auf der Verpackung unübersehbar das Logo des Geschäfts prangt. Genau das aber stört Japaner nicht nur nicht, sondern wird von ihnen sogar sehr geschätzt. Solange es sich nicht um das Logo eines 100-Yen-Shops handelt, versteht sich. Wer sein Geschenk in einem Kaufhaus guten Rufes kauft, möchte damit nicht hinter dem Berg halten. Auch das Preisschild am Geschenk ist kein absolutes Tabu. Schließlich braucht man einen Richtwert für die Revanche.

Der 100-Yen-Shop übrigens eignet sich durchaus für japanische Reisemitbringsel an Daheimgebliebene. Das Konzept der

100-Yen-Shops, von denen es mehrere Ketten gibt, erklärt sich aus dem Namen: Im Prinzip kostet jeder angebotene Artikel – bis auf ein paar deutlich ausgezeichnete Ausnahmen – 100 Yen (entspricht 70 Cent bis 1 Euro, je nach Krise). Die Mehrwertsteuer kommt meistens noch dazu, das sind ein paar Cent pro Produkt.

Im 100-Yen-Shop gibt es Hübsches, Hässliches, Nützliches und Nutzloses, und mitunter verschwimmen diese Kategorien nach längerer Benutzung der Artikel. Meine kleine rosa Küchenuhr funktioniert schon weitaus länger und besser, als ich es für 100 Yen erwartet hatte. Meine Filzuntersetzer aber sind farblich unerträglich und zogen sich bei Kontakt mit Flüssigkeit sofort bis zur Unbrauchbarkeit zusammen. Aber ich konnte mit ihnen hervorragend meine Bettmatratze flicken, die sich jetzt wieder anfühlt wie neu.

Hai heißt ja – vielleicht

So mancher Geschäftsmann ist schon an dem Umstand verzweifelt, dass in Japan ein anderes Verhältnis zum Wort »ja« gepflegt wird als außerhalb Japans. Zwar lautet die Übersetzung des Wortes *hai* ja, die Bedeutung geht aber über die positive Beantwortung einer Frage oder das Kundtun einer Zustimmung weit hinaus. Oder bleibt dahinter zurück. Ein *hai* ist in den meisten Verhandlungen das meistgehörte Wort. Wer nun meint, dass seine dreistündige Powerpoint-Präsentation ausgesprochen gut liefe, weil die japanischen Verhandlungspartner offenbar zu allem *hai* und Amen sagen, wird sich später wundern, wenn die Unterschriften auf den Verträgen dennoch ausbleiben. Was die Verhandlungspartner mit ihrem *hai* sagen wollten, war nicht notwendigerweise: »Ja, so machen wir's.« Eher: »Ja, ich verstehe.« Oder auch nur: »Ja, ich höre noch zu.« Einen Redenden zu unterbrechen gilt als ebenso unhöflich wie ihn zu lange ohne ein eigenes Signal der Gesprächsbeteiligung reden zu lassen. Der Gipfel der Unhöflichkeit wäre allerdings die offen ausgedrückte Ablehnung des Gesagten. Ein *iie* – nein – wird man nicht zu hören bekommen. Das kann man auch anders ausdrücken. Und zwar am liebsten gar nicht.

Keine Antwort ist die Antwort

Der Inbegriff des Ursprünglichen im japanischen Ausflugswesen ist ein Aufenthalt im *Ryokan*, einem traditionellen Gasthaus mit gastronomischer Vollbetreuung durch die Gastwirte, Strohmatten als Zimmerboden und ausrollbarem Futon als Schlafgelegenheit. Weil es japanischer kaum geht, sollte sich das kein Japan-Interessierter entgehen lassen. Und weil es so japanisch ist, sind viele *Ryokan* nicht scharf auf ausländische Gäste, die mit Sprache oder Sitten in Konflikt geraten könnten. Als ich mir vorgenommen hatte, ein paar Nächte in dem einen oder anderen *Ryokan* auf der Insel Shikoku zu verbringen, stellte sich die Planung von Deutschland aus als organisatorischer Kraftakt heraus. Da ich bei der Internetrecherche nicht weiterkam, schaltete ich schließlich ein japanisches Reisebüro in meiner Nähe ein. Dort bekommen die Mitarbeiter aber regelmäßig Panikattacken, sobald jemand einen anderen Reisewunsch als Tokio oder Kyoto äußert. Wenn dann auch noch das Stichwort *Ryokan* fällt, wird gekeucht: »Da müssen Sie das Büro in Frankfurt anrufen. Aber Sie sollten sich keine allzu großen Hoffnungen machen, das sage ich Ihnen gleich.«

Ich rufe also in Frankfurt an: »Hallo, man hat mir gesagt, ich solle mich an Sie wenden: Ich möchte einen *Ryokan* buchen …«

»*Ryokan*?! Das ist aber teuer!«

Habe ich die Stimme eines armen Mannes? »Machen Sie sich darüber mal keine Gedanken, ich werde das Geld schon irgendwie auftreiben …«

»Wann wollen Sie denn reisen?«

»So Mitte März.«

»Mitte März? Da ist aber noch gar nicht Kirschblütensaison, und es ist noch ziemlich kalt!«

»Ich bin darüber informiert, aber meine Pläne stehen fest …«

»Da werden viele *Ryokan* schon ausgebucht sein …«

»Obwohl noch gar nicht Saison ist?«

»Hotels westlicher Art sind viel billiger …«

»Ich weiß, aber ich will Authentizität.«

Die japanische Dame in Frankfurt seufzt. »Also gut. Wohin möchten Sie denn reisen, Tokio oder Kyoto?«

»Matsuyama.«

»Matsuyama?!«

»Das ist auf Shikoku.«

»Ich weiß, dass das auf Shikoku ist! Das wird aber schwierig!«

»Takamatsu würde auch gehen …«

»Das ist auch auf Shikoku!«

»Das weiß ich. Was wäre denn nicht so schwierig für Sie?«

»Tokio oder Kyoto.«

»Ich fürchte, dass ich auf Shikoku bestehen muss.«

»Sprechen Sie denn Japanisch? Sonst könnte es schwierig werden in einem *Ryokan* …«

»Nur wenig, aber ich reise in Begleitung einer Japanerin!«

»Ich schaue mal, was ich für Sie tun kann. Aber ich muss Sie zurückrufen, mein Computer ist gerade kaputt.«

Die Dame hat mein Mitgefühl, ihr Computer wurde bis heute nicht repariert.

Kommt ein Japaner gar nicht darum herum, eine Bitte direkt abzuschlagen, tut er das für unsere Begriffe immer noch sehr indirekt: Er wird nicht so ein hässliches Wort wie *unmöglich* verwenden, sondern sie als *schwierig* (*muzukashii*) bezeichnen.

Am liebsten aber wird auf eine Reaktion komplett verzichtet. Das gilt für abschlägige Antworten auf Bitten um Gefälligkeiten genauso wie für Antworten auf Fragen, die dem Gefragten thematisch unangenehm sind. Bei der schriftlichen Korrespondenz mit Japanern fand ich es früher befremdlich und sogar ein bisschen kränkend, dass meine Korrespondenzpartner meine E-Mails offenbar überhaupt nicht richtig lasen – schließlich beantworteten sie stets nur einen Teil meiner Fragen. Diese Nachlässigkeit passte gar nicht in das Bild, das ich von Japanern hatte (ordentlich, gewissenhaft, gründlich). Mit der Zeit merkte ich: Die lesen ganz genau, und sie beantworten jede Frage – auf ihre Art. Manchmal ist keine Antwort halt die japanische Art zu sagen: Diese Frage geht zu weit. Oder: Nein. Das funktioniert nicht nur schriftlich, sondern auch mündlich.

Genauso wenig werden Erlebnisse verbal aufgewärmt, die den Beteiligten im Nachhinein peinlich sein könnten. Lässt sich beim geselligen Abend unter Kollegen jemand nach Strich und Faden volllaufen, singt schließlich den gesamten Karaoke-Katalog von Engelbert Humperdinck durch und erbricht sich auf der Heimfahrt aus dem Taxifenster, mag das in der Euphorie des Abends für die Mitfeiernden rechtmäßiger Quell ausgelassenen Amüsements sein. Es versteht sich aber, dass die Angelegenheit am nächsten Morgen kein Thema mehr ist, auch nicht für harmlos-kumpelhaft verstandene Spitzen.

Das Schutzlächeln

Am Ende meiner ersten Japan-Reise gab es ein kleines Problem mit meiner Hotelrechnung. Ich war (fälschlicherweise, wie sich herausstellte) der Ansicht, sie sei bereits im Voraus durch meinen Arbeitgeber bezahlt worden. Der Hotelrezeptionist und ich insistierten höflich hin und her, das Lächeln meines Gegenübers wurde dabei immer breiter und heller.

Das gleiche Phänomen hatte ich ein paar Tage zuvor beobachtet, als mir der Zutritt zu einer Bar verweigert wurde, die ich eigentlich äußerlich als sehr einladend empfunden hatte (im Fenster waren Kerzen und Totenköpfe). Der Platzanweiser des Lokals redete mit einem so ansteckenden Lächeln auf mich ein, dass ich mich sofort heimisch fühlte. Ich sprach und verstand damals kein Wort, deshalb dauerte es eine Weile, bis mir klar wurde, dass der freundliche Herr sich nicht nach meinem Befinden erkundigte oder meine Bestellung aufnehmen wollte, sondern mich gerade rausschmiss. Er wollte mir zu verstehen geben, man sei komplett ausgebucht (Übersetzung: nicht auf Ausländer eingestellt).

Das Klischee vom ständig lächelnden Japaner ist ein eben solches. Das meiste im Leben verrichten Japaner mit großer Ernsthaftigkeit und entsprechender Miene. An schlechten Tagen ist man versucht zu sagen: Sobald gelächelt wird, stimmt irgendwas nicht. Aber das wäre natürlich auch paranoid – die internationalen Lächelgründe Freundlichkeit, Wohlbefinden und Heiterkeit sind auch in Japan nicht unbekannt. Man sollte nur im Hinterkopf behalten, dass diese dort bei Weitem nicht die einzigen Gründe sein müssen. Oft maskiert das Lächeln Unsicherheit und Irritation, vielleicht sogar Unmut. Alles Gefühlsregungen, die ungern offen gezeigt werden, weshalb sie mimisch ins Gegenteil verkehrt werden.

Schuhe aus

Das Hotel, in dem ich die Irritation mit meiner Rechnung erlebte, war ein sogenanntes Business Hotel. So bezeichnen sich japanische Hotels westlichen Standards, die auf Geschäftsreisende spezialisiert sind: Es fehlt an nichts, außer an Luxus. Die Zimmer sind klein und zweckmäßig eingerichtet, man kann dort bequem nächtigen und bekommt sehr anständigen Service, aber wer mit größerem Gepäck anreist, könnte vor Unterbringungsprobleme gestellt werden. Mit japanischen Traditionen hat man es in solchen Häusern weniger: Die Straßenschuhe können überall dranbleiben.

In einem *Ryokan*, wie ich ihn später auf Shikoku doch noch dank Intervention meiner einheimischen Gefährtin von innen sehen durfte, sieht das anders aus. Im holzgetäfelten Eingangsbereich, *genkan* genannt, werden die Schuhe ausgezogen. Die *tatami*, mit geflochtenen Reisstrohmatten überzogene Bodenelemente des Wohnbereichs, werden auf Socken betreten. Das gilt nicht nur für *Ryokan*, sondern auch für Tempel, viele traditionelle Restaurants und Privatwohnungen. Zwar wird das Wohnen immer stärker verwestlicht, und die *tatami*, die eigentlich so stark in der japanischen Wohnkultur verankert sind, dass sie auch als Flächenmaß herhalten (Anzahl der *tatami* anstatt Quadratmeter), verschwinden zusehends aus Wohnungen und Wohnhäusern. Aber der Brauch des Schuheausziehens besteht weiter.

Werfen Japaner einen Blick in ausländische Japan-Reiseführer, sorgt es für große Heiterkeit, wenn sie darin den Hinweis finden, man solle darauf achten, keine Löcher in den Socken zu haben. Es ist nämlich so, dass die Vorstellung, Socken könnten Löcher haben, für die allermeisten Japaner total absurd ist.

Bevor man in einem Privathaushalt die Toilette oder das Bad betritt, wechselt man in die Badpantoffeln, die vor oder hinter der Tür stehen. Größere Peinlichkeit bei der Rückkehr in die Gesellschaft lässt sich vermeiden, indem man beim Verlassen des stillen Örtchens daran denkt, die Badpantoffeln wieder auszuziehen und so zurückzulassen, wie man sie vorgefunden hat, anstatt in ihnen zurück an den Esstisch zu watscheln.

Loch im Boden oder Hightech-Thron: die japanische Toilette

Die öffentlichen Toiletten sind die Visitenkarten eines Landes. Nirgendwo stimmt das mehr als in Japan. Um den viel beschworenen Kontrast zwischen Tradition und Ultramoderne zu bebildern, der bekanntlich in Japan grassiert wie sonst nirgends, muss man sich gar nicht die Mühe machen, einen Shintō-Schrein zu finden, der neben einem verspiegelten Hochhaus mit einem Videobildschirm obendrauf steht. Man geht einfach in ein gehobenes Kaufhaus einer größeren Stadt und vergleicht die Auswahl an Kundentoiletten. Da wird der Traditionalist ebenso bedient wie der, der schon immer wissen wollte, wie wir in Zukunft, also in der Ära fliegender Autos und intergalaktischer Interessenverbände, unsere unvermeidlichsten Bedürfnisse befriedigen werden. Die traditionelle japanische Toilette ist schlicht und zweckmäßig, ohne viel Chichi. *Form follows function:* Aus einem Loch kommt es raus, in ein anderes Loch geht es rein. Denn viel mehr als ein ovales, mit Porzellan veredeltes Loch im Boden ist diese Toilette nicht. Man hockt sich darüber und tut, was getan werden muss.

Etwas ganz anderes sind da die modernen japanischen Toiletten, die als »Western Style« bekannt sind. Western Style ist gut. Gerade Besucher aus dem Westen sind es, die sich nach ihrer ersten Toilette Western Style nicht mehr einkriegen können. Manche wollen gar nicht wieder runter.

Das einzig Westliche an dieser Toilette sind ihre Form und die damit einhergehende Tatsache, dass man sie sitzend benutzt. Alles andere könnte japanischer nicht sein. Die Anzahl von Knöpfchen und Rädchen und begleitenden Piktogrammen an oft beidseitig angebrachten Armaturenbrettern überfordert manche zunächst. Hier kann nicht nur runter-, sondern auch hochgespült werden. Bidet- und andere Reinigungsfunktionen sind integriert, konfigurierbar nach Stärke und Dauer, komplett mit Trocknungsgebläse. Die Sitze sind meist weich und warm, nicht vom Vorbenutzer, sondern von der eingebauten Heizung. Etwas bevormundend ist die automatische Spülung, die auf überempfindliche Bewegungssensoren reagiert oder sich einfach in bestimmten Zeitabständen meldet, ob nötig oder nicht. Das ist ärgerliche Wasserverschwendung und als solche verwunderlich, denn an anderer Stelle haben die japanischen Hightech-Toilettendesigner früherer Wasserverschwendung geschickt Einhalt geboten. Japanische Damen wollen auf öffentlichen Toiletten mitunter nicht, dass die Damen in den angrenzenden Kabinen mitbekommen, was sie gerade machen. Um ihre eigenen Geräusche akustisch zu verschleiern, betätigten sie deshalb in der Vergangenheit permanent die Spülung. Das muss nun nicht mehr sein: Viele Toiletten sind inzwischen mit einem Knopf ausgestattet, der lediglich das Geräusch der Spülung simuliert, ohne dass tatsächlich Wasser fließt.

Eingeführt wurden die Washlet genannten Wunderklos 1980, im Jahr 2010 wurde das Dreißigjährige gebührend gefeiert. 2012 bekam das Washlet einen Preis von der japanischen Ingenieursvereinigung als eine der Erfindungen, die das Leben der Japaner einschneidend verändert haben (gemeinsam mit einem besonders leichten Zugwaggon und einem Schreibtisch-Fotokopierer).

Dass diese Toiletten mit ausführlichen Gebrauchsanweisungen bedruckt sind, ist übrigens nicht allein ihrer umfangreichen Sonderausstattung geschuldet. Als westlich inspirierte Toiletten in Japan eingeführt wurden, war Teilen der Bevölkerung nicht bewusst, dass man sich auf die Brille setzt, anstatt draufzuklettern und sich zu hocken. Inzwischen braucht dafür natürlich niemand mehr eine Anleitung. Neun von zehn Japanern, wenn nicht mehr, bevorzugen dieser Tage das Modell Western Style. Auf öffentlichen Toiletten wird meist durch ein Schild an der Tür angegeben, ob sich die Ost- oder Westvariante dahinter verbirgt. In Stoßzeiten kann man beobachten, wie sich vor den

Sitztoiletten lange Schlangen bilden, während die traditionellen Hockmodelle nebenan ungenutzt bleiben. Wer also lange Wartezeiten vermeiden möchte, gewöhnt sich den Umgang mit dem Loch im Boden an und lässt die Japaner vor den Hightech-Schüsseln anstehen.

An öffentlichen Toiletten mangelt es in japanischen Städten, Dörfern und Erholungsgebieten nicht. Wie überall in der Welt sinkt der Grad der Heimeligkeit bei steigendem Grad der Öffentlichkeit, aber hygienische Totalausfälle sind selten. Selbst Toiletten in entlegenen Winkeln von U-Bahnhof-Verbindungsschächten sind meist mit etwas Mut und großer Not begehbar und sogar benutzbar. Unter Umständen ist kein Gratispapier vorgesehen, der findige Notdürftige hat Papiertaschentücher dabei, wie sie in Städten an jeder Ecke mit Werbeaufdruck verteilt werden, oder benutzt die nahe gelegenen Automaten. Das kostet zwar ein paar Yen, dafür sind etwaige Zahlungen an Wach- oder Putzpersonal genauso unbekannt wie Trinkgelder in anderen Lebensbereichen.

Japaner lassen sich nichts verbieten

Einmal hätte ich beinahe einem Raucher ein Vitamin-C-Getränk über den Kopf geschüttet. Nicht etwa aus penetrant-militanter Nichtraucherrüpelei. Ich wollte nur helfen. Die Episode trug sich in einem japanischen Zug zu, und ich hatte zunächst den Raucher nicht gesehen, sondern nur den Rauch, der von der Sitzreihe vor meiner aufstieg, in einem Nichtraucherabteil wohlgemerkt.

Bei den strengen gesellschaftlichen Regeln, die von der Mehrheit der Gesellschaft ohne Hinterfragen akzeptiert werden, und bei der erstaunlich niedrigen Kriminalitätsrate sollte man annehmen, dass Japaner allgemein gesetzestreue Bürger seien. Das stimmt nur bedingt. Von Mord, Totschlag und Plünderung sehen die meisten zwar ab, aber ansonsten gilt: Wenn eine Gesetzesübertretung niemandem schadet (also keinem Mitglied der Gesellschaft), ist es auch keine echte Gesetzesübertretung. Wenn ein Zugabteil weitgehend leer und gut klimatisiert ist, muss man sich von einem Piktogramm an der Tür nicht vorschreiben lassen, was man sich in den Mund stecken darf und was nicht. Wenn nachts ein Pendlerzug eh von den immer gleichen Angestellten benutzt wird, dann herrscht zwischen den Männern (und späte Heimkehrer sind so gut wie immer Männer) die stille Übereinkunft, dass jedes Abteil Raucherabteil ist.

Zumindest solange es das Prinzip des Raucherabteils noch gibt. Zunehmend werden Züge und Bahnhöfe zu kompletten Nichtraucherzonen erklärt, und da fügen sich dann auch die Japaner. In den letzten Jahren wurden nicht nur im Schienenverkehr Rauchverbote verschärft und ausgeweitet. Selbst auf offener Straße darf in der Regel nur an ausgewiesenen Orten mit bereitgestellten Aschenbechern geraucht werden. Wie sklavisch man sich daran hält, ist allerdings stark abhängig von der Tageszeit und dem Selbstverständnis der Gegend. Wer nachts im halbstarken Bohemeviertel brav am Aschenbecher steht, wird schiefer beäugt als der, der mit der Kippe im Mund wild und frei durch die Straßen rennt. Wahrscheinlich wird der wilde und freie Straßenläufer auch an keiner roten Ampel haltmachen, solange keine Gefährdung für Leib und Leben besteht.

Nicht unwichtig sowohl im Straßenverkehr als auch in der Begegnung mit Bekannten und anderen Menschen ist der Hinweis auf die Eigenarten der japanischen Winkgeste. Möchte man jemanden herbeiwinken oder freundlich grüßen, macht man eine Unterarmbewegung von oben nach unten mit zum Gegenüber gekrümmter Hand. Nach westlichem Winkverständnis wirkt diese Geste eher abweisend oder warnend. Lassen Sie sich aber nicht abschrecken. Macht ein Verkehrsregler an Baustellen oder vor Parkhäusern die fremdartige Winkbewegung, so heißt das: Bitte kommen Sie!

Apropos Rauchen: Das Bild von Japan als weitgehend drogenfreies Musterland bekommt zunehmend Kratzer, wenn es denn überhaupt noch hängt. Es stimmt, dass die Strafen für den Besitz illegaler Drogen (das sind dieselben wie bei uns) nichts für Spaßvögel sind. Aber drakonische Strafen haben ja noch nie irgendwo irgendeinen ernsthaften Spaßvogel von irgendetwas abhalten können. Jüngere Fahndungen ergeben: An japanischen Universitäten geht es nicht sonderlich anders zu als an deutschen. Während sich die Öffentlichkeit Sorgen um die Jugend macht, stolpern links und rechts Pop- und Sportstars über ihr entblößtes Konsumverhalten. Einen gravierenden Unterschied zu westlichen Promijunkies gibt es: Wo hiesige Stars nach tränenreicher Talkshowtour und Fototermin vor dem Gerichtsgebäude nicht nur flink da weitermachen können, wo sie aufgehört haben, sondern womöglich auch noch Coolness- und Authentizitätspunkte gewonnen haben, ist für japanische Fehltreter der Ofen aus. Fans und Fernsehen wenden sich ab, der Plattenvertrag ist weg, die Sumō-Liga auf Lebenszeit gesperrt. Kiffer mögen den Gedanken an kiffende Sumō-Ringer zum Wiehern finden, die Autoritäten in Japan können darüber nicht lachen. Tatsächlich war es ein Haschischskandal im Sumō-Lager, der 2008 die Drogenproblematik publik machte. Die betreffenden Ringer waren namhafte Newcomer, deren Karrieren abrupt beendet wurden, bevor sie richtig durchstarten konnten. Die Gerichte wiesen alle Klagen gegen ihre lebenslange Sperre ab.

In erster Linie kommen die Drogen über die Yakuza, japanische kriminelle Organisationen, ins Land, außerdem steigt die Zahl der inländischen Hobbybotaniker. Aber es gibt – oder gab bis vor Kurzem – auch eine ganz legale undichte Stelle. Es sind mehrere Fälle bekannt, in denen sich verdutzte Touristen bei der Polizei meldeten, weil sie im Hotel feststellten, dass sie Drogen im Gepäck hatten. Es stellte sich heraus, dass diese am Flughafen von japanischen Zollbeamten platziert worden waren.

Nicht, um den unschuldigen Reisenden etwas anzuhängen, sondern um die Drogenhunde zu trainieren. Dabei zeigte sich, dass manche Drogenhunde wohl noch ein bisschen üben sollten. Da offenbar nicht alle Päckchen erschnüffelt wurden, muss die Frage erlaubt sein: Wie viele der betroffenen Touristen haben einfach den lieben Gott einen guten Mann sein lassen?

Es soll keineswegs der Eindruck vermittelt werden, jeder Japan-Reisende bekäme einen Gratistrip. Inzwischen wurde versichert, dass Drogenhunde nicht mehr an den Gepäckstücken unschuldiger Touristen trainieren würden und dass die ganze Sache den Verantwortlichen ganz schrecklich leidtue. Dass der Drogenkonsum und -handel in Japan floriert, sollte außerdem keine Veranlassung sein, die Japan-Reise mit der gleichen Leichtfertigkeit wie eine Holland-Reise anzutreten. Wer erwischt wird, lernt das japanische Justizsystem kennen. Relativ junge Gesetze sollen zwar sicherstellen, dass die Polizei nicht mehr durch aggressive Einschüchterung falsche Geständnisse erpressen kann, und ein 2009 eingeführtes Jurysystem soll einzelgängerische Richtersprüche verhindern. Trotzdem fraglich, ob man die neue Gerechtigkeit am eigenen Leib überprüfen möchte.

Ein *Kanpai* der Gemütlichkeit

Du bist nicht allein. Nie. Nirgends.

Es ist noch früh in diesem Jahr kurz nach der Jahrtausendwende, aber es ist ungewöhnlich warm und sonnig. Ich bin auf Reisen und werde am Wochenende in der Nähe der Kleinstadt sein, in der meine Bekannte Hinako lebt. Diese Stadt wiederum ist in der Nähe der Felsenklippen von Tojinbo. Die gelten als beliebtes Ausflugsziel, also schlage ich meiner Bekannten vor, dorthin einen Wochenendausflug zu unternehmen. Das findet sie zwar prinzipiell eine gute Idee, aber sie hat ernsthafte Bedenken: »Da werden zu dieser Jahreszeit leider noch nicht so viele Leute sein.«

Das bringt den Hauptunterschied zwischen westlicher und östlicher Touristenmentalität auf den Punkt: Der deutsche Tourist möchte eigentlich keiner sein, also empfindet er es eher als Vorteil, wenn ein Ausflugsort nicht von anderen seiner Art überlaufen ist. Zumal wenn es sich um einen Ort handelt, an dem gemeinhin nicht quer durch die Rabatte gerockt wird, sondern entspanntes Schlendern, ehrfürchtiges Innehalten vor den Wundern der Natur und verträumtes Knabbern am Krebs-am-Stiel auf der Tagesordnung stehen. Für den Japaner derweil ist es wichtig, dass es immer *tanoshii* (lustig) ist. Und richtig *tanoshii* ist es nur in der Gruppe.

Trotz Hinakos Bedenken machen wir uns auf den Weg. Misstrauen gegenüber Individualreisenden begegnet uns bereits in der Kleinstadt Awara, in der wir von der Eisenbahn in einen Bus umsteigen müssen. Als Hinako am Schalter ihre Busfahrkarte löst, wird sie nach ihren Personalien gefragt. Als ob das eine Antwort wäre, sagt sie: »Nein, ich reise mit diesem Herrn.« Dabei deutet sie auf mich. Offenbar ist es tatsächlich eine Antwort, denn jetzt will der Kartenverkäufer ihre Adresse nicht mehr wissen. Es handelte sich nicht etwa um einen plumpen Annäherungsversuch, sondern um bürokratische Routine, wie Hinako mich aufklärt: Die Klippen, die wir besuchen wollen, sind nicht nur beliebt zum Sehen, sondern auch zum Springen. Deshalb müssen allein reisende Frauen hier vorstellig werden, damit später der Papierkram schneller erledigt werden kann. Selbstverständlich soll durch die Befragung außerdem ein Überdenken des Vorhabens begünstigt werden. Ein weiterer psychologischer Kniff ist der Zwang, dass jeder Hinreisende auch sofort eine Rückfahrkarte kaufen muss.

Ob einige Japaner wirklich so ordnungsliebend sind, dass sie eine gekaufte Rückfahrkarte nicht einfach verfallen lassen können und deshalb von ihren Selbstmordplänen absehen, ist nicht bekannt. Auch nicht, ob die unnötigen Mehrkosten knauserige Lebensmüde vergessen lassen, dass das letzte Hemd keine Taschen hat.

Es dauert eine Weile, bis der Bus fährt, deshalb schauen wir uns in Awara um. Wir fühlen uns ein wenig einsam, denn es ist keine Menschenseele auf den Straßen. Still ist es allerdings trotz der Abwesenheit von Menschenseelen keineswegs. Man sollte sich in Japan nicht darauf verlassen, außerhalb von Klöstern und Bibliotheken Möglichkeiten zur stillen Einkehr zu finden. Neben den Mitmenschen ist das Geräusch der ständige Begleiter. Sind nicht ausreichend Menschen zum Produzieren von Geräuschen vorhanden, werden einfach welche vorproduziert und per Lautsprecher eingespielt. In Awara werden alle menschenleeren Straßen mit einer einlullenden Instrumentalmusik beschallt. Und die ist auszuhalten, da ist man andernorts Schlimmeres gewohnt. Die Einkaufsstraße in Hinakos Heimatstadt wird rund um die Uhr mit den schlimmsten internationalen Hits aus den Achtzigern beschallt. In größeren Städten lassen Händler ihre Sonderangebote mit hoher Wattzahl herausschreien, wahlweise von donnernden Männern oder piepsenden Frauen. Das ist aber noch lange nichts gegen das ohrenbetäubende Geklingel und Geratter, das einen in Pachinko-Spielsalons umspült. Ein Automatenkasino in Las Vegas ist eine Wellnessoase dagegen.

Entflieht man der groß- und kleinstädtischen Geräusch- bis Krachkulisse in die umliegenden Wälder, kann man sicher sein, ohne Unterlass von unsichtbaren Vögeln angeschrien zu werden. In Japan gibt es keine Singvögel, nur Schreivögel.

Ein einziges Hinweisschild in englischer Sprache begegnet uns bei unserem gespenstischen Gang durch Awara. Es weist englischsprachige Bankräuber darauf hin, dass die Bank streng überwacht wird, auch wenn sie geschlossen hat (was selbstverständlich der Fall ist). Davon inspiriert, erzählt mir Hinako, dass sie in ihrem Heimatort polizeilich erfasst ist als Aushilfsdolmetscherin bei Verhören englischsprachiger Krimineller oder zumindest Verdächtiger. Fremdsprachenkenntnisse sind nicht die Stärken von Dorfpolizisten, deshalb hält man sich ein paar studierte Zivilisten warm, falls mal was ist. Es war aber noch nie was während Hinakos Amtszeit, und darüber ist sie nicht unglücklich. Sie hat zwar tatsächlich ein paar Sprachen studiert, aber Englisch war nicht darunter, das kann sie eher zufällig. Sie fürchtet, dass sie etwas falsch übersetzen und es zu Missverständnissen kommen könnte, die Rachegelüste bei dem Delinquenten auslösen könnten.

Wahrscheinlicher ist, dass sich Hinakos Freundin, die für deutsche Verbrecher zuständig ist, in eine solche Lage manövrieren wird. Laut Hinako spricht sie gar kein Deutsch, »aber Schwedisch«.

»Das ist doch eine ganz andere Sprache!«, gebe ich zu bedenken.

»Aber sie ist so ähnlich …«

»Sagt wer?«

»Sagt meine Freundin.«

Ich werde mich in Hinakos Heimat fortan noch vorbildlicher benehmen.

Bevor man die Tojinbo-Klippen sieht, sieht man ein Schild mit ein paar warmen Worten und der Seelsorgenummer des nächsten Tempels. Nicht erst durch die Selbstmordwelle ist die Geschichte des Ortes mit gewaltsamen Todesfällen eng verbunden. Seinen Namen hat er von einem schurkischen und im Dorfe deshalb unbeliebten buddhistischen Mönch namens Tojinbo, der sich in die schöne Prinzessin Aya verliebte, was einem anderen buddhistischen Mönch ein Dorn im Auge war, denn er hatte ebenfalls eines auf die Prinzessin geworfen. Geworfen hat er dann auch Tojinbo, und zwar die Klippen hinunter, woraufhin dieser starb. Spuken soll er dort als Geist immer noch. Unbekannt ist, ob der andere Mönch das Mädchen dann gekriegt hat. Unbekannt ist auch, ob der andere Mönch im Ort beliebter war als Tojinbo, denn zwielichtige Gestalten waren sie der Legende nach beide.

Viele Besucher gibt es in Mikuni, dem Ort, zu dem die Tojinbo-Klippen gehören, tatsächlich nicht, aber einige schon. Genau die richtige Anzahl, würde ich sagen. Es ist kein Tottreten, aber man fühlt sich auch nicht wie der letzte Mensch auf Erden.

Genügend Besucher für den regulären touristischen Betrieb sind vor Ort, also machen wir eine Bootsfahrt. An jeden Sitz des Bootes ist ein Stück Plastik geknotet. Als Dekoration erscheint mir das ungeeignet, aber ein Nutzwert erschließt sich mir nicht, also frage ich Hinako danach. Sie bevorzugt eine mimische Erläuterung und legt die Hände links und rechts um den Mund, als wolle sie mit übertriebener Almbewohnergeste jemanden rufen, dann öffnet sie den Mund und streckt breit die Zunge raus. Für Kotztüten sind die Plastikknoten dann doch recht dekorativ. Ich frage mich, wie schnell sich die Knoten im Ernstfall lösen ließen, aber ich bekomme keine Gelegenheit, es herauszufinden.

Nach der Fahrt kraxeln wir auf den Felsen herum, was weder leicht noch ungefährlich ist. Ich kann mich des Verdachts nicht erwehren, dass einige der vermeintlichen Selbstmorde hier simple Wanderunfälle sind. Rückfahrkarte hin oder her. Allein wäre ich hier nicht gekraxelt, aber Hinako und ich stacheln uns gegenseitig zu Höchstleistungen auf. Sie ist wendiger als ich, aber ich kann ausholendere Schritte machen. Wir kommen gut in der zerklüfteten grau-braunen Landschaft voran und sogar wieder zurück. Wir können von Glück sagen, dass uns nichts passiert ist. Als sicherheitsbewusster und -gewohnter Tourist finde ich es erstaunlich, dass man diese Felsen hier einfach so rumstehen lässt.

Abgeschlossen wird unser Ausflug durch einen Besuch des örtlichen Aussichtsturms. In der Draufsicht bestätigt sich mein erster Eindruck vom Ort: Er besteht aus exakt drei Straßen, sehr heimelig. Auf der einen Seite die sanft brausende See samt historienschwangeren Felsen, auf der anderen Seite Bäume, Bäume und Bäume und dann noch Bäume mit Kirschblüten. Das ist ein Ort, in den man sich spontan verliebt. Und ein Ort, der einem wahrscheinlich irgendwann auf den Geist gehen würde, ließe man seiner Liebe freien Lauf und zöge hierher auf der Flucht vor urbanem Heckmeck und der Suche nach ruraler Ruhe. Irgendwann, wahrscheinlich nach ein oder zwei Tagen, sind drei Straßen bloß drei Straßen, und man möchte auch mal was anderes als Krebs-am-Stiel essen. Aber für einen Tagesausflug ist es sehr schön und sehnsuchtsfördernd.

Auf der Aussichtsplattform liegt ein Gästebuch bereit, in das ich hineinschreibe, was meine Sprachkenntnisse zu diesem Zeitpunkt hergeben: »Es war sehr lustig.«

Hinako schreibt: »Es war sehr lustig, obwohl nicht so viele Leute da waren.«

Japaner mögen aus Angst vor kulturellen und sprachlichen Missverständnissen generell etwas kontaktscheu gegenüber Ausländern sein. Haben sie sich aber mal entschlossen, Kontakt aufzunehmen oder zuzulassen, legen sie eine Gastfreundschaft an den Tag, die einen bisweilen schon mürbe machen kann. Das erfahre ich, als ich in Kyoto auf der Suche nach einer Kneipe bin, in die ich reingelassen werde. Am liebsten soll sie richtig japanisch sein, aber das ist zu viel verlangt. Alle *Izakaya*, jene turbulenten japanischen Mischungen aus Kneipen und Snackrestaurants, weisen mich mit der Begründung »Überfüllung« oder »Privatveranstaltung« freundlich, aber ohne Diskussionsoption ab. Mag sein, dass im Einzelfall an der Begründung was dran ist. Andererseits habe ich solche Probleme nahezu nie, wenn ich versuche, in japanischer Begleitung ein *Izakaya* zu betreten. In meinem Alleingang durch Kyoto schraube ich also meine Erwartungen etwas zurück und entscheide mich dafür, eine Bar westlichen Zuschnitts zu suchen. Ich finde eine, deren Außenwerbung Bier und Darts verspricht. Na gut. Es geht eine Treppe unter Straßenlevel, dann stehe ich vor einer schwarzen Tür mit Knopf. Ich drücke auf den Knopf, und die Tür öffnet sich. Ich trete durch die Tür, und die Tür schließt sich hinter mir. Jetzt bin ich in einem kleinen dunklen Zwischenraum. Ich gehe zumindest davon aus, dass er klein ist, denn sehen kann ich in der Dunkelheit rein gar nichts. Ich erwarte, dass sich jetzt vor mir eine weitere Tür öffnet und mich in die Bar lässt, aber es passiert nichts. Da ist auch kein Knopf, mit der ich die Tür hinter mir erneut öffnen könnte, um wieder auf dem Wege zu gehen, den ich gekommen bin. Ich bin ein Gefangener!

Ganz ruhig bleiben, wahrscheinlich bin ich nur zu doof dafür. Ich warte hier einfach auf die nächsten Gäste, die hoffentlich klüger sind als ich.

Da geht die vor mir richtig vermutete Tür von ganz allein auf. Vielleicht wurde ich gerade von mir unbemerkt gesichtsüberprüft, mit hochmoderner Infrarottechnologie oder so. Kann gut sein, denn da steht als Empfangskomitee schon ein Japaner mit szenigem Kinnbart, langen, geflochtenen Haaren und Rasta-Mütze und fragt mich freundlich auf Japanisch, ob ich wenigstens ein bisschen Japanisch spreche. Zu »ein bisschen« macht er die internationale »Ein bisschen«-Geste mit ein bisschen Abstand zwischen Daumen und Zeigefinger. Da ich die Frage verstanden habe, antworte ich selbstbewusst, »ein bisschen« sei schon drin, mache dabei aber die dazugehörige Geste mit bewusst noch ein bisschen weniger Abstand. Daraufhin bin ich herzlich willkommen und darf mich an die Theke setzen. Was soll schon passieren? Zur Not hat der Herrgott mir Finger gegeben, um auf Zapfhähne zu deuten.

Darts wird in dieser Kneipe sehr ernst genommen. Jeder spielt Darts, ob allein in Einzelkabinen oder in Gruppen im gemeinschaftlichen Wuselbereich. Keiner sitzt einfach nur da und trinkt still sein Bier. Dann bin ich eben der Einzige. Der einzige Ausländer bin ich hier sowieso. Das überrascht mich, stört mich aber nicht. Ebenso wenig habe ich ganz allgemein Probleme damit, allein in Kneipen zu sitzen. Das ist kein Zeichen von Einsamkeit, das ist nur ein Zeichen von Durst.

Der freundliche junge Mann, der mich in Empfang genommen hatte, entpuppt sich als der Barkeeper. Ich bestelle ein Bier. Er fragt mich: »Brauchst du Pfeile, oder hast du eigene?«

Ich sage: »Oh, ich spiele nicht Darts. Ich bin nur zum Trinken hier.« (Wörtlich aus dem Japanischen übersetzt, sage ich natürlich eher: »Darts sind nein. Trinken nur.«)

Das findet der Barkeeper ungewöhnlich, ist aber für ihn kein Beinbruch. Ich bekomme mein Bier.

Während ich es trinke, schaut der Wirt immer wieder besorgt zu mir rüber. Er scheint der Auffassung zu sein, als Barkeeper müsse er mich bei Laune halten. Nur wie? Es ist offensichtlich, dass mein Japanisch kaum für ein vernünftiges Gespräch unter Männern ausreicht. Er ist nervös, und das macht mich auch nervös. Ich habe schon vor einiger Zeit mit dem Rauchen aufgehört und seitdem bestimmt weitaus stressigere Situationen erlebt, als in einer Kneipe ein Bier zu trinken. Und nie hatte der alte Vogel Sucht wieder seine muffigen Schwingen ausgebreitet. Aber jetzt bekomme ich die große Flatter.

Ich ziehe eine Packung Zigaretten, stecke mir eine an und gehe zurück an meinen Platz. Der Barkeeper mit der Rasta-Mütze kommt zu mir rüber und fragt: »Alles klar?«

»Alles wunderbar. Zigarette?«

»Nein, ich rauche nicht.«

»Ich auch nicht«, sage ich hustend und höre wieder auf.

»Ich bin Hiro.«

»Ich bin Andreas.« Ich schreibe meinen Namen in Katakana-Schrift (siehe Kapitel *Mein erstes japanisches Wort*, Abschnitt »Zwei Alphabete und über zwanzigtausend Sonderzeichen«) auf einen Zettel und zeige ihn Hiro, stolz wie Bolle.

Hiro liest korrekt vor: »Andoreasu!«

Hiro ist ein netter Zeitgenosse, aber er muss mich wirklich nicht unterhalten. Ich bin ein bisschen wie der Ehemann aus dem Zeichentricksketch von Loriot: Ich will einfach nur hier sitzen. Aber Hiro gibt überzeugend die Ehefrau, die das partout nicht wahrhaben möchte. Und warum auch nicht? So langsam entwickeln wir unsere ganz eigene Geheimsprache aus seinem gebrochenen Englisch und meinem sehr gebrochenen Japanisch. Es ist gar nicht mal unangenehm.

Weil ich aus Deutschland komme, versucht Hiro ein Gespräch über Fußball. Darauf sage ich: »Ich weiß, wie unglaubwürdig das klingen muss, aber ich interessiere mich nicht für Fußball.«

Hiro ist begeistert: »Ich mich auch nicht!«

Ein fabelhafter Ausgangspunkt: Wir haben frühzeitig eine erste Gemeinsamkeit entdeckt. Wir wissen noch nicht, dass es die einzige bleiben wird.

Dann schneidet Hiro das übliche Beschnupperungsthema an: »Was magst du für Musik?«

Da fragt er genau den Richtigen zu genau dem richtigen Zeitpunkt, denn gerade läuft in der Kneipe eine CD von Love Psychedelico, einem japanischen Pop-Rock-Duo mit trockener Gitarre und knödeligem Gesang. Also sage ich: »Japanische Musik! Zum Beispiel das, was da gerade läuft. Das ist Love Psychedelico, oder?«

Hiro ist zwar beeindruckt von meiner Fachkenntnis, teilt aber meine Wertschätzung von Love Psychedelico nicht. Ich war der Meinung, als Barkeeper hätte er auch die Musik ausgesucht. War wohl ein Irrtum. Ich erzähle ihm, dass ich außerdem Jazz, Punk und Hip-Hop mag, von Blues, Country und Folk ganz zu schweigen, und auch ein bisschen Klassik und Techno, aber nur Beethoven und Miss Kittin, der Rest ist mir zu vulgär. Von alledem mag Hiro nichts wissen. Trotzdem habe ich noch ein musikalisches Konversationsass im Ärmel bzw. in der Plastiktüte, denn ich war im Verlauf des Tages CDs kaufen und habe meine Einkäufe noch dabei. Eine Hardcore-CD einer japanischen Band mit dem deutschen Namen Endzweck und eine Gitarren-Schrammel-Pop-Platte, die ich mir rein nach Gehör gekauft habe. Den Bandnamen kann ich aufgrund meiner lückenhaften Kenntnisse der Kanji-Schrift nicht lesen (das Japanische benutzt drei Schriftsysteme, von denen sich normal intelligente Menschen höchstens zwei merken können – dazu später mehr). Natürlich hatte ich bei der Band namens Endzweck Angst, dass die Musiker dem rechten Lager nahestehen, wahrscheinlich ist das aber nicht. Ausländische Namen klingen in japanischen Ohren halt cool, und vermutlich haben sich die Mitglieder von Endzweck in ihrer ganzen Karriere nicht so viele Gedanken über ihren Namen gemacht wie ich mir am heutigen Nachmittag.

Hiro kann mit beiden CDs nichts anfangen. Auf meine Bitte, mir wenigstens den Namen der mir namentlich unbekannten Band vorzusagen, zuckt er nur mit den Schultern und gibt mir die CD zurück. Unhöflich wird er nicht sein. Entweder er hat mein Anliegen nicht verstanden, oder es übersteigt auch seine sprachlichen Fähigkeiten. Total abwegig ist das nicht, denn keiner weiß genau, aus wie vielen Zeichen die Kanji-Schrift besteht, da kann keiner alle kennen. Vielleicht gehören die Zeichen, die diese Band in ihrem Namen verwendet, nicht zu den allseits wohlbekannten. Dann wäre die Band marketingtechnisch allerdings ziemlich blöde. Oder sehr konsequent indie.

Aber wahrscheinlich hat Hiro schlicht nicht verstanden, was ich wollte. Ich frage ihn: »Was für Musik hörst du denn dann?«

Er strahlt: »Reggae!«

Das hätte ich mir ja denken können. Jetzt ist es an mir, mit den Schultern zu zucken. Zu Reggae habe ich nun gar keine Meinung.

Ich frage Hiro freundlich: »Nur Reggae?«

Er strahlt: »Yes!«

Gut, er ist konsequent.

Hiro hat sich dankenswerterweise nicht die Mühe gemacht, so zu tun, als würde er meine musikalischen Vorlieben teilen, also erweise ich ihm denselben Respekt und heuchle kein Interesse an seinen. »Und was machst du in deiner Freizeit?«, frage ich.

»Darts!« Daraufhin verschwindet er unterm Tresen und kommt mit einem Pfeilset wieder hervor.

»Nein, ich möchte wirklich nicht spielen«, wehre ich ab.

»Nein, nicht spielen!«, lacht er. »Das sind *meine* Pfeile!« Ich soll sie mir nur angucken.

»Die sind … toll!« Es sind halt Pfeile.

»Moment!« Er verschwindet wieder unter dem Tresen und kommt mit einigen Fotos hervor. Sie zeigen Hiro mit Pokalen in unterschiedlichen Größen. »Ich bin sehr gut!« Die übliche japanische Bescheidenheit geht ihm ab, das ist erfrischend. Nachdem ich die Fotos und seine Leistung gewürdigt habe, fragt er: »Kennst du *Go*?«

Go kenne ich, ein strategisches Brettspiel, das sich in Japan besonders bei Kindern und Rentnern großer Beliebtheit erfreut. Menschen, die Muße haben. »Ja, kenne ich«, sage ich.

Er zaubert ein *Go*-Brett hervor. »*Go* spielen?«

»Nein danke, so gut kann ich das nicht ...« Ich kenne zwar die Regeln und habe ein paar Partien Online-*Go* gespielt, aber das ist lange her. Außerdem ist das ein Spiel, auf das man sich stark konzentrieren muss, und streng genommen bin ich mit genau gegenteiligen Absichten hierhergekommen.

»Ich spiele sehr gut!«, freut sich Hiro.

»Das ist ein Grund mehr, warum ich nicht gegen dich spielen sollte ...«

Das *Go*-Brett verschwindet wieder. Hiros nächstes Tresenrequisit ist ein *Vier-gewinnt*-Spiel. Er grinst: »Kennst du vertikales *Go*?«

Ich gebe meinen Widerstand auf und seufze: »Ja, das kenne ich. Sehr populär in Germany. *Eine* Partie spiele ich mit dir, aber dann muss ich los.«

Vier gewinnt habe ich noch länger nicht gespielt als *Go*, aber öfter. *Vier gewinnt* ist wie Fahrrad fahren, denke ich, verlernt man nicht. Und wie ich das so denke, kommt mir der Gedanke, dass ich *Vier gewinnt* vermutlich zum letzten Mal in dem Alter gespielt habe, in dem man Fahrrad fahren lernt.

Es werden etliche Partien, ich bestelle etliche weitere Getränke und höre noch ein paarmal mit dem Rauchen auf.

Ich gewinne kein einziges Spiel.

Es läuft immer nach demselben Prinzip: Hiro kriegt scheinbar gar nichts auf die Reihe, und wenn ich gerade meine Dreierreihe zu einer Viererreihe komplettieren will, wirft Hiro einen Chip an eine Stelle, an der er nicht nur meine Pläne zunichtemacht, sondern auch noch für sich eine Viererreihe dort erscheinen lässt, wo ich gar nicht hingeguckt hatte. Zauberei. Oder er hat mir was ins Glas getan. Bier zum Beispiel.

Hiro freut sich über jeden Sieg, aber es ist keine bösartige Freude, sondern eine kindliche und durchaus ansteckende. Von der guten alten Sitte, dass man Gäste und Schwachsinnige auch mal gewinnen lässt, hat er offenbar nicht gehört. Aber wenn es ihn freut, freue ich mich auch, und es wird noch ein ganz lustiger Abend, der damit endet, dass Hiro mich nicht nur bis zu der gruseligen Tür bringt, sondern bis raus auf die Straße. Das hat er bei anderen gehenden Gästen nicht gemacht, ich habe das beobachtet.

Wahrscheinlich wollte er sicher sein, dass der schwierige Gast wirklich weg ist. Und jetzt bricht er erschöpft und erleichtert hinterm Tresen zusammen.

Keine Haltungsnoten und keine Selbstbedienung

Wer keine anderen Probleme als freundliche Barkeeper hat, hat eigentlich keine Probleme. In einer japanischen Bier-und-Darts-Kneipe herrschen nicht strengere Verhaltensregeln als in einer deutschen Bier-und-Darts-Kneipe, also ungefähr gar keine. In anderen Umgebungen und Szenarien gibt es mehr Regeln. Allerdings möglicherweise nicht so viele, wie man meinen könnte. Als ich zum ersten Mal zu einer privaten Feier im Tatami-Hinterzimmer eines *Izakaya* eingeladen war, bemühte ich mich tunlichst, mich so auf die Strohmatten zu hocken, wie ich es aus japanischen Filmen kannte: mit den Knien auf dem Boden und den Hinterbäckchen auf den Waden. Innerhalb kürzester Zeit tat mir jeder Knochen weh, und ich stellte fest, dass ich nicht nur der einzige Ausländer war, sondern auch der Einzige, der auf diese unbequeme Art positioniert war. Alle anderen saßen, wie es ihnen passte. Manche im Schneidersitz, andere mit den Beinen zur Seite weg, aber alle mit dem Hosenboden auf dem Zimmerboden. Die einzige Regel: Bequem sollte es sein.

Ich habe mich einmal sehr gewundert, als ich in einem Japanisch-Lehrbuch folgende Frage las: *Können Sie Tofu mit den Füßen essen?* Nach wiederholtem Lesen der Frage fiel mir freilich auf, dass dort nicht *ashi* (Füße), sondern *hashi* (Stäbchen) stand. Tofu mit Stäbchen zu essen ist tatsächlich eine rechte Herausforderung, da der Sojabohnenquark häufig in weicher, beinahe flüssiger Form serviert wird und wenig mit den hiesigen Reformhaus-Briketts gemein hat. Im Übrigen ist Tofu in Japan und anderen asiatischen Ländern keinesfalls exklusiv der vegetarischen und veganen Küche zugeordnet. Man muss sich nicht wundern, wenn man auf Speisekarten Gerichte wie »Tofu mit Hackfleisch« findet.

Ob man sich der Tofu-Stäbchen-Herausforderung stellen möchte, sei jedem selbst überlassen. Ganz allgemein aber wird man um das Essen mit Stäbchen kaum herumkommen. Westliches Besteck gibt es besonders in kleineren japanischen Restaurants auch auf Nachfrage nicht. Zu Suppen werden häufig Löffel gereicht. Trotzdem wird auch die Suppe, soweit möglich, mit Stäbchen gegessen. Soll heißen, eigentlich wird Suppe gar nicht gegessen, sondern getrunken, und zwar direkt aus der Schale, die an den Mund geführt wird. Überhaupt dürfen Schalen und Tellerchen hemmungslos zum Mund geführt werden. So wird Kleckerei eleganter vermieden als mit buckligem Rücken und Gesicht über der Tischplatte. Was sich aber an fester Nahrung als Zutaten in der Suppe befindet, wird mit Stäbchen herausgefischt und gegessen. Der Löffel ist für Zutaten, die die Stäbchen vor logistische Probleme stellen.

Sushi darf ruhig mit den Fingern gegessen werden. Die Sojasauce, die zu Sushi und vielen, vielen anderen Speisen gereicht wird, wird nicht nach Ketchupmanier über das ganze Gericht gekippt. Sie kommt in eine kleine Schale, in die die Speisen häppchenweise vor dem Verzehr eingetunkt werden. In dieser

Schale kann man auch den japanischen Meerrettich, den meist grünen Wasabi, der pur extrem scharf sein kann, mit der Sojasauce verrühren. Im Zweifelsfalle vorher nachgucken oder nachfragen: In manchen Sushis ist der Wasabi bereits enthalten. Da reicht dann ungeschärfte Sojasauce.

Ganz aufgeregt wird der gemeine Touristenführer, wenn es um die Vermittlung von Stäbchenetikette geht. In der Tat: Es gibt gewisse Verhaltensweisen, die sollte man im Umgang mit Stäbchen tunlichst unterlassen. Aber keine Sorge: Das sind so ziemlich dieselben Dinge, die man hoffentlich auch mit Messer und Gabel nicht tun würde, wenn auch teils aus anderen historischen Gründen.

Die beliebteste Warnung: Stäbchen nicht senkrecht in den Reis stecken, wenn man die Hände frei haben möchte, denn so wird der Reis rituell den Toten als Opfergabe gebracht. Aber da wir auch Messer und Gabel nicht mal eben steil in die Kartoffeln rammen, wenn wir jemandem das Salz rüberreichen wollen, dürfte dieser Fettnapf auch ohne religiöses Insiderwissen in sicherer Entfernung stehen. Ebenso selbstverständlich ist in Ost wie West, dass man mit dem Esswerkzeug nicht auf Menschen zeigt. Und dass man es nach dem Essen ordentlich zusammenlegt, anstatt ein Teil in die Blumenvase zu stecken und eines unter die Tischdecke zu legen, dürfte man ebenfalls verinnerlicht haben. Besonders vorbildlich verhält sich, wer die Stäbchen nach dem Essen wieder zurück in die Papierhülle steckt, aus der sie gekommen sind.

Wer mit den eigenen Stäbchen Essen von einem fremden Teller nehmen möchte, dreht die Stäbchen dafür um und benutzt die dicken Enden. Zumindest offiziell. Ich werde dafür von Japanern wegen Überkorrektheit oft ausgelacht. Apropos umdrehen: Stäbchen sind keine Spieße. Man greift damit, man spießt nicht auf. Normalerweise. Ich habe schon viele Japaner spießen gesehen. Die Tischmanieren-Overachiever sind meistens allzu verzweifelt integrationswillige Ausländer.

Essen wird in Japan sehr wichtig genommen. Es ist als Small-Talk-Thema noch beliebter als das Wetter und Baseball. Allenfalls zur Kirschblütensaison sind Kirschblüten ein noch wichtigeres Thema. Aber von der Frage, ob man denn schon Kirschblüten gucken gewesen sei, ist die Frage, was es – wenn ja – dabei zu essen gab, nie weit entfernt. Wer meint, im deutschen Fernsehen liefen entschieden zu viele Kochsendungen, sollte den Fernseher in Japan lieber gar nicht erst anstellen.

Gegessen wird am liebsten in Gesellschaft, und in Gesellschaft isst und trinkt niemand für sich allein. Die Gerichte werden munter getauscht, und man sollte es sich verkneifen, sich selbst etwas zu trinken einzuschenken. Stattdessen füllt man die Gläser der Mittrinker, die wiederum dasselbe tun, und so wird im Idealfall kein Glas jemals leer sein, und man selbst ist auch bald voll. Wer sich selbst nachschenkt, könnte den Eindruck vermitteln, er sei entweder gierig, oder die Aufmerksamkeit seiner Nächsten lasse in seinen Augen zu wünschen übrig. Bier wird oft in ungewöhnlich großen Flaschen serviert. Das kann man allein bewältigen, aber eigentlich sind sie zum Teilen gedacht. Eine Wirtschaft, die etwas auf sich hält, serviert zum Bier automatisch und kostenlos typische Biersnacks. Als solche gelten gesalzene Erdnüsse ebenso wie eingelegte Minitintenfische. Meistens sind die Snacks nur kleine Appetit- und Durstanreger, manche Wirte sind aber so großzügig, dass man das Gefühl hat, man bezahle eigentlich für das Essen und bekäme das Bier obendrauf.

Beim Restaurantbesuch gilt es ein paar einfache Regeln zu beachten, unabhängig von der Vornehmheit des Etablissements, der nationalen Ausrichtung der Küche oder ob man sich allein oder in Gesellschaft bewegt. Zunächst stürmt man nicht ohne Vorwarnung voran und krallt sich den Stuhl, der einen am meisten anlächelt. Man wartet im Eingangsbereich, bis sich ein Mitglied des Personals seiner annimmt. Diesem wird bedeutet, für wie viele Personen Plätze benötigt werden, am besten mit den

Fingern. Der Daumen wird bei der gestischen Zahlendarstellung nicht mit verwendet. Und: Möchte man mit Fingern etwas aufzählen, sind erst alle Finger in die Höhe gestreckt, dann werden sie der Reihe nach eingeknickt. Auch dabei macht der Daumen nicht mit, außerdem kommt nur eine Hand zum Einsatz. Da haben die einzelnen Finger eben etwas mehr zu tun.

Hat man den Platz eingenommen, der einem zugeteilt wurde, bekommt man bald ein feuchtes Tuch oder Tüchlein, je nach Größe des Restaurants. Ein Restaurant ist kein Flugzeug: Die Tücher sind nicht dafür gedacht, sich mit großer Geste Gesicht und Hals abzuwischen. Ertappen Sie Japaner dabei, wie sie dies dennoch tun, liegt das daran, dass sie es entweder selbst nicht wissen oder Männer sind. Männer meinen häufig, Anstandsregeln gelten nur für Frauen. Die Tücher sind jedoch ausschließlich für die Hände gedacht, da macht das Geschlecht keinen Unterschied. Nach der Benutzung werden sie ordentlich zusammengefaltet.

Beim Essen gehört es sich, bei aufwendigeren Kauaktionen die Hand vor den Mund zu halten, insbesondere wenn man währenddessen verbal etwas mitzuteilen hat, das nicht warten kann. Auch dies hat sich im weiblichen Teil der Bevölkerung weiter rumgesprochen als im männlichen.

Nach dem Essen ist es Sitte, nicht mehr ewig am Platz zu verweilen und ihn so für andere Gäste zu blockieren. Beliebte Restaurants und Restaurants in beliebten Gegenden haben einen hohen Durchlauf. Nicht selten sieht man Stuhlreihen vor den Lokalen, bereitgestellt für Gäste, die auf einen Platz warten. Ebenfalls nicht selten sind auch diese Warteplätze alle besetzt.

Man schnappt sich die Rechnung, die meist ungefragt mit dem Hauptgericht gebracht wird, und bezahlt sie beim Ausgang an der Kasse. Mitunter ist eine Servicegebühr in der Rechnung inbegriffen, aber selbst wenn dem nicht so ist, ist Trinkgeld in Japan nicht üblich. Man sollte es gar nicht erst versuchen, die Geste sorgt bestenfalls für Verwirrung, schlimmstenfalls für

Kränkung. Einmal lief mir eine ganz aufgelöste Kassiererin auf Stöckelschuhen über mehrere Treppen auf die Straße nach, weil sie mir versehentlich 30 Yen zu wenig rausgegeben hatte. Damals ungefähr 20 Cent.

Der Mythos vom Schlürfen

Die Behauptung, das laut vernehmliche Schlürfen beim Verzehr von Nudelsuppe gehöre in Japan sowohl wörtlich wie im übertragenen Sinne zum guten Ton, bekommt man von naseweiser Reiseliteratur und neunmalklugen Pauschaltouristen so häufig untergejubelt, dass man sie fast glauben könnte. Bei genauerer Recherche liegt der Fall nicht ganz so eindeutig.

Die Recherche führt mich zurück nach Shikoku, das ich vor ein paar Jahren mit meiner damaligen Geliebten bereiste (wir berichteten). Ich wollte in erster Linie hin, weil dort der Horrorfilm *Shikoku – Rückkehr zur Insel der Toten* spielt, und in zweiter Linie, weil auch Teile von Haruki Murakamis Roman *Kafka am Strand* dort angesiedelt sind. Meine Geliebte wollte hin, weil sie gerne Nudeln isst. Sie hat zu Horrorfilmen ein etwas mädchenhaftes Verhältnis und lehnt Murakami ab, weil der – so sie – »Mädchenbücher« schreibe. Ich hingegen habe nichts gegen Nudeln.

Die Stadt Takamatsu ist berühmt für die regionale Variante von Udon, einer breiten und schmackhaften Weizennudelspezialität. Meine Partnerin hat eine Straßenkarte, die von einer Nudelliebhabervereinigung herausgegeben wurde: Alle Nudellokale sind durch rote Punkte ausgewiesen. Die ganze Karte ist ziemlich rot, man kann eigentlich nicht verhindern, auf Nudellokale zu stoßen. Und trotzdem finden wir uns oft in dunklen Straßen wieder, in denen die Lokale *»Girls! Girls! Girls!«* versprechen, obwohl wir doch nur scharf sind auf »Nudeln! Nudeln! Nudeln!«. Wir verlassen uns lieber auf unseren Instinkt und bleiben unter der beruhigend beleuchteten überdachten Einkaufsstraße, wo das einzig Zwielichtige ein Friseur ist, der mit einem deutsch- und einem englischsprachigen Schild wirbt. Auf dem deutschen steht: »Individueller Service war schon immer unsere Stärke!« Das ist nicht originell, aber für einen Friseursalon unverdächtig. Das englische Schild aber macht mir Angst: *»Butchering is our speciality. Glue no extra charge!«* Wie gut, dass ich mein eigener Friseur bin.

Gegenüber vom Haarschlächter befindet sich das Restaurant, für das wir uns entscheiden. Es ist eines von dreien, die dicht beieinanderstehen, und ich habe vorgeschlagen, einfach das zu nehmen, das am teuersten aussieht. Am Anfang einer Reise spucke ich immer große Töne. Es geht eine Treppe hinauf, im Restaurant gibt es einen Bereich mit normal hohen Tischen und regulären Stühlen und einen mit niedrigen Tischen und Sitzkissen auf dem Boden. Selbstredend will ich dort sitzen. Wir trinken vom grünen Gratistee und studieren die Speisekarte, die Fotos von den Speisen zeigt. Mir gefällt sofort das teuerste Gericht optisch am besten: Udon in der üblichen Suppe mit einer üppigen Portion Tempura anbei, einer frittierten japanischen Spezialität portugiesischen Ursprungs. Meine Partnerin hingegen entscheidet sich für das preiswerteste Gericht: einfach nur Udon in Suppe. Das habe nichts mit Rücksicht auf meine finanziellen Reserven zu tun, macht sie mir weis, sondern damit, dass sie sich ganz auf die Nudel an sich konzentrieren wolle. Das klingt fast plausibel, und ich entscheide mich ebenfalls gegen den Tempura-Schnickschnack und für die pure Nudel.

Meine Partnerin drückt auf die schrille Klingel am Tisch, die den Kellner ruft, und bestellt die Speisen. Ich bestelle die Getränke. Ich sage stolz auf Japanisch: »Bitte zwei Stockwerke Bier!« Meine Partnerin lacht sich eins, aber der Kellner lässt sich nichts anmerken und bringt uns zwei Gläser. Wir langen über den Tisch, füllen das Glas des anderen und prosten uns zu: »Kanpai!«

Die Udon sind sehr gut, aber freilich schmecke ich keinen Unterschied zu Udon aus anderen Teilen des Landes. Ich bin schon zufrieden damit, den Unterschied zwischen den beiden Hauptnudelarten Udon (dick) und Soba (dünn) zu kennen. Eines immerhin erkennen wir beide als sehr spezifisch an diesen Nudeln: Sie sind widernatürlich lang. Wenn ich sie mit meinen Stäbchen aus der großen Suppenschale fische und den Arm ganz lang mache, hängt ein Teil der Nudeln noch immer in der Suppe.

Die beiden Herren am Nebentisch haben ähnliche Probleme mit der Länge der Nudeln, lassen es sich aber fröhlich schlürfend schmecken. Plötzlich verfinstert sich die Miene meiner Partnerin, und sie zischt: »Oh, ich *hasse* das!«

»Was denn?«

»Das Schlürfen!«

Seltsam, denn ich bemerke das Schlürfen kaum noch. Ich kläre sie auf: »Aber das ist in Japan so üblich!«

»Ist es gar nicht!«

»Ist es wohl. Das gehört sogar zum guten Ton.«

»Völliger Quatsch! Wie kommst du nur darauf?!«

»Das steht in wirklich *jedem* Buch über Japan! *Irgendwas* in diesen Büchern muss doch stimmen!«

»Aber *das* ganz sicher nicht!«

»Gut, in einigen Büchern steht, dass es sich für Frauen nicht ziemt. Aber Männer müssen auf jeden Fall schlürfen, wenn sie nicht das Gesicht verlieren wollen!«

»Nein, das ziemt sich auch für Männer nicht!«

»Aber *alle* Männer schlürfen hier!«

»Und wenn alle Männer von der Brücke springen würden …«

»Keine Angst, ich gewöhne mir das Schlürfen nicht an.«

Tatsächlich finde ich das Schlürfen selbst furchtbar, aber ich wollte nie was sagen, weil ich ja nur zu Gast bin in diesem Land und von daher gezwungen, jede Unart wunderbar authentisch zu finden. Dennoch mag ich von dem Thema nicht lassen, denn was meine japanische Partnerin da sagt, widerspricht allem, was ich je über Japan zu wissen glaubte. »Liebling, nicht böse sein, ich bin ganz auf deiner Seite, was das Schlürfen angeht, aber trotzdem: Man hört dieses Geräusch in Japan so ununterbrochen, dass man auch ohne irreführende Sekundärliteratur sofort davon ausgehen würde, dass sich das hier so gehört.«

»Es stimmt, dass viele Männer schlürfen. Und vermutlich haben sich viele Leute daran gewöhnt. Aber es gilt trotzdem als kindisch und gehört auf *gar keinen Fall* zum guten Ton! Ehrlich gesagt, bin ich schwer schockiert, dass so etwas in Reiseführern steht. Ich möchte gar nicht wissen, was da noch alles drinsteht.«

»Och, sonst nur wertvolle Tipps. Zum Beispiel, dass man nicht mit links das Getränk zum Munde führt, weil man sonst als Alkoholiker gilt.«

»Das hab ich noch nie gehört!«

»Mit welcher Hand trinkt man denn?«

»Immer mit der, mit der es gerade am besten geht. Jetzt werde ich neugierig. Was gibt es laut deinen Büchern noch für angebliche Verhaltensregeln in Japan?«

Ich pruste: »Pass auf, jetzt kommt der Kracher: Man darf sich in Japan nicht öffentlich die Nase putzen!«

Meine Partnerin runzelt die Stirn: »Wie, Nase putzen?«

»Na ja, halt so mit Taschentuch. Schnäuzen.«

Sie ist fassungslos: »*Aber natürlich nicht! Das ist ja ekelhaft! Andreas!*«

»Aber den Schnodder hochziehen ist doch wohl erst recht eklig …«

»Immer noch besser, als sich vor fremden Leuten die Nase zu putzen!«

»Vielleicht würdest du deine Meinung ändern, wenn du im Flugzeug neben einem sitzt, der von Heathrow bis Narita ohne Unterlass hochzieht …«

»Was soll er denn sonst machen, wenn er erkältet ist?«

Mir kommt ein weiterer Gedanke: »Um noch mal auf das Thema Naseputzen zurückzukommen: Es gibt doch hier in Japan an jeder Straßenecke junge Leute, die einem Gratispackungen mit Taschentüchern zustecken.«

»Genau. Da ist Werbung drauf.«

»Aber wenn das Naseputzen als so eklig gilt – ist das dann nicht so, als würde man wildfremden Menschen mitten auf der Straße eine Rolle Klopapier in die Hand drücken? Quasi: *›Dieses Klopapier schenkt Ihnen Ihre Landesraiffeisenbank‹*?«

Meine Partnerin seufzt. »Iss deine Nudeln.«

Es soll nicht verschwiegen werden, dass ich zur Schlürfkontroverse noch eine zweite Meinung eingeholt habe und eine dritte und so weiter. Es endete in einer Pattsituation zwischen pro und kontra Schlürfen. Unter den Befürwortern des Schlürfens waren übrigens durchaus einige Frauen.

Vielleicht kann man sich folgendermaßen einigen: Das Schlürfen ist in Japan zwar gesellschaftlich akzeptiert, ein Zeichen oder gar Ausdruck guter Manieren ist es aber keineswegs.

Gut unterwegs mit Bahn und Bus

Sollten Sie sich die Entdeckung der Langsamkeit zum Reiseziel gesetzt haben, empfehle ich nicht den Aufenthalt in einem zenbuddhistischen Kloster, sondern eine Fahrt mit der Straßenbahn in Hiroshima. Zu behaupten, sie hielte an jeder Ecke, wäre geschönt. Sie hält sicherheitshalber auch zwischen allen Ecken. Ist man am Ziel angekommen, hat man entweder den Verstand verloren oder ruht ganz in sich selbst (Fachausdruck: schlafen). In jedem Fall erkennt man: Der Weg war wohl das Ziel, denn inzwischen weiß ich gar nicht mehr, was ich hier wollte. Dann kann man auch wieder zurückfahren. Oder zu Fuß gehen, falls man es eilig hat.

Damit stellt die Tram von Hiroshima eine Ausnahme unter den öffentlichen Verkehrsmitteln Japans dar, zumindest in einer Hinsicht: Normalerweise geht alles blitzschnell. Und für alle Verkehrsmittel, von der Bummelbahn bis zum Blitzschnellzug, gilt: Pünktlich sind sie immer. Egal, ob ein Fahrzeug das ganze Land durchschießt oder nur einmal um die Ecke ächzt, es ist garantiert auf die Minute genau nach Zeitplan am Bestimmungsort, und zwar auf den Zentimeter genau dort, wo es der Umgebungsplan vorgesehen hat. Lediglich zu morgendlichen Stoßzeiten kommt es in großen Städten häufig zu Verspätungen. Dass das noch niemandem außer mir aufgefallen zu sein scheint, liegt wohl daran, dass die Züge dann so pausenlos fahren, dass ohnehin niemand in Versuchung gerät, auf Uhren oder Anzeigen zu schauen.

Japans Vorzeigeverkehrsmittel ist der Schnellzug Shinkansen, der auch auf den Kosenamen Bullet Train hört, zum einen aufgrund seiner windschnittigen Form, aber auch wegen seiner geschossartigen Geschwindigkeit. 210 bis 300 Kilometer pro Stunde schaffen die verschiedenen Modelle. Tatsächlich bezeichnet der Begriff Shinkansen das Streckennetz selbst (wörtlich in etwa: neue Stammstrecke), wird aber inzwischen synonym für die Züge benutzt. Die Waggons bieten hohen Komfort, und wer auf dem Bahnhof versäumt hat, sich mit lokalen Leckereien einzudecken, kann auch im Zug noch aus einer großen Auswahl von Speisen und Getränken wählen. Der Verpflegungswagen wird regelmäßig durch die Gänge gerollt.

Bahnfahren hat auch in Japan seinen Preis, und zwar einen stolzen, insbesondere mit dem Shinkansen. Ausländische Touristen haben gegenüber Japanern den Vorteil, dass sie den Japan Rail Pass nutzen können, der zum Pauschalpreis für sieben bis einundzwanzig Tage freie Fahrt durchs ganze Land erlaubt. Die Investition lohnt sich auf jeden Fall, wenn man mehr als Tokio sehen möchte. Der Pass muss vor der Abreise im Heimatland in einem autorisierten Reisebüro beantragt und bezahlt werden.

Man bekommt einen Coupon, den man in Japan gegen den Pass eintauscht. Er ist gültig für alle Linien der ehemals staatlichen Japan Railways (*JR*), ausgenommen sind die schnellsten Shinkansen namens Nozomi und Mizuho (die anderen sind aber auch nicht gerade langsam). Neben *JR* gibt es etliche private, regionale Bahngesellschaften, für deren Züge der Pass ebenfalls nicht gilt.

Wer längere Strecken im Shinkansen zurücklegen und auf Nummer sicher gehen möchte, kann sich eine Platzreservierung am Bahnhofsschalter besorgen, die gibt es bei vorhandenem Ticket gratis. Allerdings sind auch Waggons mit freier Platzwahl vorhanden. Deren Position, ebenso wie die der Green Cars (erste Klasse), ist auf den Bahnsteigen per Bodenbemalung oder Hinweisschildern genau angegeben. Bevor der Zug kommt, stellt man sich ordentlich in die Warteschlange seines Wunschabteils. Wer zuerst kommt, wartet zuerst, auch wenn man seine Position wieder verlässt. Das Reservieren von Warteplätzen durch Hinterlassen von Gepäck oder Einkaufstüten ist durchaus üblich.

Das Ticketsystem für öffentliche Verkehrsmittel auf der Schiene, Eisen- wie U-Bahn, ist landesweit weitgehend einheitlich. Man schaut auf dem Netzplan, der am Bahnhof hängt, nach dem Ort, an dem man ankommen möchte. Unter dem Ortsnamen steht eine Zahl, das ist der Preis in Yen. Man schmeißt sein Münzgeld in den Fahrkartenautomaten oder füttert ihn mit Scheinen, bis auf dem Touchscreen (neumodisch) oder den Leuchtknöpfen (altmodisch) der gewünschte Betrag auswählbar ist, drückt auf Bildschirm oder Knöpfchen, entnimmt das Ticket und etwaiges Wechselgeld und geht zur Schranke vor den Gleisen. Die öffnet sich, wenn man seine Karte in den Schlitz steckt. Nicht vergessen, hinter der Schranke das Ticket wieder an sich zu nehmen, denn man wird es in der Regel am Ende der Fahrt wieder brauchen, um den Bahnhof zu verlassen. Bequemer geht es mit aufladbaren Geldkarten wie

Pasmo oder Suica, deren Erwerb am Automaten unproblematisch ist, solange man zumindest Englisch lesen kann. Man hält sie einfach an den Sensor der Schranken beim Betreten und Verlassen des Bahnsteigs. Bei Letzterem wird der fällige Betrag abgebucht.

Einige Provinzbahnhöfe trauen den Einwohnern und Besuchern der dazugehörigen Orte nichts Böses zu und verzichten auf jede Kontrolle. Wieso auch nicht: In Japan gibt es keine Schwarzfahrer. Das ist zumindest die Theorie. Allenfalls könnte es jemandem mal versehentlich passieren, einen zu billigen Fahrschein für eine teure Strecke gelöst zu haben. Aus solch einem allzu menschlichen Vertun kann man niemandem einen Strick drehen. Wenn einem am Zielbahnhof die Schranke das Verlassen des Bahnsteigs verweigert, wird man deshalb nicht sofort von bewaffneten Polizisten niedergeworfen, sondern geht mit dem Ticket einfach zu einem Nachbezahlautomaten (Fare Adjustment), steckt es hinein, bezahlt den Differenzbetrag (keine Strafgebühr) und bekommt ein neues Ticket. Fare Adjustment kann auch taktisch eingesetzt werden. Wenn man einmal nicht die Muße hatte, vor der Fahrt den genauen Betrag nachzuschauen, oder sich über sein Ziel noch gar nicht klar ist, kauft man einfach das günstigste Ticket und zahlt den Rest später.

Mit dem Bus in meine Zukunft als Pfirsichfarmer

Wo kein Zug hinfährt, da kommt man mit dem Bus hin. Einmal im Jahr lassen meine Frau, meine Tochter und ich uns so zum Pfirsichpflücken fahren. Ab Tokio knappe drei Stunden nach Ichinomiya. Das Pflücken selbst dauert kaum zehn Minuten (so viele Pfirsiche kann man ja nun auch wieder nicht essen). Das Fernbus-Terminal des Bahnhofs Shinjuku, jener einer der größten Bahnhöfe Tokios und Guinness-verbrieft der geschäftigste der Welt, ist straffer organisiert als mancher Flughafen. Unter den Wartenden an den Abfahrt-Gates herrscht immer eine muntere Aufbruchstimmung, die ich persönlich recht angenehm finde. Genauso gut könnte man von den ganzen Rucksacktouristen dort genervt sein, die sich vermutlich in erster Linie aus Budgetgründen für das Reisemittel Bus entschieden haben. Man soll nicht meinen, dass ich Rucksacktouristen über alle Maßen lieb habe. Aber in Japan sieht man sie nun mal etwas seltener als in anderen asiatischen Ländern, da finde ich sie ab und an mal ganz possierlich.

Ichinomiya gehört seit 2004 offiziell zur Stadt Fuefuki. Viel von Stadt merkt man zum Glück nicht. Wer derweil behauptet, in Ichinomiya gäbe es weit und breit nur Pfirsiche, der liegt falsch. Es gibt dort auch Weintrauben. Sonst allerdings tatsächlich nicht viel. Wer den Bus zurück verpasst, ist ziemlich aufgeschmissen. Ich würde auch gerne mal Weintrauben pflücken gehen, aber mein Kind hat einen sehr eigenen Traubengeschmack – da sind Pfirsiche die sicherere Bank. Sie sind gar nicht schwierig zu pflücken. Technisch muss man nur darauf achten, dass man sie vom Stängel zieht, nicht dreht. Und geschmacksstrategisch ist es wichtig, Pfirsiche zu wählen, die weit vom Stamm und nah an der Sonne hängen. Als kleine japanische Frau hat man einen klaren Vorteil, wenn man einen großen deutschen Mann zum Herumkommandieren dabeihat. Die kurze Pflückaktion ist bei so einem Trip nur der halbe Spaß. Danach zählt man im Lokal des Pflückveranstalters, ob man mehr Mückenstiche oder Pfirsiche abbekommen hat, und isst irgendwas mit Pfirsich (ich kann die Pfirsich-Pizza überzeugter empfehlen, als ich es erwartet hatte). Zum Schluss bastelt man sich selbst einen Nachtisch aus Pfirsichen; scharfe Messer, Speiseeis, Schokosoße und Streusel sind vorhanden.

Und wenn man da so sitzt, mit dem scharfen Messer in den klebrigen Händen, und sich sehr naturverbunden fühlt, dann kann man schon mal ins Schwelgen geraten und sich fragen:

Warum nicht einfach mal den Bus verpassen? Für immer? Im Grunde wäre ich der perfekte *Landlust*-Abonnent: der oft ermattete Städter, der jedes Mal, wenn er für einen halben Nachmittag auf dem Land ist, komische Ideen bekommt. Wie man Pfirsiche pflückt, weiß ich ja nun; den Rest des Geschäfts werde ich mir sicherlich auch noch aneignen können. Gut, es gibt hier nur einen Convenience Store (in unserer unmittelbaren Nachbarschaft in Tokio sind es … schwer zu sagen … auf jeden Fall mehr als fünf) und nur ein Restaurant, das vereinzelte Gerichte ohne Pfirsiche serviert. Doch kommt mit großer Auswahl nicht auch große Verunsicherung? Die Menschen scheinen hier nicht unglücklicher zu sein als in Tokio, eher im Gegenteil. Vielleicht könnten wir Menschen von hier werden, wenn wir nur hier blieben.

Kommen allerdings auf der Rückfahrt endlich die Türme von Shinjuku in Sicht und werden wenig später in der Abenddämmerung die Leuchtreklamen mit all ihren vertrauten Logos angeknipst, vergisst man diese komischen Ideen gleich wieder. Die Enge der Straßen kann eine Umarmung sein. Wir wissen schließlich, wie es auf dem Land wirklich läuft, hüben wie drüben. Die sind nur nett zu uns, solange wir sie dafür bezahlen, dass wir ihre Arbeit machen dürfen und hinterher noch ein paar überteuerte lokale Spezialitäten als Mitbringsel kaufen. Sollten wir hängen bleiben, werden wir spätestens beim nächsten Vollmond dem Großen Pfirsich im Himmel geopfert, in einer Nacht der Fackeln, Gesänge und unkeuschen Fruchtbarkeitstänze.

In Wahrheit mag die überschwängliche Heimatverbundenheit mit Beton und Neon daher rühren, dass auf der Rückfahrt so gut wie immer Stau ist und sie eher knapp fünf als knapp drei Stunden dauert. Da nimmt man irgendwann jede Heimat. Und überlegt, ob man für den nächsten Trip nicht mal nach einem Ort Ausschau halten sollte, der von der Bahn angefahren wird. Macht man aber nicht, denn irgendwie war es ja doch ganz schön, sogar die lange, Zen-meditative Rückfahrt. Zumindest in der verblassenden, verherrlichenden Erinnerung.

Der Hund vom Bahnhof Shibuya

Der berühmteste Hund Tokios ist Hachiko, nach dem ein Platz vor dem Bahnhof Shibuya benannt wurde, der über den Hachiko-Ausgang des Bahnhofs erreicht werden kann, ganz in der Nähe des Hachiko-Souvenirladens. Hachiko (deutsch: Freund Acht) hat dem Vernehmen nach wirklich gelebt, und zwar länger als sein Herrchen. Hachiko kam immer abends zum Bahnhof Shibuya, um sein Herrchen nach dessen Arbeit abzuholen. Als Herrchen auf der Arbeit starb, ließ sich Hachiko nicht beirren und kam bis zu seinem eigenen Tod über zehn Jahre später weiterhin jeden Tag zur selben Zeit zurück, um zu gucken, wo sein Herrchen bleibt. Eigentlich eine traurige Geschichte, aber die Japaner finden derartigen Gehorsam gut und haben dem Hund schon zu Lebzeiten eine Bronzestatue errichtet und ebenjenen Platz nach ihm benannt. Man müsste schon ein schlecht gelaunter Spielverderber sein, wiese man auf die Theorie hin, dass Hachiko nur wegen der Würstchen, die ihm die mitleidigen Ladenbesitzer vor Ort zusteckten, jeden Abend an den Bahnhof kam. Der Platz und die Statue sind heute ein beliebter Treffpunkt im hektischen und unübersichtlichen Shibuya.

Manchmal, spätnachts, wenn die Japaner längst auf ihren Futons liegen, kommt der Geist von Hachiko zum Bahnhof, und dann fährt der Geisterzug ein, aus dem der Geist von Hachikos Herrchen steigt, und die beiden spuken fröhlich vereint durch die Gegend.

Zugegeben, das habe ich mir ausgedacht. Aber wäre doch schön.

Essen und einkaufen wie die Götter

Wer mag schon japanisches Essen?

Jeder, könnte man glauben, wenn man den Leuten so zuhört. Ich auch. Und dennoch überkommt mich großes Misstrauen, wenn sie mir zu Ohren kommen, diese ständigen Pauschalurteile: »Also, ich *liebe* japanisches Essen!« Was ist denn damit gemeint? Einfach alles? Nicht mal Japaner lieben die ganze Bandbreite japanischer Küche. Ich habe inzwischen keine Skrupel mehr, mich zu einem gewissen Banausentum zu bekennen. Gut gefällt mir das Fast Food, also Ramen (vor allem in der taiwanisch inspirierten Tanmen-Variation mit mehr Gemüse und oft mehr Würze), Gyoza (quasi Maultaschen), Karage (panierte Hühnerteile), Yakitori (unpanierte Hühnerteile am Spieß). Sicherlich, das alles muss kein Fast Food sein. Mittlerweile wird schließlich auch die Currywurst zum de- und rekonstruierten Gourmet-Erlebnis hochkonzipiert. Allerdings schmeckt die Nudelsuppe besser am abgewetzten Holztresen als über der blitzsauberen Tischdecke. Mein Leibgericht wird *mazesoba* sein, Nudelsuppe ohne Suppe; die Zutaten verrührt man selbst. Es schmerzt noch zu sehr, an dieser Stelle ins Detail zu gehen. Die Schließung meines liebsten Mazesoba-Lokals vor ein paar Jahren hat mich recht stark mitgenommen. Ich hatte dort fast jeden Tag gegessen (nicht immer *mazesoba*, aber beinahe immer), und dann war es plötzlich nicht mehr da. Gut, nicht gerade plötzlich, die Ankündigung hing dort wochenlang wie ein Damoklesschwert, das jemand an den Laden anstatt darüber gehängt hatte. Aber ich wollte es nicht wahrhaben, bis es zu spät war. Inzwischen habe ich mehr als reellen Ersatz gefunden, doch eine gewisse Lücke, eine Leere ist immer noch zu spüren.

Fantastisch munden mir auch etliche Klassiker der Hausmannskost (obwohl bei diesem weiten Feld das Pauschalisieren bereits gefährlich wird): Schwein mit Ingwer, Pasta Napolitan (im Wesentlichen Spaghetti mit Ketchup), Curry-Udon (die besagten dicken Udon-Nudeln in – wer konnte es ahnen – Currysuppe). Außer Haus darf es gerne mal Sushi sein (gelingt selbst ja eh nicht so gut wie bestellt) oder Tempura, die aus Portugal überlieferten Fritteusenhäppchen (zu viel Ölsauerei für die Heimküche). Wobei ich meinen rohen Fisch lieber als Sashimi denn Sushi zu mir nehme; Reis bekommt man in Japan schließlich auch so genug.

Dringt man derweil tiefer in die kulinarische Tradition vor, auf der Suche nach Dingen, die es vielleicht tatsächlich noch nicht in jedem Asia-Restaurant des globalen Dorfes gibt, stößt man schnell auf Dinge, bei denen man sich fragt: Mag das wirklich jemand, oder wurde das einst nur erfunden, damit der Kaiser etwas Apartes auf Instagram posten konnte? Bei der minimalistischen Haute-Cuisine-Spielart *kaiseki* ist die ästhetische Anordnung der Speisen und das passende Geschirr mindestens ebenso wichtig wie der Geschmack. Skeptiker sagen: Wichtiger sogar. Und damit meine ich japanische Skeptiker. Ausländer trauen sich meist nicht, so was zu sagen. *Kaiseki* ist in seiner modernen Form von der kaiserlichen Küche des 9. Jahrhunderts inspiriert. Damals hatte der Kaiser freilich noch kein Instagram auf seinem Handy. Er musste die gut aussehenden Speisen von einem Mitglied des Personals mehrfach malen und die Bilder per Pferdekurier an seine Shogune überbringen lassen. Die zückten dann ihre Kalligrafiepinsel und malten ein geschwungenes いいね (*ii ne*, modern übersetzt: gefällt mir) auf einen Bogen handgeschöpften Papiers, das sie den Kurieren wieder mitgaben. Als der Kaiser sah, wie viel *ii-nes* er bekommen hatte, freute er sich. Da war ihm ganz egal, dass er zum Abendessen lieber ein paar fettige *Yakitori* und ein eiskaltes Bier gehabt hätte, als immerzu *kaiseki* und grünen Tee.

Auch *osechi ryōri* ist eher unter rituellen und ästhetischen Gesichtspunkten zu würdigen als unter kulinarischen. Glücklicherweise gibt es das nur einmal im Jahr, nämlich am Neujahrsmorgen. Die Weihnachtstage verbringen meine Familie und ich gerne im magisch verwandelten Deutschland, aber bevor die vulgären deutschen Silvesterbräuche zelebriert werden, geht es schnell zurück nach Japan. Da wird der Jahreswechsel so gefeiert: Haus sauber machen, *osechi ryōri* zubereiten, gegen Mitternacht zum Tempel gehen, andächtig dem Glockengeläut lauschen, ins Bett gehen, aufstehen, *osechi ryōri* essen. Bei uns läuft es eher folgendermaßen ab: Ein bisschen aufräumen und »Mehr lohnt sich eh nicht, wenn wir bald umziehen« sagen (seit Jahren unser Mantra), Tempelglockengeläut im Fernsehen lauschen, ins Bett gehen, aufstehen, zu den Schwiegereltern fahren, deren *osechi ryōri* essen. Wie die meisten sehen meine Schwiegereltern allerdings längst davon ab, *osechi ryōri* selbst zuzubereiten. Sie lassen es liefern. Es handelt sich um in Kästen angeordnete Kleinigkeiten unterschiedlichster Natur, von Seetang und Süßspeisen über Fisch und Obst bis Omelett und Roastbeef. Jede Kleinigkeit hat ihre eigene Bedeutung für das beginnende Jahr. Da *osechi ryōri* so vielfältig ist, kann man unmöglich sagen, dass es ganzheitlich nicht schmecke. Irgendwas nach seinem Geschmack wird jeder finden. Allerdings ist der erste Gedanke nach dem Aufstehen am ersten Januar kaum: Juhu, gleich gibt es *osechi ryōri*. Er ist eher: Juhu, gleich sitze ich zusammen mit lieben Menschen, trinke verschiedene Sorten Alkohol und muss dabei auch nicht verhungern.

Nicht erschrecken, aber: *Irasshaimaseeeeee!*

In Deutschland heißt es: Der Kunde ist König. In Japan heißt es: Der Kunde ist Gott. Betritt man ein Geschäft, wundert man sich als Zugereister erst mal über das unübersehbare Vorhandensein von Verkaufs- und Servicepersonal. Und das unüberhörbare. »*Irasshaimase!*«, schreit es laut und lang gezogen aus den Kehlen aller Verkäufer und sonstiger Beschäftigter, die den neuen Kunden entdeckt haben. *Irasshaimase* ist ein Willkommensgruß, der Geschäften und Gastronomiebetrieben vorbehalten ist. Eine Entgegnung von Kundenseite ist nicht vorgesehen, professionelle Japaner lassen sich gar nicht beirren, würdigen die Grüßenden keines Blickes. Eine Kränkung ist das nicht; das *Irasshaimase* ist ähnlich wie die Verbeugung so sehr Reflex geworden, dass das Aufsagen nahezu unbewusst geschieht. Bewegt man sich tiefer in einen Laden hinein und begegnet weiterem Personal, wird auch das im Vorübergehen schlafwandlerisch »*Irasshaimase*« murmeln, ohne dass notwendigerweise viel Energie oder Überzeugung darin steckt.

Kann man in Deutschland schon von Glück sprechen, wenn man in Kaufhäusern auf eine besetzte Kasse stößt, kann man sich in Japan gegen prompte und professionelle Abfertigung kaum wehren. Bevor man sagen kann: »Keine Tüte, bitte!«, befindet sich das neue Radiergummi schon eingewickelt in Papier in einer Tüte, die sich in einer Tüte befindet, mit einer Schleife obendrauf.

Nicht nur zum Kassieren und Einpacken ist freundliches Personal allgegenwärtig. Gerade die großen Kaufhäuser stellen ganze Heerscharen von jungen, adretten Damen an, deren einzige Aufgabe darin zu bestehen scheint, Kunden dezent zuzunicken, wenn sie an ihnen vorbeigehen. Dass man im Fahrstuhl nicht selbst die Anstrengung auf sich nehmen muss, den Knopf zu drücken, versteht sich vielerorts von selbst.

Aber auch ohne Personal muss man auf Service beim Einkaufen nicht verzichten. Meine Bekannte Hinako ist Schriftstellerin und ordnungsliebend. Deshalb ist es ihr ein Bedürfnis, regelmäßig in den mehrstöckigen Buchhandlungen der Kinokuniya-Kette zu überprüfen, ob ihr aktuelles Werk korrekt einsortiert ist. Sie geht an einen Computer im Ladengeschäft, gibt ihren Künstlernamen ein, tippt am Touchscreen auf einen der Titel, und aus einem Schlitz unter dem Bildschirm kommt ein Zettel mit Stockwerkangabe und einem Grundriss des Stockwerks, auf dem exakt eingezeichnet ist, in welchem Regal der Schmöker an welcher Stelle zu finden ist.

Das ist eine der coolsten Sachen, die ich je gesehen habe.

Mit der Karte in der Hand fahren wir in das angegebene Stockwerk und finden das Buch genau dort, wo die Karte es anzeigt. Hinako lacht: »Beim falschen Verlag einsortiert!« Aber sie hat gut lachen, denn dieser Verlag ist viel mächtiger als ihrer und entsprechend vom Kinokuniya-Team liebevoller präsentiert.

»Das ist das Zweitcoolste, was ich jemals gesehen habe!«, staune ich.

»Und was ist das Coolste?«, fragt Hinako.

»Die Toilette in meinem Hotelzimmer.«

»Was ist denn mit dem großen Buddha von Kamakura, einem unserer bedeutendsten Heiligtümer?«

»Na gut, der ist auch ziemlich cool.« Aber nicht so cool wie beheizte Klobrillen und Buchsuchcomputer.

Selbstverständlich müssen auch japanische Kaufhäuser in wirtschaftlich schwierigen Zeiten sparen. So trifft man heute weniger Nickdamen und Knopfdrücker als noch vor ein paar Jahren. »Liftgirl« in einem angesehenen Haus ist ein Beruf, der durchaus nicht ganz ohne Prestige für junge Frauen ist. Den Luxus leisten sich aber zunehmend weniger Häuser.

Auch nicht mehr ganz so üblich sind die studentischen Hilfskräfte, die einem am Eingang zu zweit den Regenschirm abnehmen und in eine tropfsichere Plastikhülle stecken. Dass man dafür nur noch selten Extrapersonal einstellt, heißt aber nicht, dass es sich inzwischen ziemt, mit tropfendem Schirm ein Geschäft zu betreten. Man bedient sich bitte selbst bei den Plastikhüllen, die vor den Eingängen bereithängen. Oftmals gibt es simple, aber clevere Mechanikapparaturen, in die man oben seinen Schirm reinsteckt, ihn seitlich rauszieht – und schwupps: verpackt. Vor kleineren Geschäften gibt es Schirmständer, denen man ruhig vertrauen darf, die kriminelle Energie ist in Japan nicht sehr ausgeprägt. Und selbst wenn jemand – selbstredend versehentlich – den falschen Schirm nehmen sollte: Es regnet häufig in Japan, daher kann man an jeder Ecke günstig einen neuen kaufen, nach Ladenschluss auch gerne am Automaten.

Auf Sauberkeit und Gepflegtheit wird großer Wert gelegt. Ich musste mich doch sehr wundern, als ich unlängst eine Straßenumfrage auf der bunten Seite einer japanischen Tageszeitung las, bei der es darum ging, wo die Befragten gerne ihren Ruhestand verbringen würden. Eine Dame mittleren Alters gab zu Protokoll: »In Deutschland, weil es dort viel Kultur und schöne Natur gibt, und weil es dort sehr sauber ist.« Gegen das Natur- und Kulturargument lässt sich wenig einwenden (auch wenn man Japanern oft schonend beibringen muss, dass Deutschlands Kulturlandschaft sich seit den Tagen Johann Sebastian Bachs geringfügig verändert hat), aber dass gerade eine Japanerin Deutschland der Sauberkeit bezichtigt, ist schon ein mittleres Kuriosum. Als ich noch in München gewohnt habe, wunderten sich Berliner Freunde, wenn sie zu Besuch waren, häufig, wie sauber die Stadt ist. Freunde aus Japan hingegen waren meist pikiert, wie schmutzig München sei. In Japan käme niemand auf die Idee, seinen Müll im öffentlichen Raum stehen und liegen zu lassen. Wer sich im Zug ausführlich der Nahrungsaufnahme und der Zeitungslektüre hingibt, nimmt die Lebensmittelverpackung und die ausgelesene Zeitung beim Verlassen des Zuges selbstverständlich mit und entsorgt sie in den richtigen Behälter, der häufig noch im Zug zu finden ist, spätestens aber am Bahnsteig. Mülleimer, meist recyclingfreundlich mehrgeteilt, finden sich an jeder Ecke. Auch wenn das zivile Reinlichkeitsbewusstsein sehr ausgeprägt ist und größere öffentliche Verschmutzung gar nicht erst aufkommen lässt, sind zusätzlich ständig staatliche und private Putzkräfte unterwegs, die auch den letzten Rest Zufallsdreck schnell wegputzen.

Gepflegt soll auch das Erscheinungsbild sein. Die japanische Jugendmode mag die flippigste der Welt sein, aber schäbig ist sie nicht. Im Gegenteil: je fetziger, desto penibler zusammengestellt und gepflegt. Auch im Berufsleben leistet man sich keine Schwachheiten. Vor ein paar Jahren wurde hitzig diskutiert, ob es in den heißen Sommermonaten zulässig sei, kurzärmelige Hemden im Büro zu tragen, um Stromkosten für die Klimatisierung zu sparen. Da Umweltschutz trotz der Vorliebe für Verpackungsmüll und wasserfressende Supertoiletten ein erstaunlich beliebtes Thema in Japan ist, hat sich der kurze Ärmel bei wirklich, wirklich großer Hitze inzwischen durchgesetzt. Aber erst nachdem sogar die Politik auf höchster Ebene mitdiskutiert hatte.

Nicht kitschig, sondern *kawaii*

Müsste man das typischste aller typisch deutschen Wörter küren, wäre das weder *Arbeit* noch *Achtung*, nicht *verboten* und nicht *Habseligkeiten*, auch wenn das schön wäre, ist es doch 2004 zum schönsten deutschen Wort gekürt worden. Nein, das deutschtypischste Wort ist: *Kitsch*. Andere Sprachen müssen es aus dem Deutschen übernehmen, wenn sie Wert darauf legen. Nur die deutsche Volksseele hegt ein derart ausgeprägtes Misstrauen gegen alles Farbenfrohe, Freundliche und ohne Tiefgang Unterhaltende, dass dafür vorsichtshalber ein Schimpfwort erfunden werden musste. Wer in der japanischen Sprache ein Äquivalent finden möchte, muss lange suchen und wird trotzdem keine komplett befriedigende Entsprechung finden. Kitsch ist der Normalzustand, und was normal ist, muss man nicht extra benennen.

Betritt man ein Geschäft, sollte man nicht nur auf das *»Irasshaimase!«*-Gebrüll der Angestellten gefasst sein. Genauso kann einen ein plötzliches *»Kawa-iiii!«* aus der Bahn werfen, aus Kundenmund gequiekt in einer Tonhöhe, von der man eigentlich annahm, dass nur Hunde sie hören können. Der Auslöser? Kann vieles sein. Vielleicht blättert gerade eine Kundin im neuen Hello-Kitty-Kalender, probiert Snoopy-Slipper an oder hat die aktuelle Kollektion von SpongeBob-Ohrringen entdeckt.

Kawaii heißt *niedlich*, und niedlich muss alles sein, was Konsumenten gefallen soll. Vor allem Frauen, aber nicht nur. Vor allem jungen Frauen, aber nicht nur. *Kawaii* ist Pflicht, alles andere ist Kür.

Meine Tokioter Freundin Kaori ist aus dem Backfischalter raus, und sie hat ein liebenswertes Faible für Gewaltvideos und Killerspiele. Dennoch kann sie an keinem Tierbaby-Bildband vorbeigehen, ohne zu quieken.

Kawaiiismus ist ansteckend. Einmal versprach ich einer deutschen Bekannten, ihrer minderjährigen, also weitgehend unzurechnungsfähigen Tochter Hello-Kitty-Souvenirs von allen Stationen meiner Japan-Rundreise mitzubringen. Es gibt lokalisierte Hello-Kitty-Produkte, die nur in der betreffenden Stadt oder Region zu bekommen sind; Kitty posiert dabei mit regionalspezifischen Requisiten. Gäbe es Derartiges in Deutschland, würde das Kätzchen beispielsweise in München eine Leberkassemmel, in Bremen ein Matjesbrötchen, in Berlin eine Dönerschrippe halten. Selbstverständlich hatte ich diesen Auftrag nur unter Protest angenommen. Sinn- und charakterlos fand ich die weiß-rosa Hello-Kitty-Figur, die nur existiert, um niedlich auszusehen. Ein Abklatsch eines holländischen Cartoon-Hasen, der sich irgendwie verselbstständigt hat und zu einem Monster geworden ist, einem Marketingmonster. Während der Reise aber geschah das Unfassbare. Ich ertappte mich bei dem Gedanken: Ist ja wirklich ganz süß, diese Hello-Kitty-Kitty. Und als ich den Gedanken gedacht und mir meine Gefühle eingestanden hatte, waren alle Dämme gebrochen, und es gab kein Halten mehr. Heute schaut mir an meinem eigenen Schreibtisch eine Wackel-Kitty beim Schreiben zu. Mein ganzer Stolz, neben meiner Büste des Grafen Dracula. Hört sie mal auf zu wackeln, bekommt sie eine sanfte Kopfnuss der Liebe, und es geht weiter. Besonders gute Freunde erhalten Briefe auf Hello-Kitty-Briefpapier, ob sie wollen oder nicht. Und sollte mal jemand auf die Idee kommen, meinen Kitty-Küchenschwamm in Form eines Erdbeertortenstückes tatsächlich für so etwas Profanes wie den Abwasch zu missbrauchen, bekommt er Hausverbot.

Mittlerweile gefällt mir gerade der Umstand, dass Hello Kitty im Urkonzept pure Lust am Look ist. Dass damit nur das reine Bild verbunden ist, keine Erzählung. Kitty erlebt keine Abenteuer, Kitty sagt einfach nur: Hello.

Versteht sich von selbst, dass ich meiner Bekannten nicht alle Hello-Kitty-Devotionalien ausgehändigt, sondern die kawaiisten selbst behalten habe.

Die Japaner wissen ganz genau, wie ansteckend bedingungslose Niedlichkeit ist. Deshalb wurden am 12. März 2009 drei junge Frauen zu Botschafterinnen der Niedlichkeit ernannt, und zwar ganz offiziell. Vom Außenministerium. Auf offiziellen Dokumenten müssen ihre Namen stets von zwei rosa Herzen eingefasst sein. Von Japan aus brechen Shizuka Fujioka, Yu Kimura und Misako Aoki zu einem weltweiten Kreuzzug der Niedlichkeit auf. Sie sollen den Menschen, insbesondere den potenziellen Touristen, die japanische Popkultur näherbringen, und sie sind in guter Gesellschaft. Im Mai des Vorjahres wurden bereits Hello Kitty zur Cartoon-Botschafterin und der beliebte blaue Kater Doraemon zum Zeichentrick-Botschafter ernannt. Dabei macht Kawaiiismus auch vor schweren Themen nicht halt. So mahnt Kitty heute sanft zur Krebsvorsorge, und Mitglieder der quirligen Girlgroup *AKB48* werben für Staatsanleihen.

Mindestens ebenso zuwider wie der sogenannte Kitsch ist dem Deutschen der Tourist. Eine weitere unerklärliche Abneigung gegen etwas, das eigentlich für etwas Schönes und Nachahmenswertes steht. Warum Menschen, die sich für eine fremde Kultur derart interessieren, dass sie die körperlichen, geistigen, seelischen und finanziellen Strapazen auf sich nehmen, das Ursprungsland jener Kultur tatsächlich zu bereisen, dümmere Tröpfe sein sollen als die, die dabei nur zugucken und meckern, leuchtet kaum ein. Dass die Besucher aus der Ferne gerne etwas Konkretes und Gegenständliches zur Erinnerung an ihre aufregende Reise mit zurück in den grauen heimischen Alltag nehmen, sei es ein selbst geknipstes Foto (oder 300 davon) oder ein Bembel mit einem Sinnspruch in einer exotischen Sprache, ist ein Zeichen für Menschlichkeit, nicht für Einfältigkeit. Zur puren schizophrenen Selbstzerfleischung und Selbstverleugnung wird die deutsche Abneigung gegen den Touristen, wenn der Deutsche selbst Tourist ist. In beliebten Urlaubsgegenden außerhalb Deutschlands beklagt sich keiner so bitterlich über die vielen Touristen wie der deutsche Tourist, also der Hauptverdächtige Nr. 1. Ist *Kitsch* das typischste deutsche Wort, so ist der entlarvendste Satz aller Deutschen im Ausland: »Pack doch die Kamera weg, wir sehen ja aus wie Touristen!« In Österreich wie in Angola.

Eine Angst, die dem Japaner genauso fremd ist wie die Berührungsängste gegenüber der Souvenirkultur. Einmal gab ich auf dem Flughafen Narita meine letzten Yen für eine Kaffeetasse mit einem Motiv der Comicserie *Astro Boy* aus. Astro Boy ist ein süßer, frecher, atomkraftbetriebener Roboterjunge, eine Art japanischer Pinocchio und ein (ausnahmsweise inoffizieller) kultureller Botschafter des Landes, ähnlich wie Mickymaus in den USA. Auf meiner Kaffeetasse fliegt er mithilfe seiner Raketenschuhe fröhlich über den Tokyo Tower, der auch der Eiffelturm sein könnte, stünde die Tasse in Paris zum Verkauf. Oder der Fernsehturm von Sapporo, hätte ich sie in Hokkaido gekauft. Die Eiffelturmarchitektur ist beliebt in Japan und Nachahmung eine Form von Huldigung. Man muss keine Angst haben, dass man das falsche Flugzeug erwischt hat, wenn man auf der künstlichen Halbinsel Odaiba in der Bucht von Tokio morgens aufwacht, aus dem Fenster schaut und eine exakte, wenn auch etwas kleinere Kopie der New Yorker Freiheitsstatue vor der Nase hat. Dass die Rainbow Bridge, über die man angereist ist, eine frappierende Ähnlichkeit mit der Golden Gate Bridge hat, ist ebenfalls kein Grund zur Beunruhigung.

An der Kasse in Narita fällt die Verkäuferin völlig aus der Rolle, als sie meine Tasse sieht: »Die ist aber süüüß!« Eigentlich gehört das launige Kommentieren der Einkäufe des Kunden nicht zu den Gepflogenheiten des japanischen Verkaufspersonals, schließlich ist der Kunde Gott und der Verkäufer nicht. Aber durch ihre vielen Kontakte zu ausländischen Besuchern ist die Dame, die meine Tasse süß findet, wohl schon verwestlicht und wenig kontaktscheu. Verträumt bestaunt sie meinen potenziellen Einkauf und macht gar keine Anstalten, Kassenknöpfchen zu drücken und Geld einzufordern. Sie ist völlig im Bann Astro Boys, als hätte sie bis eben gar keine Ahnung gehabt, dass ihr kleiner Laden diesen Artikel führt. Ich will sie in ihrer Andacht nicht stören, habe aber ein wenig Angst, meinen Flug zu verpassen, also sage ich: »Ja, finde ich auch süß.«

Sie schaut von der Tasse zu mir auf und fragt verträumt: »Kommen Sie aus Frankreich?«

Vermutlich ist die Tasse wegen des angetäuschten Eiffelturms ein beliebtes Juxsouvenir französischer Touristen. Verständlich, hätte es Astro Boy beim Flug durch ein gefälschtes Brandenburger Tor als Motiv gegeben, hätte ich auch eher das genommen. Ich beantworte ihre Frage wahrheitsgemäß, und wir erörtern noch ein wenig die Frage, ob es in Deutschland auch Astro Boy gebe (ja, aber selten auf Geschirr), dann leben wir unsere eigenen Leben weiter. Ob sie später für sich selbst auch eine Tasse gekauft hat, habe ich nie erfahren. Aber ich könnte es mir vorstellen.

Nicht verschweigen möchte ich, dass der Tourismus auch ein hässliches Gesicht haben kann, denn ich habe es gesehen. Die Menschen, die ständig zu laut, zu unflätig und vor allem zu ständig sprechen. Die beim vermeintlich gemeinsamen Besuch im japanischen Restaurant beleidigt draußen bleiben und Leberwurstbrot essen. Die sofort lauthals mit Rechtsklagen gegen Land, Leute, Kaiser und Götter drohen, weil sie zu blöde zum Schuheausziehen sind und sich langlegen, bevor sie den ersten Tempel von innen gesehen haben. Ich kenne diese Menschen, weil ich auch einmal Tourist war, sogar ein erkennbarer. Ich hatte mich einer Reisegruppe angeschlossen, die per Bus die Tempelstadt Nikkō besuchte, ein Weltkulturerbstück droben in den Bergen, etwas außerhalb von Tokio. Ich fand es zunächst ein bisschen entwürdigend, dass wir alle einen großen roten Ansteckbutton bekamen, damit man uns leichter wieder in die richtige Reisegruppe einsortieren konnte, falls wir einmal verloren gingen. Nicht, dass das leicht hätte passieren können, denn wir mussten schließlich immer nur dem Fähnchen in der Hand unserer Führerin folgen, das die gleiche Farbe hatte wie unsere Buttons. Glücklicherweise war unsere Reisegruppe von überschaubarer Größe, so wurden wir immerhin nicht per Megafon dirigiert wie die anderen blöden Touristen. Wobei sich die blödesten Touristen leider doch in unserer Gruppe befanden, ein rüdes Ehepaar, das wie die Realität gewordenen Mr. und Mrs. Bundy aus der Fernsehserie *Eine schrecklich nette Familie* war, nur nicht so klug, wohlerzogen und modebewusst. Es gibt Typen von Menschen, die sind als fiktive Konstruktionen sehr lustig und vielleicht sogar auf eine bizarre Art sympathisch, aber begegnet man ihnen im richtigen Leben, ist ganz schnell Schluss mit lustig. Schon auf der Hinfahrt bezichtigten die beiden zuerst den Busfahrer, dann diverse Mitreisende und schließlich sich gegenseitig des Geldbörsendiebstahls, bis die Geldbörsen wieder gefunden waren (da, wo sie hingehörten und immer gewesen waren). Mit Scheidung wurde auch nach Klärung beiderseitig weitergedroht, bis wir in Nikkō angekommen waren. Dort ging dann der Ehemann bei schuhlosen Tempelbesichtigungen zu Boden, was er mit wüsten Flüchen kommentierte und seine Frau mit krähendem Gelächter. Im Restaurant war gottlob Stille, denn die beiden hatten es gar nicht eingesehen, für einen Restaurantbesuch Restaurantpreise zu bezahlen, wo man sich doch viel preiswerter von der Tankstelle ein paar Stullen holen konnte, was sie vorher jedem, der es nicht hören wollte, lauthals und mehrfach mitgeteilt hatten.

Obwohl ich mich anfangs so weit weg wie möglich gewünscht hatte, habe ich den Ausflug samt unmöglicher Mitreisender und strenger Organisation nicht bereut. Dank des gecharterten Busses habe ich Orte gesehen, an die ich nicht gelangt wäre, hätte ich mich individualistisch mit öffentlichen Verkehrsmitteln in Bewegung gesetzt. Unsere kenntnisreiche Reiseleiterin wusste mehr als meine Reiselektüre über das Gesehene, und richtig interessant wurden ihre Ausführungen, als sie im späteren Verlauf des Ausflugs zusehends den Faden verlor und mehr und mehr Apropos-Geschichten aus dem japanischen Alltag zum Besten gab. Manchmal muss halt jeder über den eigenen Schatten springen, sich einen roten Button ans Revers heften und sagen: »Ich bin ein Tourist, und das ist auch gut so.«

Ich hätte den roten Button gern als Souvenir behalten, aber wir mussten ihn wieder abgeben. Ist nicht schlimm, ich habe ja genügend Fotos geknipst.

Kulinarischer Schaufensterbummel

Schaufenster spielen nicht nur beim Einkaufengehen eine große Rolle, sondern auch beim Essengehen. Ein Glück für sprachunkundige Besucher. Nicht alle, aber ein Großteil der Restaurants geht mit exakten Plastiknachbildungen der angebotenen Speisen in Fenstern oder Schaukästen auf Kundenfang. Auch das finden viele Touristen je nach Geisteshaltung kitschig oder *kawaii*, es ist aber vor allem sehr praktisch. Selbst wenn man nicht weiß, wie das heißt, was man haben möchte, kann man darauf deuten. Das, was man hinterher auf dem Teller haben wird, wird genauso lecker aussehen wie die Darstellung im Fenster, dafür bürgt der japanische Perfektionismus.

Wer sich in die Nahrungsplastiken verliebt, und das tut jeder, wird hocherfreut sein zu erfahren, dass man sie kaufen kann. Ist logisch, irgendwo müssen sie ja herkommen. In Tokio kommen sie zum Beispiel aus der Kappabashi-dori, einer Einkaufsstraße nur für Gastronomiebedarf. Das ist größtenteils schrecklich langweilig, und man kann einen Koller bekommen, wenn man mit einer Begleitung hingeht, die sich unter Abertausenden von Essstäbchenhaltern jeden einzelnen ganz genau anschauen muss und dann doch keinen kauft. Aber man wird entschädigt durch die Geschäfte, die Sushi und Sauerkraut aus Plastik verkaufen.

Ich geriet an einen Händler, der sich auf Plastikwurst spezialisiert hatte. Als er erfuhr, dass ich aus Deutschland kam, war er begeistert und bellte mir fröhlich ins Gesicht: »Wiener! Weißwurst! Bratwurst! Bockwurst!« Es stellte sich heraus, dass er in seiner wilden Jugend einen Trip nach Europa gemacht und lange Zeit in Deutschland mit dem Studium von Wurst verbracht hatte. Er kannte viele Wurstnamen, und nach jedem schaute er mich erwartungsvoll an, als müsste ich zurückstrahlen, mir den Bauch reiben und sagen: »Jaaa! Rostbratwurst! Guuut! Mmmm!« Machte ich natürlich auch. Ihm zu gestehen, dass Fleisch bei mir zu jener Zeit höchstens in Plastik auf den Teller käme, brachte ich nicht übers Herz.

Und letztendlich kam mir die Wurst nicht mal in Plastik auf den Teller. Denn es handelt sich bei den Nachbildungen nicht um billigen Plastikschrott, sondern um richtig teure Plastikkunstwerke. Für ein Hauptgericht langte es bei mir nicht, ich hatte nur noch genügend Yen für drei Sushi-Happen, mit denen ich heute noch Besucher foppe. Ein Riesenspaß. Bis sich einer mal einen Zahn ausbeißt.

Nicht alle Restaurants mögen sich die Plastikmodelle leisten; vielleicht, weil diese nicht billig sind, vielleicht fehlt den Lokalen der Stellplatz. Einige schießen dann immerhin Bilder von ihren Gerichten und hängen sie außen auf. Oft vergilben sie dort so schön, dass man kaum etwas außer einem Mischmasch verschiedener Gelbtöne ausmachen kann. Diese Restaurants müssen nicht die schlechtesten sein. Wahrscheinlich versteht man sich dort eher aufs Kochhandwerk als aufs Marketing. Dass diese Restaurants sich lange genug gehalten haben, um die Fotos in aller Ruhe vergilben zu lassen, spricht mit Sicherheit für sie.

Wenn es nicht unbedingt ein Restaurant sein muss, empfiehlt sich der Besuch einer Lebensmittelabteilung in einem großen Kaufhaus. In der Regel befinden die sich im Kellergeschoss, oft verteilt über zwei davon, denn das Angebot ist groß und die Präsentation extravagant. Im blitzblanken, ohrenbetäubenden und proppevollen Ambiente werden hier Köstlichkeiten aus aller Welt feilgeboten, die Händler versuchen mit der Verkündung ihrer aktuellen Angebote einander zu übertönen, und alle gemeinsam schreien gegen das *»Irasshaimase!«* des Begrüßungskomitees an. Behaglichkeit geht anders, aber der optische Bombast, mit dem die Speisen präsentiert werden – und die Gratis-Probierhäppchen –, machen einiges wett.

Hat jedes Kaufhaus und jedes Restaurant die Tür verschlossen und das Licht gelöscht, findet man garantiert irgendwo einen Convenience Store (Volksmund: *konbini*), der durchgehend geöffnet hat. Neben einem reduzierten Supermarkt- und Drogerieangebot gibt es dort im Kühlregal verzehrfertige Mahlzeiten für den kleinen und großen Hunger, vom allgegenwärtigen *Onigiri*, der japanischen Variante des Butterbrotes (Reis im Algenwickel), bis hin zu opulenten Hauptgerichten mit allem Drum und Dran, die gerne vor Ort warm gemacht werden (jap.: *hotto*, in Anlehnung ans englische *hot* – siehe Kapitel *Mein erstes japanisches Wort*, Abschnitt »Generation Gorufu: Japanglizismen und der Abkürzungswahn«). Krause Convenience-Store-Modesnacks wie Spaghetti-Sandwiches sollte sich kein ernsthafter Fusiongourmet entgehen lassen. Essbesteck und Reinigungstücher gibt es automatisch dazu. Sieht man nicht waschecht japanisch aus, kann es passieren, dass man in vorauseilender Hilfsbereitschaft ungefragt Plastikmesser und -gabel statt Holzstäbchen zugesteckt bekommt.

Eine japanische Besonderheit: Waren sind in 24-Stunden-Geschäften, Bahnhofsläden und Automaten nicht wesentlich teurer als in anderen Geschäften. Japaner wundern sich allenfalls über die Tatsache, dass sich Ausländer darüber wundern.

Curry ist eines der Gerichte, die zwar nicht aus Japan kommen, aber dort derart innig umarmt wurden, dass sie es zu festen Bestandteilen der Landesküche brachten. Selbstverständlich blieb es nicht beim bloßen Nachkochen der Vorlage. Das Gericht wurde mit japanischen Gepflogenheiten und Zutaten so modifiziert, dass man heute – ganz wertfrei – zwischen Curry und japanischem Curry unterscheiden kann. Und beim japanischen Curry lassen sich wie beim ursprünglichen Curry noch mal unzählige Unterspielarten unterscheiden. Viele Regionen und Städte haben ihre eigenen Curryspezialitäten, auf die sie stolz wie Bolle sind. Besonders stolz ist man in Yokohama auf das Yokohama Curry. Dort hatte man sogar ein Currymuseum errichtet, in der Nähe des Ramennudelmuseums. Leider wurde das

Curryhaus inzwischen wieder geschlossen, aber im Ramenmuseum kann man weiterhin unzählige Sorten von Nudelsuppe essen. Und, wenn man will, ein bisschen über die Geschichte derselbigen erfahren. Wenn man sich allerdings nur ein einziges Nudelmuseum in Yokohama ansehen möchte, sollte es das Cupnoodles Museum sein, das der Instantnudelsuppe und ihrem Erfinder Momofuku Ando gewidmet ist, dem Steve Jobs der Heimgastronomie. *»Human beings are noodle beings«*, lautet der Leitspruch der Einrichtung. Spätestens wenn man in der My Cupnoodles Factory seine eigene Brühe aus 5460 möglichen Kombinationen braut, stimmt man dem zu.

In Ryu Murakamis Roman *69*, der in jenem Jahr des letzten Jahrhunderts spielt, wird das japanische Reiscurry noch als uncooles Armeleuteessen verunglimpft. Heute hat sich der Ruf durch alle Schichten gebessert, er bewegt sich aber immer noch im Bereich des Fast Food, da das Currygericht schnell gekocht, in der Regel ohne viel Grazie auf den Teller geklatscht und von dort schnell weggelöffelt werden kann. Bei Menschen, die es eilig haben (also erschöpften Angestellten und hibbeligen Szenegängern), erfreuen sich besonders halb automatisierte Curry-Imbisslokale großer Beliebtheit. Das Curry wird schon noch von Hand gekocht, aber Auswahl und Bestellung finden über einen Ticketautomaten am Eingang statt. Das Ticket gibt man am Tresen ab, meistens bekommt man im Gegenzug eine Nummer wie beim Arbeitsamt oder Schlachter. Den Zettel oder das Plastikschild mit der Nummer legt man gut sichtbar an dem Platz, den man sich frei ausgesucht hat, auf den Tisch, das Essen wird dann gebracht.

Oft sind auf den Tasten der Ticketrestaurants, die es auch für andere Schnellgerichte wie Nudelsuppen oder Sushi gibt, Fotos der Speisen abgebildet, genauso oft aber sind sie lediglich beschriftet. Hierfür ist es von enormem Vorteil, wenn man sich zumindest mit dem Katakana-Alphabet vertraut gemacht hat. Ansonsten werden unweit der Automaten Fotos angebracht sein. Kann man nicht lesen, prägt man sich die Zeichen auf den Fotos ein und sucht deren Entsprechungen auf den Tasten. Ob Fotos bei der Auswahl des richtigen Currygerichts helfen, ist allerdings fraglich. Bei Betrachtung von Curryfotos fühle ich mich immer an eine Szene aus Sofia Coppolas Film *Lost in Translation* erinnert, was ansonsten in Japan nicht sonderlich häufig vorkommt. Man mag den Film recht amüsant finden (das tue ich) oder sich verwundert am Kopf kratzen (in Japan wurde eher gekratzt), aber eines lässt sich kaum von der Hand weisen: Ein Film über Japan ist es nicht, sondern eine sehr allgemeine Entfremdungsgeschichte, die genauso gut in Island, Kenia, Sachsen-Anhalt oder jedem anderen Land, das den beiden amerikanischen Hauptfiguren fremd ist, hätte erzählt werden können. In der gemeinten Szene sitzen Scarlett Johansson und Bill Murray in einem Imbiss und schauen in die bebilderte Speisekarte. Dabei ergibt sich der folgende Dialog (ich zitiere aus dem Gedächtnis, also bitte keine Haarspalterei):

Frustrierte junge Frau: »Das sieht doch alles gleich aus!«

Frustrierter alter Mann: »Dann nehmen wir zweimal Sieht-doch-alles-gleich-aus.«

Das Lokal in *Lost in Translation* ist kein Curryrestaurant, aber der Dialog passt. Auf Fotos von Currygerichten ist braune Pampe an Reis abgebildet. Auf allen. Was die braune Pampe verbirgt, geht nur in Einzelfällen aus den Abbildungen hervor. Wer in Japan Curry bestellt, sollte also entweder kein komplizierter Esser sein oder ein bisschen lesen können.

Der Fachausdruck »braune Pampe« mag abwertend klingen, ist aber nicht so gemeint. Seien Sie versichert: Köstlichere braune Pampe haben Sie nie gegessen.

Drei Essen für zwei und die Kugelfisch-Herausforderung

Currygerichte hin oder her, im Allgemeinen ist die Szene aus *Lost in Translation* nicht symptomatisch für die japanische Küche. Tatsächlich ist die optische Vielfalt der Speisen mindestens genauso groß wie die geschmackliche. Was nicht bedeutet, dass man als Uneingeweihter in jedem Fall genau sagen könnte, was man vor der Nase hat, auch wenn man sieht, dass es ganz anders aussieht als das, was rechts und links daneben abgebildet ist.

Ich kehre gedanklich noch einmal ein in den *Ryokan* aus dem Kapitel *Hajimemashite! Von Kontakt und Kommunikation und anderem Unvermeidlichen*, in dem meine damalige Partnerin und ich ein paar sehr japanische Tage verbrachten. In Erwartung und Planung des Abendessens sitzen wir auf den Tatami-Matten an unserem entsprechend niedrigen Esstisch, und meine Freundin zeigt mir Fotos von den Speisen, aus denen wir auswählen dürfen. Das ist alles wunderbar bunt und abwechslungsreich, aber ich kam nicht umhin zu bemerken:

»Ich weiß doch sowieso nicht, was das alles ist.«

Meine Freundin beschloss daraufhin: »Dann nehmen wir dreimal Andreas-weiß-doch-sowieso-nicht-was-das-ist.«

Verzählt hat sie sich nicht. Das Prinzip, dass jeder für sich bestellt und das Bestellte dann allein isst, ist in Japan nicht sonderlich weit verbreitet. Oft werden Mahlzeiten eh sehr kleinteilig bestellt, das heißt, jeder sucht sich seine Lieblingskleinigkeiten aus, aber letztendlich essen alle von allem, es wird bunt gemischt. Aber auch bei festgelegten Menüs tendiert man dazu, lieber ein oder ein paar Essen mehr zu bestellen, damit man eine größere Auswahl hat. Dass am Ende des Abends nicht jeder Teller ratzeputz leer ist, stört nicht weiter.

Zur Abendbrotzeit wird die Schiebetür unseres Zimmers aufgeschoben, und auf den Knien kommt mit drei vollgeladenen Tabletts die schon etwas betagte Gastgeberin herein. Sie sagt: *»Shitsurei shimasu!«*, was in etwa »Ich störe!« bedeutet und was man immer sagen sollte, wenn man irgendwo eintritt oder vorbeigeht, egal, ob es sich tatsächlich um eine Störung oder eine erwünschte und erwartete Begegnung handelt. Außer den Tabletts trägt sie einen Kimono, kunstvoll hochgesteckte Haare und extrem viel Make-up. Sie lädt die Speisen ab und erklärt wortreich, wie damit zu verfahren sei. Das klingt sehr kompliziert und dauert sehr lange, ich habe schon Angst, dass das Essen kalt wird. Da besteht aber keine Gefahr, das meiste ist schon beziehungsweise noch kalt. Ich verstehe ihre Ausführungen nur in groben Zügen, aber meine Freundin hört aufmerksam zu und führt ihren Teil der Konversation nach üblichem japanischen Muster: »Ah!«, »Aaaah …«, »Aah?!«, »Aaah … sosososo!« Ich mache mit, denn die japanischen Fülllaute habe ich gelernt, eher durch Belauschen als durch Unterricht. Ich hoffe, ich bekunde immer an den richtigen Stellen Verwunderung, Amüsement, Zustimmung oder bloße Aufmerksamkeit. Nicht, dass die über Dinge reden, die nur Frauen was angehen. Oder über mich. Sich vielleicht lustig machen.

Nach dem Plausch verabschiedet sich die Frau im Kimono, aber vorher steckt meine Freundin ihr noch einen Umschlag zu. In dem Umschlag befindet sich Trinkgeld, das es in Japan bekanntlich gar nicht gibt. Im *Ryokan* aber ist es üblich, den Gastgebern beim ersten Zusammentreffen ein kleines bisschen extra zu überreichen. Um Gottes willen nicht nackt auf die Kralle, sondern im dezenten Umschlag. Im privaten oder quasiprivaten Rahmen wird Geld ungern offen überreicht. Selbst im engen Freundeskreis geschieht Geldumverteilung, etwa bei Schuldenrückzahlung, selbst bei Kleinstbeträgen häufig unauffällig verpackt. Hat man gerade keinen Umschlag dabei, tut es auch ein Papiertaschentuch.

Der Großteil unseres Essens besteht aus Shabu-Shabu. Dünne Fleisch- und Fischscheiben, die man in Brühe erhitzt und dann flott durch eine Sauce schwenkt. Der Name ist lautmalerisch, denn beim Schwenken in der Sauce macht es: »*Shabu, shabu.*« Daneben gibt es jede Menge Kleinigkeiten von unterschiedlicher Köstlichkeit. Eine echte Herausforderung ist Natto. Viele Japaner geben zu, dass sie Natto selbst nicht mögen, aber es handelt sich um eine Art kulinarisches Nationalheiligtum, das möglicherweise dafür verantwortlich ist, dass Japaner so lange leben. Gesund mag es sein. Aber nur Lügner und Menschen ohne Geschmacksknospen behaupten, dass es ihnen schmeckt.

Es handelt sich im Wesentlichen um verschimmelte Sojabohnen. Schmeckt aber nicht so gut, wie es klingt. Ich stecke ein paar der klebrigen Fäden in meinen Mund, und mir gelingt noch der Ansatz eines »Mmmm …«, bevor das Keuchen und Würgen beginnt.

Anderes ist delikat, einiges angenehm geschmacklos. Ich frage meine Freundin: »Und was waren diese kleinen weißen Fischwürfel auf dem blauen Tellerchen?«

»Ach, mochtest du die?«

»Ging so. Ein bisschen wie Fischstäbchen.«

»Das ist etwas ganz Besonderes. Jedes Jahr sterben ein paar Leute daran.«

»War das Kugelfisch?!«

»Ja, Fugu. Man muss eine besondere Genehmigung haben, um die giftigen Organe des Fisches vor der Zubereitung entfernen zu dürfen. Der Koch in diesem *Ryokan* hat zum Glück eine. Fugu ist sehr berühmt in Japan.«

»In Deutschland auch! Und verboten!« Ich bin nicht aufgebracht, weil mir jemand Kugelfisch verabreicht hat. Im Gegenteil, ich wollte den schon immer mal kosten. Ich bin nur ein wenig irritiert, dass man mir die Natur dieses Gerichts erst offenbart, nachdem ich es schon im Mund hatte. Und ein wenig enttäuscht, dass ich es nicht richtig würdigen konnte. Hatte es wirklich wie Fischstäbchen geschmeckt? Hätte es nicht wild und gefährlich schmecken müssen? Andererseits hört man immer wieder, dass der Fugu kaum mehr als ein Angeberfisch sei, weil tödlich und teuer, aber im Geschmack eher ein Fisch ohne Eigenschaften.

Ein bisschen mulmig wird mir, als ich nachts aufwache und den Futon meiner Freundin verlassen finde. Der Grund, aus dem ich aufgewacht bin, merke ich, sind die Würgegeräusche, die meine Freundin im Bad macht. Ich schlüpfe in meine Badslipper und erkundige mich nach ihrem Befinden. Es sei nichts, versichert meine würgende Freundin mir, es gehe schon. Ich will aber nicht vom Thema lassen, nicht nach dem Kugelfisch. Sollen wir einen Arzt rufen, die Polizei, einen Priester? Nein, der Fisch habe keine Schuld, sie habe nur zu lange und zu heiß gebadet, ein bekanntes Phänomen, die sogenannte Onsen-Übelkeit. Von der habe ich zwar noch nie gehört, aber gut. Sie ist die Expertin. Außerdem geht es mir ja gut, und ich habe schließlich auch von dem Teufelszeug gegessen.

Aber ein Stein fällt mir durchaus vom Herzen, als wir am nächsten Morgen beide noch am Leben sind und meine Freundin schon wieder munter genug ist, zwischen Misosuppe und Müsli eine ganze Schale verfaulter Bohnen in sich reinzuschaufeln. »Gesund!«, meint sie.

Meint sie.

Was zum Essen getrunken wird, ist ebenso vielfältig wie die Speisenauswahl. Auf Bier, Reiswein und reinen Wein sei später eingegangen. Ein typisch japanisches Getränk, das in den letzten Jahren ein Revival erlebt, ist der Shochu. Ein Brand mit 20 bis 50 Prozent Alkoholgehalt, der auf Eis oder mit heißem Wasser aus Whiskygläsern getrunken wird. Es gibt unterschiedliche Sorten auf Grundlage unterschiedlicher Brennstoffe, zu denen Kartoffeln, Reis und Hopfen gehören. Die Reisvariante ist erwartungsgemäß die günstigste. Riesige Unterschiede schmecken nur die Spezialisten. Lange Zeit hatte Shochu einen gewissen Unterschichtsruf, weil er in der Vergangenheit in erster Linie als

Desinfektionsmittel verwendet wurde. Als wäre das etwas, wofür sich eine Flüssigkeit schämen müsste. Heute gilt Shochu als Lifestyle-Spirituose, ist aber immer noch weitaus günstiger als andere hochprozentige Mut- und Muntermacher.

Dass die Popularität von Getränken zyklisch verläuft, kann nicht nur bei Alkoholika beobachtet werden. Das Kalziumgetränk Calpis war jahrelang weg vom Fenster, galt als biederer Spießer-Softdrink. Ursprünglich war er für Kinder eingeführt worden, die keine pure Milch vertrugen. So wurde er vor ein paar Jahren von jungen erwachsenen Nostalgikern rehabilitiert, die damit wohlige Kindheitserinnerungen verbanden. Durch eine Art Brauner-Bär-Effekt wurde Calpis Kult. Heute geht es den Herstellern prächtig. Und mit allerlei neuen Geschmacksrichtungen und Crossover-Produkten wie Calpis-Butter und Calpis-Essig ist sichergestellt, dass das neue Calpis niemandem so schnell langweilig wird.

Übrigens: Im Ausland heißt Calpis Calpico. Man befürchtete Namensverwechslungen mit Caipi oder Cow Piss, beides hat nichts mit Calpis zu tun. Als Calpico findet man den leckeren Durstlöscher mitunter auch in deutschen Asia-Läden.

Getrunken wird später: die Teezeremonie

Vor Tee kann man sich in Japan kaum retten. In Restaurants gibt es ihn oft gratis vor, zum und nach dem Essen, ein paar Beutel pro Tag gehören zur Grundausstattung jedes Hotelzimmers, und unterwegs holt man sich eine Dose aus dem Automaten, wahlweise kalt (blaues Licht im Display) oder heiß (rotes Licht). Das alles dient dem unkomplizierten Durstlöschen. Aber Tee kann noch viel mehr sein als nur ein Getränk.

Der Zen-Buddhismus ist ein Import aus China, aber keine rein chinesische Erfindung. Nach China wurde er zuvor vom indischen Gelehrten Bodhidharma gebracht. Der Mönch war auch nur ein Mensch, und so fielen ihm bei seinen Meditationsübungen schon mal die Äuglein zu. Das mochte er nicht dulden, drum riss er sich einfach die Augenlider aus. Die fielen zu Boden, und aus ihnen erwuchs die Teepflanze, die schon bald nicht nur Mönche wach hielt. So will es die Legende, Naturwissenschaftler mögen andere Theorien vertreten. In Japan wurde das Teetrinken in einigen Kreisen zu einer spirituellen Handlung, die strengen Regeln und Verhaltensmustern unterworfen ist, die unbedingt exakt eingehalten werden. Man hat sicher schon davon gehört: die Teezeremonie.

Dabei ist der Begriff in der Einzahl eigentlich irreführend, denn es gibt verschiedene Schulen dieser Disziplin. Somit existieren mehrere Teezeremonien, *die eine* gibt es nicht. Gewisse Grundformen sind den meisten Varianten aber gemein. So finden Teezeremonien in einem Teehaus statt, das sich in einem Teegarten befindet. Die Teilnehmer, zu denen ein designierter Hauptgast gehört, treffen sich in einem Wartepavillon und gehen durch den Garten zum Teehaus. Auf dem Weg treffen sie den Teemeister, die Begrüßung erfolgt durch wortlose Verbeugungen. Vor Betreten des Teehauses reinigen sich alle Teilnehmer an einem Steinbecken Mund und Hände. Das Teehaus besteht aus zwei Räumen, wobei einer der Vorbereitung durch den Meister dient, der andere ist für den Empfang der Gäste. Hier wird sich ausschließlich auf Knien bewegt. Es gehört zum Ritual, nach dem Betreten des Teehauses erst die dort hängende Kalligrafie und dann die Teeutensilien zu betrachten und lobend zu erwähnen, ein jeder nach dem anderen, angefangen beim Hauptgast. Die Verköstigung beginnt meist mit Gebäck, derweil wird der Tee aufgegossen, mit einem Bambusbesen verrührt und schließlich in einer Schale neben den Herd auf den Tatami-Boden gestellt. Der Hauptgast nimmt sie mit beiden Händen und einer Verbeugung auf, dabei ist die linke Hand unter der Schale. Nach dem ersten Schluck wird dem Teemeister ein Kompliment ob des Tees gemacht, nach zwei weiteren wird die vollendete Form der Schale gelobt. Danach wird der Rest nicht etwa auf ex gekippt, sondern der Rand des Gefäßes mit einem Tuch gesäubert und die Schale an den nächsten Gast weitergegeben. So wandert sie von Gast zu Gast, zum Schluss wird sie wieder vom Ehrengast an den Teemeister übergeben. In der zweiten Runde bekommt jeder Gast eine eigene Schale. Ist jede ausgetrunken und zurückgegeben, trägt der Meister das Geschirr hinaus und beschließt die Zeremonie mit einer tiefen Verbeugung.

Es gibt jede Menge Möglichkeiten, an Schnupperteezeremonien für fachunkundige Fremdlinge teilzunehmen. Oft sind dabei die Rituale vereinfacht, immer wird man über das korrekte Verhalten rechtzeitig in Kenntnis gesetzt. Die berüchtigte Bitterkeit des grünen Tees sollte man in Kauf nehmen. Erstens wird sie häufig übertrieben dargestellt, zweitens lässt man sich bei Teezeremonien ja nicht gerade volllaufen, drittens wird dem Tee durch das süße Gebäck der bittere Stachel genommen.

Und noch ein Hinweis: Wer dennoch mehr mit rustikaleren Trinkritualen wie »Von der Mitte, an die Titte, an den Sack, zack zack« anfangen kann, wird in Japan auch nicht enttäuscht werden.

Welterfolg mit geschmacklosem Bier

Nein, nicht jedes japanische Bier ist geschmacklos, ganz im Gegenteil. Wer das behauptet, bekäme es mit mir zu tun. Aber das weltallerbeliebteste japanische Bier ist es, und darauf sind seine Macher sogar stolz. Denn genauso war es gedacht.

Auch wenn Mixgetränke dem Biermarkt immer mehr Anteile abgraben: Japaner lieben Bier, und sie verstehen etwas davon. Am liebsten mögen sie Bier nach Pilsener Brauart, und unter denen am liebsten Asahi Super Dry. Jenes ging als Sieger aus dem Großen Dry-Krieg in den späten Achtzigern hervor.

Als Asahi Super Dry in der charakteristischen silbernen Dose damals auf den Markt kam, war es sofort umringt von Konkurrenzprodukten anderer Brauereien, die genauso schmecken wollten. Genützt hat es nichts. Asahi, bis dahin die weit abgeschlagene Dritte unter den Großbrauereien, überholte zunächst die Zweitplatzierte Sapporo, während Kirin mit seinen Dry-Versuchen nur die Bestandskunden verwirrte und die eigene Marke verwässerte, quasi buchstäblich. Bald zog Asahi auch an Kirin vorbei.

Initiiert wurde das kommerzielle Superbier unter dem Codenamen »Projekt FX«. Der Dry-Aspekt meint einen Prozess, bei dem spezielle Enzyme die Hefe beim Zuckerabbau unterstützen. Zusammen mit harmlosem Hopfen, viel Kohlensäure und wenig Malz entsteht ein Bier nah am Wasser. Ein formidabler Durstlöscher, insbesondere im Hochsommer, wenn die Temperaturen auch nachts nicht weit unter dreißig Grad Celsius fallen und tagsüber der Rundfunk vor »lebensgefährlichen Temperaturen« warnt. Geschmacklich wirkt der Schluck nicht lange nach, und das ist genauso beabsichtigt. Denn noch lieber als Bier ist den Japanern ihr Essen. Um dessen Geschmack nicht zu beeinträchtigen, kann beim Bier die Geschmacklosigkeit durchaus ein Verkaufsargument sein. Asahi Super Dry ist ein bescheidenes Bier, das weiß, wo sein Platz ist.

Spätestens seit dem Fall »VHS gegen Betamax« weiß man, dass sich auf dem Markt nicht unbedingt immer das beste Format durchsetzt. Drum lohnt es sich auf jeden Fall, in Japan mehr als nur Super Dry zu versuchen. Wer nicht gleich radikal wechseln möchte, probiert vielleicht erst mal ein Kirin Ichiban Shibori. Das Super-Dry-Konkurrenzbier ist süffiger als sein Vorbild und kommt geschmacklich an Yebisu heran, eines der höherpreisigen Zugpferde der Sapporo Brauerei.

Spricht man über Biere für die Massen, muss man auch über Suntory sprechen. In erster Linie ist der Getränkehersteller, dank Akquisitionen wie Jim Beam und Orangina einer der größten der Welt, für Hochprozentiges und Nullprozentiges bekannt. Aus dem Hause kommt immerhin ein Bier, das heute zur Grundausstattung von Kühlregalen und Gastronomie gehört: Das leicht fruchtige Premium Malts wurde in den dramatischen Dry-Kriegen als bewusste Gegenstrategie zum Geschmacklostrend entwickelt. Es konnte Asahis Erfolg nicht stoppen, erkämpfte sich gleichwohl aber eine gar nicht allzu kleine Nische.

Zur ersten Begegnung von Bier und Japanern kam es vermutlich dank holländischer Händler. Diese Begegnungen wurden nicht immer in jeder Hinsicht als berauschend empfunden. 1727 notierte der Shogun: »Die Holländer machen Sake aus Trauben, und sie machen auch Sake aus Gerste. Ich durfte Letzteres probieren, es war absolut furchtbar. Es hatte überhaupt keinen Geschmack. Sie nennen es Bier.«

Das erste tatsächlich von einem Japaner gebraute japanische Bier ist auf 1853 datiert. Verantwortlich war der Tokioter Medizinstudent Kōmin Kawamoto, der das Ergebnis seiner Forschung im örtlichen Tempel mit seinen Nachbarn teilte. Es sollte dann nicht mehr lange dauern, bis in weitaus größerem Stil produziert wurde. 1869 nahm in Yokohama die Spring Valley Brewery unter amerikanischer Leitung und deutscher Anleitung den Betrieb auf. Nach mehreren Übernahmen wurde daraus Kirin, inzwischen die zweitgrößte Brauerei des Landes mit Sitz in Tokio. Dort zollt man dem alten Namen Respekt, beziehungsweise instrumentalisiert ihn fürs Marketing: Als Spring Valley Brewery firmiert hier eine als Craftbier-Bar getarnte Schankstube für die etwas edleren Biere des Konzerns.

Mit denen fährt man nicht schlecht, aber wer gerne Bier mit Geschmack trinkt, sollte tiefer in die Craftbier-Szene des Landes eintauchen. Anfang der Neunziger gab es einen ersten Boom, allerdings sagte man damals noch Lokalbier (*ji bīru*). Heute gibt man sich gerne internationaler und hat den englischen Begriff japanisiert: *kurafuto bīru*. Der zweite Boom ist gerade in vollem Gange. Zum ersten Mal seit Langem wurden jüngst über 300 kleine und etwas größere handwerkliche Brauereien im Land gezählt. Mittlerweile findet man Biere jenseits von Industrie und Pilsener in vielen Supermärkten und Convenience Stores. Ganz vorne bei der Kreativ-Expansion mischt Coedo aus der Stadt Kawagoe unweit von Tokio mit. Neben den üblichen IPAs, Stouts und Weizen gehört zu den definierenden Produkten der Brauerei Beniaka; ein Lager mit subtilen Karamellnoten, das mit Süßkartoffeln der Region gebraut wird.

Bei Coedo lohnt es sich tatsächlich, doch noch mal aufs Pils zurückzukommen. Das goldene Ruri aus jenem Hause ist so herb, frisch und rund, dass sich selbst gewachsene Pils-Skeptiker auf die Zeit zurückbesinnen mögen, als sie kaum etwas anderes getrunken haben.

Wer hingegen meint: »Was ich wirklich nicht mehr sehen, hören, riechen und trinken kann, ist India Pale Ale!«, der sollte nach Minoh bei Osaka schauen, beziehungsweise auf die gleichnamige Brauerei dort, die von drei Schwestern geführt wird. Mit einem Minoh-Bier kann man eigentlich nie etwas falsch machen. Schon das Anschauen der Flaschen mit den stilvollen, klaren Etiketten macht Spaß, das Trinken sowieso. Hier gibt es ebenfalls Pils für Pils-Skeptiker und Weizen für Weizen-Abtrünnige, aber der Signaturtrunk der Oshita-Schwestern ist das malzige, leicht liebliche, ansonsten angenehm schwere W-IPA in Sonnenuntergangsrot, mit neun Prozent Alkoholgehalt für ein japanisches Bier recht stark.

Und welches Bier trinkt man in Zukunft? Daran arbeiten kleine und große Brauereien fieberhaft. Ihnen entgegen kommt eine gesetzliche Neudefinierung des Bierbegriffs, die im April 2018 in Kraft getreten ist. Bislang braute man nah am unnötig restriktiven deutschen Reinheitsgebot, mit einigen lokalen Besonderheiten (Reis und Mais durften zum Beispiel gerne rein). Die Liste genehmer Zutaten wurde nun erweitert um allerlei Früchte und Gewürze, aber auch Algen, Austern und Fischflocken. Außerdem wurde der vorgeschriebene Malzmindestgehalt gesenkt.

Die Reform hat Vorteile und Tücken. Einerseits erlauben die neuen Zutaten größere Kreativität. Andererseits könnten nun auch malzarme Bierersatzgetränke, mit denen die Brauereien bislang die Biersteuer umgingen, als reguläres Bier durchgewunken werden. Eine Senkung dieser Steuer ist nämlich außerdem in Vorbereitung. Die hohe Biersteuer wurde stets dafür verantwortlich gemacht, dass das Getränk in Japan überdurchschnittlich teuer ist. Die Steuersenkung bedeutet jedoch nicht, dass Bier nun günstiger würde. Die Brauereien ließen schnell verkünden, dass die Zutaten plötzlich viel teurer geworden seien, also würde sich der Preis wieder ausgleichen. Das mag man freilich für seltsames Timing halten.

Auch wenn der einheimische Sake oft als Reiswein falsch klassifiziert wird, muss man für dessen Genuss Weingewohnheiten komplett auf den Kopf stellen: Je höher die Qualität des Sake, desto kälter wird er getrunken. Generell hat man die Wahl, ihn erwärmt oder gekühlt serviert zu bekommen. Kalt entfaltet sich der Geschmack besser. Ob man das will, hängt vom Geschmack ab. Gemein mit dem Wein hat der Sake, dass echte Kennerschaft einem nicht über Nacht zugeflogen kommt. Ein Restaurant, das etwas auf sich hält, hält sich einen Sake-Sommelier. Zunehmend auch im Ausland, wohin es die Sake-Lobby stark drängt, denn im Heimatland geht der Konsum zurück (eine Ausnahme sind zurzeit Tropfen aus der erdbeben- und tsunamigeschädigten Tōhoku-Region, die nicht zuletzt aus Solidaritätsgründen konsumiert werden).

An dieser Stelle nur der Hosentaschen-Sommelier zum Angeben in der Sushi-Bar: eisgekühlt zu weißem Fisch, warm zu Thunfisch.

Egal, ob man ihn kalt oder warm trinkt – man trinkt ihn auf jeden Fall nicht als Zusatzgetränk zum Bier, auch wenn die kleinen Becher entfernt an Schnapsgläser erinnern. Sake ist kein Teil eines Ost-West-Herrengedecks. Man diskreditiert im Kombitrinken erstens den Sake und zweitens sich selbst, weil man sich als allzu hemmungsloser Säufer outet. Was nicht heißen soll, dass Bier und Sake nicht gerne hemmungslos durcheinandergesoffen werden. Aber eben immer eins nach dem anderen.

Kirschblüten, Killerspiele und andere Freizeitvergnügen

Video- und Verkleidungsspiele

Die Frau am internationalen Informationsschalter des Tokioter Hauptbahnhofs strahlt mich an: »Mit demselben Zug können Sie auch zum Tokyo Disneyland fahren!«

Tokyo Disneyland!, denke ich mit so viel Verachtung, wie man in einen Gedanken nur hineinlegen kann. *Ich bin doch nicht zum Vergnügen hier!* Ich bin hier, um Videospiele zu spielen.

Meine erste Reise bringt mich 1999 nach Japan, um der Tokyo Game Show beizuwohnen, der damals größten Messe für Computer- und Videospiele der Welt. Derlei Superlative weiß ich mit Skepsis zu nehmen, denn sosehr ein Ereignis eine ganze Branche zum Ausflippen bringen mag, der Bevölkerungsmehrheit geht es meist am Allerwertesten vorbei. Ich war schon auf so manch mir bedeutsamem Filmfestival in großen und kleinen Städten, und nahezu immer, wenn ich Passanten nach dem Weg fragen wollte, kam die ratlose Gegenfrage: »Wasn fürn Filmfest?« Andersrum: Einmal saß ich von Atlanta bis Frankfurt in einem Flugzeug voller Cheerleader in Dienstkleidung. Als ich die Cheerleaderin neben mir fragte, wo die Damen denn in diesem Aufzug hinwollten, war die irritierte Antwort: »*We're going to THE GAME!«* Dass ein Freundschaftsspiel zwischen einer amerikanischen und einer deutschen Footballmannschaft in Germany ein Ereignis ist, von dem allenfalls der engste Familienkreis der Spieler etwas mitbekommt, wollte sie nicht wahrhaben.

Will sagen: Ich erwartete in Tokio nicht, außerhalb des Messegeländes der Tokyo Game Show etwas von der Tokyo Game Show mitzubekommen. Ich habe mich verschätzt. In allen Straßen wird geraunt. In der U-Bahn unterhält sich eine Dreiergruppe seriös wirkender Herren darüber, was besser wäre: PlayStation oder Dreamcast. Im Hotel fragt mich das zierliche kleine Mädchen, das sich trotz aller Proteste meinerseits nicht abhalten lässt, mir meinen Schrankkoffer durchs gesamte Haus hinterherzutragen, was mich in die Stadt bringe. »Tokyo Game Show«, sage ich, und sie raunt: »Aaah, PlayStation 2!« Daraufhin gibt sie mir das internationale Daumen-rauf-Zeichen und schleppt weiter. Die PlayStation 2 ist eine revolutionäre Telespielekonsole, die auf der Messe erstmals ausführlich der den Atem anhaltenden Weltöffentlichkeit vorgeführt wird, welche nicht weniger als eine religiöse Erfahrung erwartet. Sie erinnern sich: Wir schreiben das Jahr 1999.

Dass sich die Besucher einer Videospielemesse standesgemäß kleiden, hatte ich erwartet. Ich erwartete allerdings blasse junge Männer in ausgewaschenen T-Shirts, auf denen »Command & Conquer« oder »Eidos Interactive« stünde. Diese jungen Männer kommen in den acht Messehallen auch vor, aber viel augenfälliger sind die vielen jungen Frauen, die sich richtig in Schale geworfen haben, und zwar nach Vorbildern ihrer liebsten Helden, Heldinnen und Schurken aus ihren liebsten Videospielen. Die Mädchen sehen aus wie Mischungen aus Piraten, Zirkusdirektoren und Punk-Latex-Dominas. Und wenn man sie schief ansehen würde, würden sie einen bestimmt mit ihren Plastikschwertern, -äxten und -dreizacken erschlagen. Aber warum sollte man sie schief ansehen, in meinem Blick ist nichts als Bewunderung. *Cosplay* nennt sich das Hobby, typisch japanisch zusammengesetzt aus *costume* und *play*. Ein Spaß ist das natürlich nicht, in den Kostümen steckt viel Arbeit, und die dazugehörigen Kostümwettbewerbe sind strengen Reglements unterworfen; nicht selten kommt es zu hitzigen Auseinandersetzungen und kontroversen Juryentscheidungen, die die gesamte Cosplay-Welt erschüttern. Inzwischen ist der Cosplay-Wahn bekanntlich auch in deutschen Jugendzimmern und Veranstaltungssälen angekommen.

Das reine Anschauen aber bleibt stressfrei. Nicht ganz so bei der Meisterschaft im Prügelspiel *Soul Calibur*. Die Bühne ist eng umringt wie bei einem Metallica-Konzert, die Spieler werden bejohlt wie Rockstars und führen sich genauso auf. Einer mag beim Spielen weder seine Sonnenbrille ab- noch die Zigarette aus dem Mundwinkel nehmen. Angezündet ist Letztere freilich nicht, dafür ist er noch zu jung.

Gottlob muss man keine Videospielmesse abwarten, um öffentlich dem Spieltrieb nachzugeben. Wenn meine Freundin Kaori ausnahmsweise mal Feierabend hat, geht sie am liebsten Zombies abknallen. Da schließe ich mich gerne an. Wo findet man sonst schon eine Frau, die sich fürs Zombies-Abknallen begeistern kann?

Videospiele jedweder Couleur gelten in Japan nicht als Domäne verhaltensgestörter männlicher Heranwachsender, sondern erfreuen jeden, dem der Alltag ein wenig zu trist ist. Also jeden. Ungeachtet des Geschlechts oder Alters. Und des Berufs. Und Videospiele sorgen für ungewöhnliche Wünsche: Ein japanischer Schriftsteller gestand mir einmal unter vier Augen: »Mein größter Wunsch ist es, dass eines Tages aus einem meiner Bücher ein Videospiel gemacht wird.«

Das Erste, was mir bei meinem ersten Besuch in einem mehrstöckigen japanischen Videospielsalon auffällt, sind schwitzende

Herren in bestem Mannesalter und Schlips und Kragen, die sich auf der berührungssensitiven Tanzfläche des Mittanzspiels *Dance Dance Revolution* verausgaben. Das Zweite, was mir auffällt, sind elegante junge Damen im Businessdress, die in penibel manikürten Händen grobschlächtige Kunststoffgewehre halten, mit denen sie das nutzlose Gehirn der Untoten über große Videoschirme verteilen.

Kaori und ich sind ebenfalls große Fans von *House of the Dead*. Gemeint ist die Videospielreihe aus dem ehrenwerten Hause Sega, nicht unbedingt deren umstrittene Verfilmung durch den deutschen Experimentalfilmer Uwe Boll. Zu Hause macht das Spiel schon Spaß, aber im Spielsalon mit einem Riesenbildschirm, riesigen Knarren und Publikum ist es eine noch größere Freude. Wir pusten die Zombies nur so weg, lassen die Monsterfrösche gar nicht erst an uns rankommen, erinnern uns gegenseitig ans rechtzeitige Nachladen und wissen bei jedem Endgegner, wo die Weichteile sind. *House of the Dead* ist ein pädagogisch sehr wertvolles Spiel, weil man nicht aufeinander, sondern miteinander ballert. Lediglich an den Punktezahlen kann man hinterher einen Gewinner ausmachen, wenn man darauf besteht.

Ich habe gewonnen, übrigens. Aber Kaori sah besser aus. Godard sagt, man brauche für einen guten Film nur eine schöne Frau und eine Knarre. Ich sage: Mehr braucht man für einen gelungenen Abend auch nicht.

Es bleibt trotzdem nicht einzig bei diesem Spiel. Dafür haben wir viel zu viel echtes Geld in Spielgeld umgetauscht, mit dem man die Automaten füttert. Ein cleveres System, ist gar nicht wie Geldausgeben, ist ja nur Spielgeld.

Bei einem sowieso blöden Autorennspiel sehe ich kein Licht gegen Kaori. Als ihr Wagen unter Konservenapplaus in die Zielgerade geht, habe ich mich auch schon ein paar Meter von meiner Startposition entfernt, leider nicht nach vorne. Auf dem Bildschirm blinkt ständig der Schriftzug »*Wrong Direction!*« Ich werde Kaori wohl nicht mehr einholen.

Bei einer Art Eisstockschießen sind wir ungefähr gleich stark, ebenso bei einem Spiel, bei dem man an realen Schlaginstrumenten den Rhythmus nachtrommeln muss, der auf dem Bildschirm durch aufblinkende Symbole vorgegeben wird. Ich möchte sogar meinen, wir schlagen uns gerade bei diesem Spiel gar nicht schlecht, wir bekommen sogar Szenenapplaus von Schaulustigen.

Zombie-Shooter und Rennspiele hin oder her, der klassische japanische Spielautomat ist prädigital. Pachinko ist eine Art Mischung aus einarmigem Banditen und Flipper, nur ohne die Flipper. Man kann den Fall der Stahlkugel bestenfalls mit Gedankenkraft beeinflussen. Pachinko macht viel Krach und wenig Spaß, aber der Clou ist: Man kann indirekt Geld gewinnen. Glücksspiel um Geld ist in Japan verboten, und auch bei Pachinko bekommt man für die ergatterten Kügelchen offiziell nur Sachpreise. Unweit der Spielsalons befinden sich allerdings Läden, in denen man die Gewinne sofort verhökern kann.

In der Lindenstraße der Samurai

Ob man, wenn man in Tokio ist, unbedingt das japanische Disneyland besuchen muss, ist debattierbar, auch wenn viele angetane Japaner anderer Meinung sind. Generell hat man aber Japan nicht gesehen, wenn man in keinem Vergnügungs- bzw. Themenpark gewesen ist. Für Filmbegeisterte bietet sich das Eigamura an, das sogenannte Filmdorf, eine Mischung aus Samurai-Freizeitpark und echter Filmkulisse bei Kyoto.

Ich besuche Eigamura mit Hinako, die hofft, dort einen Blick auf die Dreharbeiten ihrer Lieblings-Martial-Arts-Soap werfen zu können. Das japanische Fernsehen ist voller Samurai-Serien, und einige davon laufen schon sehr lange. Wer sich für japanische Filmkunst interessiert, aber das Land nie betritt, kann sich glücklich schätzen. Was man in Deutschland zu sehen bekommt, ist Akira Kurosawa und seine Epigonen. Man möchte meinen, alles, was in Sachen Samurai gefilmt wird, sei von hoher ästhetischer und inhaltlicher Qualität. Da aber meint man falsch. Die meisten der Samurai-TV-Serien, die in Japan jedes Kind kennt und von denen außerhalb Japans kein Schwein etwas mitbekommt, unterscheiden sich nicht sonderlich von der *Lindenstraße.* Schnell abgefilmt, auf Video, in Pappkulissen, mit vorhersehbaren Höhepunkten und mit schalen Darstellern.

Natürlich gibt es hier und da doch Unterschiede. Würde in der japanischen Version der *Lindenstraße* jemand Frau Beimer an die Wäsche wollen, würde Herr Beimer den Halunken mit dem Langschwert zweiteilen und hinterher Frau Beimer im Fluss ersäufen. Immerhin: Aufregender als drüber reden und dann einvernehmliche Scheidung oder Trennung auf Probe ist das schon.

Die Dreharbeiten gehen laut Geheimplan, der Hinako von Informanten aus dem Internet zugespielt wurde, in Studio A ab. Das Flugblatt, das man an der Kasse bekommt, verrät davon nichts. Es warnt aber, im Falle von Schwertkämpfen auf offener Straße nicht einzugreifen, weil es sich um ordnungsgemäße Dreharbeiten handeln könnte. Davon ist heute leider nichts zu sehen, also machen wir uns auf den Weg zu Studio A.

Der Studiokomplex besteht aus mehreren Gebäuden, auf eines von ihnen ist ein großes B gemalt, der Rest ist unbeschriftet. Wir kombinieren, dass B ganz schön nah an A ist, also betreten wir Studio B in der Hoffnung, dass es dort irgendwo einen Geheimgang zu A gibt.

In Studio B gibt es keinerlei Hinweisschilder, aber angenehm ist es trotzdem, weil klimatisiert. Im unbarmherzigen japanischen Sommer nicht zu unterschätzen. An den Wänden hängen Fotografien und Werbeposter aus der langen Studiohistorie. Ich sehe mir solche Fotos gerne an, aber Hinako hat nur Augen für Studio A bzw. den Weg dorthin. Findet ihn aber nicht.

Inzwischen laufen weitere Besucher in den Gängen des Studios herum, die so kopflos wirken, wie wir uns fühlen. Sie haben dieselben Karten dabei, die wir auch haben und die ihnen genauso wenig helfen wie uns. Wir gehen davon aus, dass sie dasselbe suchen wie wir. In der Hoffnung, dass sie etwas orientierter sind als wir, folgen wir unauffällig der am unkopflosesten wirkenden Kleingruppe, Ninja-Style.

Tatsächlich gelangen wir beim Beschatten in einen Bereich, in dem wir noch nicht waren. Dort gibt es Sitzgelegenheiten und eine große Fensterfront, hinter der sich etwas befindet, das wie eine Filmkulisse aussieht: verschiedene altjapanische Häuser, schnuckelige Laternchen, eine künstliche Sandstraße. Wahrscheinlich sind wir hier richtig, obwohl es nicht nach Geheimtipp aussieht. Hier sitzen bereits müde Eltern mit speiseeisverschmierten Kindern. Wir suchen uns einen Platz, auf dem ich möglichst wenigen Einheimischen die Sicht versperre.

Ein lustiger Animateur in historischen Gewändern betritt die Welt hinter der Glasscheibe und kündigt an, was jetzt gleich kommt. Es handelt sich nicht um die echten Dreharbeiten, die wir sehen wollten, sondern um die »Crash!! Super Samurai Show«, ein Spektakel für Touristen. Wir bleiben sitzen.

Es wird gezeigt, wie in einem geschlossenen Studio Tag und Nacht simuliert werden, wie Pfeile punktgenau dahin fliegen, wo sie hinsollen (an Seilen), wie die Helden und Schurken von früher so hoch springen konnten (auch an Seilen), wie schlechtes Wetter gemacht wird. Dem Feld-Wald-und-Wiesen-Cineasten ist das alles nicht neu, aber es mal zu sehen, anstatt es nur zu wissen, hat größeren Unterhaltungswert als erwartet. An manchen Stellen hat das Publikum die Möglichkeit, durch Kreischen den Moderator vor drohendem Unheil zu warnen, wie man es vom westlichen Kasperletheater kennt; nur dass Kasper hier ein Samurai ist und das Krokodil ein Ninja.

Gut unterhalten von der »Crash!! Super Samurai Show«, abgekühlt von der Klimaanlage und ausgeruht vom Sitzen, hat Hinako einen Geistesblitz: »Könnte Studio A nicht das Studio sein, das nicht Studio B ist?« Die gibt auch nie auf. Aber es ist schon was dran an dem, was sie sagt. Also verlassen wir Studio B und betreten das andere, unbeschriftete Studio daneben. Dort sieht es genauso aus wie in Studio B. Ich schaue mir alte Filmplakate an, Hinako schaut durch Fenster und ruft: »Menschen!«

Wir sehen tatsächlich Menschen in grobem Tuch, die sich zwischen Gerümpel zusammenkauern, als wollten sie jemanden heimlich belauschen. Sie kauern eine Weile, dann entspannen sie sich, stehen auf und sprechen mit jemandem, der auch da ist und der uns vorher nicht aufgefallen war. Es wird auf beiden Seiten viel genickt, man versteht sich. Dann verschwindet der eine Typ wieder aus unserem Sichtfeld, und die anderen begeben sich wieder in Kauerposition. Plötzlich geht Licht an, und die Gestalten kauern noch engagierter als vorher.

»Das sind Dreharbeiten!«, rufe ich aus, ich habe einen Blick für so was. Aber Hinako weiß es längst. Sie kennt sogar die Darsteller- und Rollennamen der einzelnen Kauernden, und das Gerümpel, zwischen dem gekauert wird, ist für sie mehr als nur Gerümpel, nämlich ein Teil der Kulisse ihrer Lieblingsserie. Wir haben gefunden, wonach wir gesucht haben.

Später sehen wir uns noch eine Schwertshow an, auf deren Ankündigungsplakat eine Kröte abgebildet ist. Es ist die letzte Vorstellung des Tages. Alle anderen Parkbesucher waren wohl schon früher drin, deshalb ist der recht große Saal fast leer. Außer Hinako und mir ist nur ein älteres Paar mit einem kleinen Kind, vermutlich einer Enkelin, anwesend.

Die Show besteht aus einem kräftigen Herrn mit donnernder Stimme, einer Mischung aus japanischem Samurai und Hamburger Fischmarktfischverkäufer. Mit seiner donnernden Stimme erzählt er einen vom Schwert und macht dazu vor, wie scharf so ein Schwert ist, indem er diverse Dinge in der Luft zerhackt und in Einzelteilen zu Boden rieseln lässt.

Das ist eine dieser Shows, die an einem bestimmten Punkt nach einem Freiwilligen aus dem Publikum verlangen.

Zuerst bittet der Mann das kleine Mädchen, die Freiwillige zu sein. Aber das Mädchen ist gehemmt, und der Schwertmann knickt ein. Wahrscheinlich wollte er sowieso von Anfang an mich. Haha, machen wir uns ein bisschen über den trotteligen, schwitzenden Wessi-Barbaren lustig. Hereinspaziert.

Er bittet mich mit donnernder Stimme auf die Bühne, und anstatt dass Hinako sich schützend vor mich wirft, schubst sie mich nur vom Platz und knipst Fotos.

Der Mann fuchtelt mir mit dem Schwert vor der Nase herum und donnert mich auf Japanisch an. Ich stammle nur etwas von *»doitsu«* (Ich deutsch) und *»wakarimasen …«* (Nix verstehn). Ich muss wahrscheinlich gleich sterben, geopfert zur Belustigung eines blutlüsternen Publikums.

Er macht mir mithilfe diverser verzichtbarer Requisiten noch einmal vor, wie scharf sein Schwert ist, dann bittet er mich, meinen rechten Arm frei zu machen und auszustrecken.Er holt aus, schlägt zu, der Großteil des Publikums kreischt, Hinako lacht, meinen Arm ziert eine brandneue Blutspur.

Hat ja gar nicht wehgetan, deshalb weiß ich natürlich, was geschehen ist: Es war rote Farbe an der Klinge, die sich nun auf meinem Arm gut macht. Trotzdem: Dieses scharfe Schwert hat meinen Arm berührt, als es die Farbe dort hinterließ. Eine ziemliche Präzisionsarbeit, so etwas ohne Verletzung hinzubekommen. Das hat der Mann bestimmt geübt.

Zu seinem Amüsement und dem meines Publikums tue ich ein bisschen schmerzverzerrt. Da holt der Schwertmann eine Salbe, betupft mit großem Gestus einen Wattebausch und wischt mir die Farbe weg, was für großes *»Ah«* und *»Oh«* sorgt. Damit ist die Vorstellung vorbei. Ich bekomme noch ein kleines Geschenk, weil ich so tapfer war, dann dürfen wir alle gehen. Bei dem Geschenk handelt es sich um einen Waschlappen mit einem Häschenmotiv.

Nach der Vorstellung bin ich der Held. Sind Japaner bei der Begegnung mit Ausländern gemeinhin bestenfalls zurückhaltend, geht jetzt das große Betatschen los. Man möchte sich vergewissern, ob noch alles an mir dran ist.

Hinako erzählt mir, was da gerade passiert ist: Es handelte sich um die Nachstellung einer Verkaufsschau, wie sie fahrende Salbenverkäufer im Mittelalter abzogen. Es ging weder um die Demonstration von Schwert oder Schwertkunst noch um meine Person. Die Hauptsache war die Salbe, mit der mir die Farbe vom Arm gewischt wurde. Damit sollte gezeigt werden, wie wirksam diese Wundsalbe war. Die Salbe ist aus zermatschten Kröten gemacht. Und so was hab ich jetzt auf dem Arm.

Das kleine Mädchen, das es nicht mit dem Schwertkämpfer aufnehmen wollte, zeigt vorsichtiges Interesse an dem Häschenwaschlappen, den ich ihr trotz ihrer Feigheit vor dem Krötensalbenverkäufer gerne überlasse, obwohl ich glaube, dass Hinako sich auch Hoffnungen gemacht hatte.

Hanami ist in der kleinsten Hütte

Kirschblütenzeit ist die fünfte Jahreszeit in Japan. Weit hergeholt ist der Vergleich mit dem Kölschen Karneval nicht, auch wenn kein Verkleidungszwang herrscht. Man paradiert auch nicht durch die Straßen, sondern sucht sich ein hübsches Plätzchen unter einem Kirschbaum. Aber was den Alkoholkonsum und die Ausgelassenheit angeht, stehen sich die japanischen und deutschen Gepflogenheiten in den tollen Tagen in nichts nach.

Der Brauch, sich unter einen Kirschbaum zu setzen und der Völlerei nachzugehen, nennt sich *hanami*, das kommt von *hana* (Blüte) und *miru* (sehen). Die Zeit der Kirschblüte ist schön und kurz, also das perfekte Symbol für die Vergänglichkeit alles Schönen. Deshalb stürmen im Frühjahr, sobald die Bäume den visuellen Startschuss geben, alle Menschen in alle Parks und erfreuen sich an der Schönheit, solange sie weilt. Selbstverständlich versucht man, sie alljährlich festzuhalten, mitunter sieht man kaum die Kirschblüten vor lauter Armen und Händen mit Smartphones, die sich ihnen entgegenrecken.

Das erste Erscheinen der Kirschblüte wird mit einem Enthusiasmus und einer Ernsthaftigkeit verfolgt, wie man es von großen Sportereignissen kennt. Einmal sah ich im Fernsehen eine schnell einberufene Pressekonferenz unter dramatischem Blitzlichtgewitter und vermutete zunächst einen Schmiergeldskandal oder Ähnliches, wie es in der japanischen Politik und Wirtschaft und gerade in der Verbindung von beidem an der Tagesordnung ist. Dann wird sich vor der Presse und vor der Öffentlichkeit entschuldigt, es dürfen auch ruhig Männertränen kullern, und hinterher ist alles wieder gut. In diesem Falle waren die ernsthaften Herren in den Anzügen auf dem Podium jedoch weder Politik- noch Wirtschaftslenker, sondern es handelte sich um die Vereinigung der Wetterleute. Sie hatten den Beginn der Kirschblüte für zu früh vorausgesagt, und dafür entschuldigten sie sich. Es war ein ungewöhnlich warmer Winter gewesen, da war es mit ihnen durchgegangen. Tränen immerhin flossen keine.

Hocherfreut war ich, als mich eine Kollegin aus dem japanischen Büro meiner damaligen Firma zum offiziellen Firmen-*Hanami* einlud, da ich gerade zeitlich passend in Tokio weilte, wenn auch nicht aus beruflichen Gründen. Einen Tag vor der Fete kommt die Nachricht, das *Hanami* sei leider räumlich verlegt worden, da der Wetterbericht ungünstig klinge. Anstatt sich in einem Park unter echten Bäumen dem Anblick der weiß-rosa Blütenpracht und dem Alkoholgenuss hinzugeben, würde das Ganze jetzt in einem Konferenzsaal der Firma stattfinden. »Indoor-*Hanami*!«, sagt meine Kollegin. Das kann ja heiter werden, denke ich und habe recht.

»Kann ich helfen?«, frage ich, als ich in dem Konferenzsaal ankomme – und ich kann. Ich kann die Fotos von Kirschblüten an die Wände hängen, die man schnell farbkopiert hatte, um echtes *Hanami* zu simulieren. Unterdessen werden Tische und

Stühle beiseitegeräumt, und der Boden wird mit einer blauen Plastikplane abgedeckt, wie es auch bei Outdoor-*Hanami* üblich ist, um Gras- und Hosenboden zu schützen. In freier Natur sieht das nicht schön aus, ist aber praktisch. Hier drinnen sieht es auch nicht schön aus, und ich bezweifle darüber hinaus die Notwendigkeit angesichts des robusten, sauberen Teppichbodens, aber blaue Plane gehört zu Kirschblütengucken wie Kirschblüten. Und Alkohol. Nichtalkoholische Getränke scheinen verboten zu sein. Quertreiber müssen Leitungswasser in Pappbechern einschmuggeln, aber die meisten haben keine Probleme mit dem Getränkeangebot.

Wir sitzen ohne Schuhe auf den blauen Planen und lernen uns kennen. Wir trinken Dosenbier und unterhalten uns darüber. Besonders die Damen trinken Bier, die Herren sind von vornherein bei Härterem, aber ich gebe mich vorerst weibisch. Man macht mir überschwängliche Komplimente, weil ich zweieinhalb Wörter Japanisch spreche (wo die anderen geblieben sind, ist mir ein Rätsel), und wir verstehen uns unterschiedlich gut. Die Frauen in meinem Bierkränzchen und ich tauschen uns über unsere Lieblingsbiere aus, und es stellt sich heraus, dass mir die Kolleginnen, die denselben Biergeschmack haben wie ich, auch ansonsten sympathisch sind, und die, die unverständliche Ekelarten bevorzugen, mir auch menschlich ein bisschen fragwürdig vorkommen.

Als das Bier alle ist, setzen wir uns zu den Männern und trinken Schnaps. Die Männer arbeiten in der Abteilung des Unternehmens, die für Videospiele zuständig ist. Ich erzähle, dass ich auch ein passionierter Videospieler sei, und übertreibe dabei vielleicht ein wenig. Außerdem kann ich nicht verhindern, dass meine Worte missverstanden werden und meine japanischen Kollegen nun denken, im Deutschland des Jahres 2008 wäre die Sega-Konsole Dreamcast der große Renner, die seit 2002 nirgendwo auf der Welt mehr hergestellt wird, und die PlayStation 3 und Xbox 360 gäbe es gar nicht. Dabei wollte ich nur sagen, dass ich *früher* einmal für das deutsche Dreamcast-Magazin gearbeitet habe und dass *ich persönlich* die aktuellen Konsolen von Microsoft und Sony noch nicht besitze, auch wenn sie in Deutschland natürlich längst auf dem Markt sind.

Das habe ich ja fein hingekriegt. Jetzt sind meine japanischen Kollegen besonders nett zu mir, weil sie glauben, ich komme aus einem Dritte-Welt-Land, wo man mit Dosen und Schnüren telefoniert.

Es ist ein lustiges Beisammensein. Bald stört sich auch niemand mehr daran, dass sich der Wetterbericht als unzuverlässig herausgestellt hat und draußen hellster Sonnenschein lächelt (da wird wieder eine Entschuldigung auf höchster Ebene fällig). Und wenn man genau hinschaut, kann man sogar aus einem der Fenster des Konferenzsaales ein paar echte Kirschblüten sehen. Man muss die Straße entlangschauen, die Augen ein wenig zusammenkneifen, und dann ist er da, der Kirschbaum, hinter dem letzten Wolkenkratzer hinten links, mal sichtbar und mal nicht, wie gerade der Wind weht.

Das Ritual, das am späten Nachmittag angefangen hatte, ist pünktlich um 19.30 Uhr zu Ende, so wie es angekündigt war.

Die Gäste gehen zurück an die Arbeit oder nach Hause, und ein emsiger Aufräumtrupp macht sich Stühle rückend und staubsaugend über die Überreste des Festes her. Und wenig später sieht der Konferenzsaal wieder aus wie ein Konferenzsaal, als wäre nie etwas gewesen.

Beim Badengehen nicht baden gehen

Allwinterlich ist es auch im deutschen Fernsehen ein beliebtes Motiv aus der exotischen Ferne: die badenden Affen von Nagano. In heißen Gebirgsquellen der japanischen Alpen suchen die putzigen Kerlchen warme Wellness inmitten der verschneiten Kälte. Ein dankbares Thema, wenn die RTL2-Nachrichtenredaktion mal wieder mit ihrer ganzen wortspielerischen Brillanz glänzen möchte: »Und nun noch ein paar ›tierische‹ Bilder aus Japan.«

Bekanntlich fällt der Mensch nicht weit vom Affen. Was für unsere haarigen Brüder und Schwestern gut ist, kann für uns nicht schlecht sein. Das öffentliche heiße Bad, *onsen* genannt, gehört mit Fug und Recht zu den liebsten Entspannungen der japanischen Menschen. Im Gegensatz zu Affen haben Menschen aber ein paar Regeln zu befolgen, wenn sie sich in einem japanischen Thermalbad aalen wollen.

Die erste Begegnung mit Onsen mache ich in dem *Ryokan* in Matsuyama, in dem meine damalige Freundin und ich für ein paar Tage untergetaucht waren. Sie wollte währenddessen im Damenbecken entspannen. Sehr vereinzelt gibt es gemischtgeschlechtliche Bäder, aber unser Haus ist ein ordentliches.

Ich hoffe, ich schaffe das ohne sie. Der Besuch eines Onsen ist, wie gesagt, streng reglementiert; einfach losrennen und Arschbombe geht nicht. Zuerst legt man im Umkleideraum alle Sachen in ein Körbchen, dann geht man mit einem kleinen Handtuch und Seife in den Badebereich, aber auf keinen Fall gleich ins Wasser. Man muss sich zunächst an Hähnen und Brausen gründlich einseifen und dann noch gründlicher die Seife abwaschen. Ins Badebecken darf nichts als gründlich gesäuberte Menschenkörper. Das Bad dient nicht der Reinigung, sondern der Entspannung. Bei der vorherigen Reinigung ist darauf zu achten, dass man die anderen Badegäste nicht nass spritzt. Während des ganzen Aufenthalts ist darauf zu achten, dass man sein eigenes Handtuch nicht nass macht. Sobald man ins heiße Badewasserbecken gestiegen ist, ist darauf zu achten, dass man sich nicht mehr als nötig bewegt. Regeln, Regeln, Regeln. Ich hätte noch viel mehr Fragen an meine Freundin: Wozu ist das Handtuch da, wenn es nicht nass werden darf? Und könnte ich nicht einfach sagen, ich habe schon auf dem Zimmer geduscht, anstatt die spritzfreie und gründliche Reinigung umständlich vor Ort durchzuexerzieren? Aber da ist sie schon weg, ihre letzten Worte waren: »Du schaffst das schon. Schau einfach, was die anderen machen, und mach das nach.«

Eine gute und eine schlechte Nachricht. Die schlechte: Es ist niemand da, von dem ich abgucken könnte. Die gute: Es ist niemand da, vor dem ich mich blamieren könnte. Es ist niemand da.

Der kleine Umkleideraum ist oben, unten und seitlich hölzern, hat etwas von Saunalook. Ich packe meine Sachen in einen Korb, nehme mir ein vermutlich sinnloses kleines Handtuch und gehe zum Bad. Das Herrenbecken ist auf dem Dach des Gebäudes. Über dem Becken selbst ist noch ein Dach zum Schutz vor Regen, ansonsten ist man praktisch draußen. Das Wasser dampft wie kurz vorm Siedepunkt, aber ich gehe nicht davon aus, dass das allein der Wassertemperatur geschuldet ist. Hier draußen ist es schließlich kalt, und das Wasser ist warm, dann gibt es eben Dampf.

Ich setze mich auf einen Holzschemel bei einem der Wasserschläuche, die zur Körperreinigung gedacht sind. Ich seife mich einigermaßen ein, wenn auch nicht so penibel, wie ich das wohl täte, wenn jemand zugucken würde. Mein letzter Waschgang ist wirklich nicht so lange her, und zwischenzeitlich habe ich mich nicht im Atomschlamm gewälzt. Trotzdem bemühe ich mich, die ganze Sache weitgehend ernst zu nehmen, nicht so viel rumzuspritzen und das Handtüchlein aus allem rauszuhalten. Eine Art Generalprobe: Morgen ist auch noch ein Bad, und dann habe ich vielleicht Zeugen. Das Problem mit dem Handtuch ist bloß, dass es hier überall bereits nass ist und ich es eigentlich nirgendwo trocken hinlegen kann. Wahrscheinlich haben meine Vorgänger rumgespritzt wie blöde. Die Ferkel. Hauptsache, sie haben sich gründlich gereinigt.

Das Becken ist bis ganz oben hin mit dampfendem Wasser gefüllt, aus einer Leitung fließt ständig neues nach. Feige schicke ich den großen Zeh vor und weiß nicht, ob ich erleichtert oder enttäuscht sein soll. Kühl ist das Wasser nicht gerade, aber ehrlich gesagt auch nicht heißer, als ich es aus meiner heimischen Badewanne kenne. Liest man zu viel Reiseliteratur, bekommt man leicht den Eindruck, das Onsen-Wasser sei generell so heiß, dass man erst eine gewisse Zen-Meditationsstufe erreicht haben müsste, um ein paar Minuten darin auszuhalten, ohne zu sterben. Ich bin aber offenbar gut genug vorbereitet, denn ich bin passionierter Warmduscher und Heißbader. Es darf ruhig wehtun. Kaltes Wasser ist was für Profilneurotiker und andere Weicheier.

Der Rest des Körpers folgt dem Zeh. Wun-der-bar. Genau richtig. Kann auch sein, dass die Hitze des Wassers nicht so unerträglich rüberkommt, weil die Luft hier draußen ziemlich kalt ist. Jedenfalls fühle ich mich bald wie jemand, der sich sehr wohlfühlt. Ich probe das stille Verweilen im warmen Wasser, damit ich es draufhabe, wenn ich in einer ähnlichen Situation mal Gesellschaft haben sollte.

Mit der Zeit wird es doch etwas unangenehm warm, aber darauf hatte meine Freundin mich vorbereitet. Sie riet mir, das Wasser in solchen Fällen zu verlassen und nach kurzer Pause wieder reinzugehen. Das ist erlaubt. Also steige ich aus dem Wasser und gehe zum Rande des Daches. Jetzt stehe ich hier an der frischen Nachtluft, nackt und dampfend, und schaue auf die nächtliche Stadt. Ein beeindruckender Ausblick, zumal der *Ryokan* auf einem Hügel steht. Eine züchtige Hecke, die das Dach umrahmt, verdeckt den kleinen Andreas.

Es wird mir wieder zu kalt, also zurück ins Wasser. Toll.

Das kann ruhig eine Weile so weitergehen. Tut es auch.

Etwas zu lesen wäre nicht schlecht. Aber es geht auch ohne.

Als ich so langsam mit dem Gedanken spiele, das Bad für heute zu verlassen, kommt doch noch einer. Ich will da aber jetzt nicht so hingucken, was er macht. Ich habe leider eine ungünstige Position, mit dem Rücken zu ihm, und meine Brille ist stark beschlagen (wenn ich sie abgelegt hätte, hätte ich sie nie wiedergefunden). Aber was der Mann macht, hört sich ungefähr so an wie das, was ich gemacht habe. Immerhin spritzt er mich nicht nass.

Er kommt ins Wasser. Der Mann ist etwas älter als ich, lächelt mir nett zu und sagt: »Samui desu ne?«

Fantastisch! Endlich spricht mich ein Japaner wie selbstverständlich auf Japanisch an! »Hai, samui desu yo«, bestätige ich.

»Where you from?«

Gut, jetzt schwenkt er um auf Englisch. Was hat verraten, dass ich kein Muttersprachler bin? Ich antworte trotzdem auf Japanisch. Er fragt weiter auf Englisch, und ich antworte weiter auf Japanisch, wo es meine Fähigkeiten nicht übersteigt. Ich bin mir gar nicht sicher, was ich da eingangs bestätigt habe. Entweder, dass es heiß oder kalt ist. Ich verwechsle nämlich immer *samui* und *atsui*, eines von beiden heißt *heiß*, das andere *kalt*. Nun sind wir in der ungewöhnlichen Situation, dass beides stimmt. Das Wasser ist heiß, aber die Luft ist sehr kalt. Der Mann hat auf jeden Fall recht, und ich musste in keinem Fall gegen meine eigene Überzeugung antworten.

Anspruchsvoll verläuft unser Gespräch nicht. Es geht um Deutschland und dass Gemeinschaftsbäder dort nicht so verbreitet sind wie in Japan und dass ich zum ersten Mal genau hier, aber nicht zum ersten Mal in Japan bin und dass eben irgendwas heiß oder kalt ist.

Inzwischen ist es mir endgültig zu heiß oder zu kalt geworden, und ich verabschiede mich mit: »Ja, mata!«, woraufhin der Mann lacht. Und mir fällt auch gleich ein, warum: War natürlich Quatsch, was ich gesagt habe. Ich wollte mich mit Sprachkenntnis brüsten und etwas Japanischeres als *sayonara* sagen, was ja nun jeder sagen könnte. Also habe ich mich für die Floskel entschieden, mit der ich mich in Japan von japanischen Freunden verabschiede. Da passt es in der Regel auch, denn es heißt ungefähr: »Bis bald!« Na ja, vielleicht sehen wir uns ja noch mal, der Mann und ich.

Beim Ankleiden fällt mir auf, dass ich immer noch ziemlich nass bin. Laut Reiseführerweisheit ist Abtrocknen unnötig (mit dem kleinen Handtuch schon gar nicht), weil das Wasser sofort verdampft. Kann ich so nicht bestätigen. Und mein Handtuch ist bereits völlig durchnässt. Egal, ich trockne auf dem Weg zum Zimmer im Baumwollmantel, dem *yukata*, das ist in der Tat einer seiner angedachten Verwendungszwecke. Später erfahre ich, dass das kleine Handtuch vor dem Bad als Waschlappen zum Einsatz hätte kommen dürfen.

Feste feiern von nah und fern

Es vergeht kein Monat, in dem nicht mehrere regionale oder nationale Feste gefeiert werden. Man feiert religiöse Traditionen, die Natur und die Sterne, die Kinder und das Erwachsenwerden. Am 3. März werden die Mädchen gefeiert, am 5. Mai die Jungen und am 15. November dreijährige Mädchen, fünfjährige Jungen und siebenjährige Kinder beiderlei Geschlechts, weil diese Altersgruppen nach Shintō-Vorstellungen als besonders anfällig für Schicksalsschläge gelten.

Besonders wichtig sind die sorgsam vorbereiteten Feiern zu Neujahr. Wie bereits erwähnt, wird das Eigenheim gesäubert, traditionelles Essen wird vorbereitet, und jeder, dem man irgendwann im Leben mal über den Weg gelaufen ist, will bei der Neujahrskartenplanung bedacht sein. Die Karten dürfen ruhig ein paar Tage nach Neujahr, sollten aber nicht vorher ankommen. In der Nacht zum 1. Januar gibt es nicht Käseigel und Böller, sondern halt Soba-Nudeln und stille Andacht, gerne auch im Schrein oder Tempel. Wer nicht ganz feste Pläne hat, sollte in dieser Zeit von Japan-Reisen absehen, da mindestens bis zum 3. Januar jeder Japaner mit Neujahrfeiern beschäftigt ist und Läden vielfach geschlossen haben. Problematisch wird das Reisen auch in der sogenannten Golden Week Ende April/Anfang

Mai. Da häufen sich die nationalen Feiertage derart, dass ganz Japan seinen knapp bemessenen Jahresurlaub auf einmal nimmt, um so viel wie möglich davon zu haben. Hotels und Verkehrsmittel sind dann überfüllt mit einheimischen Reisenden. Wenn Sie mal drauf achten mögen: Auch in deutschen Touristenhochburgen mehrt sich in dieser Zeit die Anzahl der japanischen Besucher.

Geburtstage werden nur selten gefeiert, allenfalls besonders runde. Das könnte sich ändern, denn der Trend geht zur Übernahme der westlichen Feiergewohnheiten, wie man sie in Japan aus Film und Fernsehen kennt. Äußerst beliebt, natürlich aus rein ästhetischen und kommerziellen Gründen, sind heute schon Weihnachten und vor allem der Valentinstag. Beim japanischen Valentinstag können die Herren ganz locker bleiben, denn es ist ausschließlich an der Dame, zu schenken. Dabei bekommt nicht nur der Allerliebste Schokolade geschenkt, sondern auch die lieben Kollegen und vor allem die Vorgesetzten. Revanchieren sollten sich die Herren am White Day (14. März), einer Erfindung eines findigen japanischen Zuckerbäckers.

Wer den rosaroten Valentinstagsstress hautnah erleben möchte, muss nur in den Vorwochen einen Laden betreten, der Süßigkeiten oder Geschenkverpackungsmaterial verkauft. Wenn man noch reinpasst.

Ostern hat sich seltsamerweise bislang kaum durchgesetzt, obgleich das Fest mit total süßen Häschen und bunten Eiern prädestiniert scheint. Einige Beobachter meinen, das hänge damit zusammen, dass ein Fest um einen gekreuzigten Mann trotz Häschen nicht niedlich genug sei. Ich finde die Theorie ein bisschen wackelig, denn in der japanischen Variante des Weihnachtsfestes wird Jesus schließlich auch erfolgreich ausgeblendet.

Eines der ganz großen internationalen japanischen Mitmachfestivals ist das Schneefestival von Sapporo, das *yuki* (Schnee) *matsuri* (Festival). Im langen Winter von Hokkaido erlebt man Sapporo, Japans jüngste Metropole, als eine Großstadt, die den Winter einfach passieren lässt. Wo wegen Schnee nichts mehr geht, geht halt nichts. Was soll's, irgendwann wird schon das Tauwetter einsetzen, und wenn es April wird. Bis dahin lebt man halt damit, dass Straßen und Bürgersteige unter der weißen Pracht kaum noch auseinanderzuhalten sind. Kommt man von außerhalb eingeflogen, kann der Flugkapitän im Vorfeld schon mal beiläufig sagen: »Ich weise Sie noch daraufhin, dass wir wegen der Wetterbedingungen eventuell entweder wieder umkehren oder ganz woanders landen müssen.« Ist man zu diesem Zeitpunkt bereits zwanzig Stunden brutto unterwegs, kann man diese professionelle Gelassenheit kaum teilen.

Die Einwohner Sapporos nehmen es leicht und bauen Schneemänner. Aber nicht nur das. Mehrere Areale der Stadt werden für das einwöchige Schneefestival von internationalen Teams mit Schnee- und Eisskulpturen bebaut. Die Arbeit beginnt Wochen im Voraus, und man weiß, warum, wenn man die Ergebnisse sieht. Auf dem Hauptgelände im Odori-Park erwachsen ganz in Weiß nachgebaute Tempelanlagen in Originalgröße, daneben Micky und Donald in Godzilla-Dimensionen. Mitten in der Stadt steht eine Skipiste, und unterm Maibaum, einem Geschenk der Partnerstadt München, kann man German Sausage essen. Unweit davon teilen sich die Türkei und Thailand einen Fast-Food-Pavillon, man fühlt sich wie zu Hause. Im Sünde- und Shoppingviertel Susukino werden Drachen, Baseball-Maskottchen, Meerjungfrauen und mehr in Eis gehauen, mitunter noch mit eingefrorenen Fischen und Schalentieren. Der Grund ist klar: Hier wirbt ein Fischrestaurant. Denn werbefrei ist das Festival ganz und gar nicht. Eisbären aus Schnee trinken braune Brause, Epson wirbt mit Schneeskulpturen für eine Welt, in der es keine verschmierten Farbausdrucke mehr gibt, und Greenpeace für eine, in der Wale ohne Angst leben können.

Angefangen aber hatte die Tradition ohne kommerzielle Absichten. In den Fünfzigern bauten Schulkinder im Odori-Park ein paar Schneemänner. Irgendwann begannen in der Nähe stationierte Soldaten der *SDF* (Self-Defense Forces) mitzuhelfen, und die Sache verselbstständigte sich nach dem Schneeballprinzip. Heute kommen Besucher und Helfer aus aller Welt, die mit eigenen Werken Preise gewinnen oder bei der Errichtung der stadteigenen Hauptbauten mit Hand anlegen möchten. Die Armee ist auch noch dabei, in erster Linie zur Vernichtung der Exponate nach Festivalende. Touristen mit destruktivem Gemüt bleiben extra einen Tag länger, um sich dieses Spektakel nicht entgehen zu lassen.

Männer im Ring, Frauen am Ball und eine neue Hauptstadt für Olympia

Tokio hat die Olympischen Spiele nicht erfunden, aber die Olympischen Spiele haben Tokio erfunden. Zumindest das Tokio, wie wir es heute kennen. Die japanische Hauptstadt ist das beste Gegenargument (wenngleich bei Weitem nicht das einzige), wenn mal wieder ein gewohnheitsmäßiger Olympiagegner mit der alten Leier kommt, die Spiele würden ihren Austragungsorten rein gar nichts außer Schulden, Verkehrsverstopfung und groteske Bauruinen bringen. Als Tokio 1959 zum ersten Mal den Zuschlag bekam, die Olympischen Sommerspiele auszurichten, war die Stadt in einem desolaten Zustand. Es mangelte an Wohnraum und an Toiletten mit Wasserspülung; täglich fuhren Saugwagen durch die Straßen, um der Gülle Herr zu werden. Fünf Jahre später hatte sich der Ort vom Moloch zur funkelnden Weltstadt gewandelt, die viele Menschen mehr in ihren Bann schlug als die sportlichen Wettkämpfe, die dort ausgetragen wurden. Die Straßen der Stadt wurden um 21 Kilometer Autobahn ergänzt, der Flughafen Haneda durch eine Magnetbahn mit dem Stadtzentrum verbunden, der neue Schnellzug Shinkansen fuhr in Weltrekordgeschwindigkeit bis Kyoto, die Veranstaltungsorte sahen aus wie von anderen Planeten herbeigebeamt, japanische Satellitentechnik erlaubte erstmals weltweite Fernsehliveübertragungen, es gab Wohnhäuser für die Einheimischen und Luxushotels für die Besucher, und eines jeden Notdurft wurde direkt in die Kanalisation gespült.

Von alledem profitierte Tokio nachhaltig. Nicht zu unterschätzen ist auch der Moment, als 1964 der neunzehnjährige Yoshinori Sakai, der am Tag des Atombombenabwurfs auf Hiroshima ebendort geboren worden war, das olympische Feuer entfachte. Mit diesen Spielen wurde Japan neu geboren, so sollte wohl die Botschaft lauten, wie ein Phönix aus der Asche. Das müssen die kommenden Olympischen Sommerspiele, 2020 wieder in Tokio, erst mal nachmachen. Man gibt sich auf jeden Fall große Mühe; auch was die Symbolfiguren angeht. Bei der Abschlusszeremonie der Spiele in Rio 2016 tauchte als Überraschungsgast Premierminister Shinzō Abe als Super Mario verkleidet auf.

Der fünfjährige Hindernislauf

Ein älterer, arrivierter Herr bekennt sich zu seinem Cosplay-Hobby. Das hatte vielleicht nicht die gleiche symbolische Sprengkraft wie der junge Mann aus Hiroshima, aber es war kein schlechter Einfall.

Ansonsten war der Weg zu Olympia wie immer schwierig, geplagt von Skandalen, gebrochenen Versprechen und entsprechend schlechter Presse. Es begann damit, dass ein neues Stadion der 2016 verstorbenen Stararchitektin Zaha Hadid, das einer der Hauptpfeiler der erfolgreichen Präsentation vor dem Olympischen Komitee gewesen war, komplett aufgegeben werden musste, nachdem sich der Bau als doppelt so teuer wie veranschlagt herausgestellt hatte. Dabei hatte man neben dem neuen Stadion auch versprochen, kompakte Spiele ohne unnötigen Gigantismus auszurichten.

Die nächste Schlappe war der Kampf ums Logo. Gegen den ersten Entwurf wurden schnell Plagiatsvorwürfe laut. Ein kleines Museum in Belgien hatte ein frappierend ähnliches Erkennungszeichen. Der Designer bestritt, jemals irgendwelche Museen in Belgien besucht zu haben. Das Komitee stand zunächst hinter ihm, doch als bekannt wurde, dass seine Agentur gewohnheitsmäßig Werke anderer unautorisiert in Präsentationen benutzte, wurde der Wettbewerb neu ausgeschrieben. Die finale Stimme hatte das Volk, das aus vier Entwürfen auswählen durfte.

Noch eine Nummer größer: Im März 2019 musste der Vorsitzende des Japanischen Olympischen Komitees, Tsunekazu Takeda, zurücktreten, als ihm vorgeworfen wurde, vor der Entscheidung für den Austragungsort Stimmen im Wert von zwei Millionen Dollar für Tokio eingekauft zu haben. Rund fünf Monate später starb ein Bauarbeiter während der Arbeit an einer olympischen Einrichtung, wahrscheinlich an einem Hitzschlag.

Tokios zu Recht gefürchtete Sommerhitze ist nicht nur für Bauarbeiter ein Problem (die tragen mittlerweile immer häufiger Overalls mit eingebauten Ventilatoren). Man hatte sogar überlegt, nur für die Olympischen Spiele im Land eine Sommerzeitregelung einzuführen – zu einem Zeitpunkt, an dem der Rest der Welt mit diesem erwiesenen Unsinn aufhört. Um zwei Stunden sollten die Uhren vorgestellt werden. Letztendlich einigte man sich darauf, die Marathonläufe in das kühlere Sapporo zu verlegen. Experimente mit einem Kunstschneebombardement der Zuschauertribünen brachten zum Zeitpunkt der Niederschrift keine befriedigenden Ergebnisse. Offenbar sind die Flocken zu scharfkantig; es besteht Verletzungsgefahr.

All die Skandale, Dramen, Irritationen und Unglücksfälle konnten die Spiele nicht aufhalten. Acht neue Veranstaltungsorte wurden gebaut, 35 bestehende renoviert. Das neue Nationalstadion verwendet Holz aus allen japanischen Präfekturen anstatt Beton. Tausende freiwillige Helfer wurden in Fremdsprachen gedrillt, Toyota hat sich eine neue Taxiflotte aus komfortablen Hybridmodellen gegönnt. Sogar Japans notorisch laxe Nichtraucherschutzgesetze wurden ein ganz kleines bisschen verschärft. Und wo man gerade schon dabei war, baute man auch gleich noch Gegenden um, die nicht unmittelbar das Sportfest betreffen. Wer in den letzten Jahren den Bahnhof Shibuya benutzte, und da kommt man in Tokio eigentlich kaum drum herum, quälte sich durch eine provisorische Aneinanderreihung von Holz- und Blechbauten, tapeziert mit Entschuldigungen und dem Versprechen, dass Shibuya ganz und gar neu würde. Zumindest die Gegend um den Bahnhof. Das Einkaufszentrum und Bürohaus Shibuya Scramble Square, mit 47 überirdischen Stockwerken das höchste in der Gegend, ist bereits fertiggestellt, ebenso die Erweiterung und Umleitung eines Flusses samt neuer Promenade, der zuvor wenig Beachtung erfahren hatte. Auf der Ostseite des Bahnhofs entsteht ein weiteres Hochhaus mit 33 Stockwerken, das Büros, Hotels, Läden und Fläche für Start-ups zur Verfügung stellen soll. An dieser Stelle verkehrte einst eine Eisenbahnlinie, die inzwischen unterirdisch fährt. Die Förderung von Start-ups haben sich in Shibuya viele auf die Fahnen geschrieben, schon um den Kosenamen des Viertels zu verteidigen: Bit Valley. Den hat Shibuya derweil nicht nur der großen Präsenz von IT-Firmen vor Ort zu verdanken, sondern auch der Tatsache, dass sich der tatsächliche Name als »bitteres Tal« übersetzen lässt. Kommerz und Arbeit in großen, hohen Häusern – so lassen sich die Konzepte der meisten neuen Bauten vor Ort beschreiben. Bis 2027 sollen sie alle stehen. Kritiker bemängeln, dass Shibuya bereits jetzt keinen Mangel an ähnlichen Einrichtungen hat.

2020 werden fünf Sportarten neue olympische Disziplinen. Die gute Nachricht: Japan konnte endlich Karate unterbringen. Die schlechte: Sumō bleibt weiterhin auf der Warteliste. Trotzdem sollte man es sich nicht entgehen lassen, einmal beim Sumōringen zuzusehen.

Schöne dicke Männer, halbnackt balgend (und anderer Zoff)

Sumō ist in Japan seit dem Jahr 642 bekannt, der Legende nach ist es aber noch älter. Den ersten Sumō-Kampf sollen die Götter Takemikazuchi und Takeminakata auf Erden ausgetragen haben. Das Sumō der Menschen hatte über die Jahre unterschiedliche Bedeutungen. Ursprünglich war es eine Bewährungsprobe für Soldaten, später diente es zur Unterhaltung des Kaisers, dann dem Training von Samurai. Heute kämpfen die schweren Jungs für alle, die es interessiert. Und das sind einige. Wenn auch nicht so viele, dass es zum Nationalsport Nr. 1 reichen würde. Das ist Baseball.

Die Regeln sind im Großen sehr einfach, im Kleinen sehr komplex. Ziel des Zweikampfs ist es einfach, den Gegner zu Fall zu bringen oder aus dem Ring zu drängen. Ganz so einfach aber ist es dann doch nicht, denn es gibt 82 offizielle Techniken dafür. Muskelkraft und Körpermasse sind nicht alles.

Sumō interessiert mich nicht nur aus sich selbst heraus, sondern soll mir auch Kommunikationshilfsmittel mit meinen sumōbegeisterten Schwiegereltern sein. Mit denen ist die direkte Kommunikation, also die ohne Übersetzer, über die Jahre leider eher schwieriger als einfacher geworden. Das liegt weniger an Animositäten als daran, dass sie zum alten Schlag gehören. Nicht zu dem alten Schlag, der Ausländer prinzipiell ablehnt. Ganz im Gegenteil, in dieser Hinsicht sind sie sehr offen und austauschbereit. Allerdings gehören sie zu dem alten Schlag, der es sich partout nicht vorstellen kann, dass Ausländer Japanisch sprechen. Tut es einer doch, verstehen sie es nicht, weil nicht sein kann, was nicht sein kann. Krummnehmen mag man es ihnen nicht, so eine jahrzehntelang eingeschliffene Fehlvorstellung lässt sich nicht so mir nichts, dir nichts geraderücken. Dennoch nagt es zunehmend an der Motivation, es überhaupt erst zu versuchen.

Meine Schwiegereltern kommen mir bisweilen entgegen, indem sie mit Requisiten arbeiten. Sie zeigen Fotoalben und Reiseandenken, demonstrieren Kleidungsstücke und Musikinstrumente. Dazu werfen wir uns Stichworte in verschiedenen Sprachen zu, manchmal brummen wir auch nur die Tonleitern der landestypischen Laute von Erstaunen und Zustimmung durch. Heute soll es an mir sein, die Konversation mit Gimmick voranzutreiben. Ich bewahre das große Sumō-Special aus meiner Tageszeitung auf, um in der beginnenden Saison tagtäglich die Ergebnisse einzutragen. Mit dem harten Kugelschreiber auf dem empfindlichen Zeitungspapier, die Brille weiter als gewöhnlich auf die Nasenspitze gerückt. Das ist nicht nur stilecht, sondern notwendig. Leicht denkt man, so alt würden immer nur die anderen. So alt kann man aber selbst werden, wenn man Glück hat.

Vielleicht kurz zur Brille; das Thema bringt uns zwar weg von Sumō, aber nicht von Japan. Die Brille habe ich von Zoff. Das ist nichts Schlimmes, sondern der japanische Fielmann, bloß weiter verbreitet. Zoff ist so schnell, dass sich mancher, der seine Brille daheim vergessen hat, lieber kurz beim nächsten Zoff eine neue machen lässt, als noch mal extra nach Hause zu fahren. Ich war hingegangen, weil ich das Gefühl hatte, mit meiner alten Brille nicht mehr gut genug gucken zu können. Zu meinem Erstaunen riet der Zoff-Berater mir nicht zu einer stärkeren, sondern zu einer schwächeren. Ich sähe momentan viel zu viel, meinte er. So viel müsse man gar nicht sehen, so man nicht Auto fahre, was ich nicht tue und was ich mir auch für den Rest meines Lebens nicht anzugewöhnen gedenke. Also habe ich inzwischen eine Brille, mit der ich nicht mehr so viel sehe. Bisweilen muss ich ihre Position ändern, wenn ich doch mal etwas genauer erkennen möchte. Eine liebenswerte alte Kulturtechnik, genau wie das Eintragen von Sportergebnissen in Tageszeitungstabellen, obwohl man sie mit dem Smartphone jederzeit viel schneller abfragen könnte.

Das Eintragen der Ergebnisse ist, wie gesagt, nicht der einzige Grund, warum ich die Zeitungsseiten aufbewahre. Ich möchte damit außerdem meine Schwiegermutter in ein angeregtes Gespräch, oder immerhin in einen regen Stichwort- und Brummlauteaustausch über ihre Lieblings-Sumō-Ringer verwickeln. In der Hoffnung, auch einen für mich zu finden. Denn obwohl ich den Kämpfen durchaus etwas abgewinnen kann in ihrer Kürze, Direktheit und Dramatik, so überforderte es mich bislang, mich durch die Unmengen von Namen, Rängen und Ställen, wie die Vereinigungen von Ringern, Trainern und anderen Angestellten genannt werden, zu arbeiten, um persönliche Favoriten zu identifizieren. Übernehme ich halt die meiner Schwiegermutter. Wird unserem Verhältnis sicherlich nicht schaden.

Sie schiebt ihrerseits die Brille auf die Nasenspitze, geht die Liste durch, macht mit Kugelschreiber Kreuzchen an die Fotos: »Der ist schön … der ist schön … der ist schön …«

Das ist ja nun eigentlich nicht, was ich gefragt habe. Sie benutzt das englische Wort *handsome*. Nicht etwa um mir, der ich (viel) besser Englisch als Japanisch spreche, linguistisch entgegenzukommen, sondern weil die Anglizismen im Japanischen noch dreister wuchern als im Deutschen.

Für mich sind die alle ungefähr gleich schön. »Gibt es denn noch ein anderes Kriterium als die Schönheit?«, möchte ich wissen.

Begeistert kreuzt sie einen an. »Der da ist aus Machida!«

In Machida, einem Vorort von Tokio, hatte die Familie lange gelebt, meine Frau wuchs dort auf. Manchmal besuchen wir in Machida ihre ehemaligen Schulfreundinnen. Die Kommunikation mit denen gestaltet sich in der Regel ähnlich wie mit meinen Schwiegereltern: Ich sage etwas auf Japanisch; die Freundinnen sehen meine Frau an; sie wiederholt haargenau das, was ich gesagt habe; die Freundinnen haben verstanden. Nichtsdestotrotz habe ich inzwischen selbst eine sentimentale

Bindung zu Machida aufgebaut, habe eine Fantasieversion des Ortes sogar in meine Kriminalromane integriert. Dann finde ich jetzt eben diesen Sumō-Ringer aus Machida gut.

Meine gute Wahl wird belohnt mit einem Tag beim Sumō. Es soll der ganze Verein von Sumō-Enthusiasten im Rentenalter mitkommen, dem meine Schwiegereltern angehören. Ich werde an jenem Tag die Hauptattraktion sein, daran besteht kein Zweifel. Meine Frau interessiert sich erstens nicht besonders für den Sport, zweitens ist unsere Tochter noch im Krabbelalter. Da hat sie ein gutes Argument, der Veranstaltung fernzubleiben. Meine Schwägerin Takako erklärt sich bereit, als mein Rettungsanker im japanischen Rentnersturm mitzukommen. Lange Überredung hat es nicht gekostet. Wie alle spät Bekehrten ist sie eine Sumō-Fanatikerin. Erst neulich hatten ihre Eltern sie zum ersten Mal in ihrem Leben zu einem Turnier mitgeschleppt, gegen heftigen Protest. Als sie erst mal vor Ort war, war der Widerstand schnell gebrochen. Heute ist sie Feuer und Flamme.

Bevor wir uns zur Arena Ryōgoku Kokugikan begeben, sehen wir uns erst mal ein wenig im Viertel drumherum um. Ryōgoku, auch Sumō Town genannt, ist ganz und gar auf den Sport und die, die ihn betreiben, ausgerichtet. Mit anderen Worten: Es gibt jede Menge Geschäfte für Kleidung in Übergröße. Das Viertel muss ich mir merken, denn Kleidung zu kaufen gehört für einen ausgewachsenen Westeuropäer in diesem Land schon zu den größeren Herausforderungen. Hier gibt es Klamotten, die sogar mir zu groß wären. Viel zu groß. Ganz ehrlich: Ich habe noch nie derart riesige Unterwäsche gesehen. Nicht mal in derben Filmkomödien über gruselige Großmütter.

Noch größer immerhin sind die farbenprächtigen Banner, die entlang der Straße zum Ryōgoku Kokugikan flattern. Sie präsentieren die Namen von Sportlern und ihren Sponsoren. Wir sind nicht die einzigen auf dem Weg zum Turnier. Ein großes Hallo gibt es immer, wenn ein Wagen mit einem Ringer darin vorbeifährt. Wir sehen tatsächlich unseren Jungen aus Machida aus einem Taxi aussteigen.

Vor dem Gebäude machen wir schnell Scherzfotos mit den lebensgroßen Pappfiguren zum Gesichterdurchstecken, die dort herumstehen. Immer wieder ein Brüller. Man ersetzt dabei mit seinem Gesicht übrigens nicht das eines berühmten Sumō-Ringers (das wäre vielleicht zu viel des Spaßes), sondern das einer Frau, die er auf seine kräftigen Arme genommen hat. In dem Gebäude essen Takako und ich erst mal etwas, um uns für den Rentnerklub zu stärken. Im Tiefgeschoss kann man für nur 250 Yen in Kantinenatmosphäre Chanko probieren, den Standardeintopf der Sumō-Ringer. In Hühnerbrühe brodeln Gemüse, Meeresfrüchte und was man sonst gerade zur Hand hat. Keine kulinarische Offenbarung, aber durchaus genießbar.

In der Halle sitzen wir recht weit oben, eine erhabene Perspektive. Die begehrtesten Plätze sind trotzdem die ganz unten, unmittelbar am Ring auf dem Fußboden. Wenn man Glück hat, kann da schon mal ein Sportler persönlich auf einen drauffallen. Bei besonders dramatischen Entwicklungen oder kontroversen Schiedsrichterentscheidungen schmeißen die Fußbodensitzer vor Erregung ihre Sitzkissen in die Luft.

Alle Rentner überhäufen mich mit Zuvorkommenheit. Wahrscheinlich handelt es sich um: *omotenashi*. Jeder möchte mal neben mir sitzen, jeder hat es für eine gute Idee gehalten, mir Programmzettel und weiteres Informationsmaterial auf Englisch mitzubringen, in Plastikhüllen, auf denen Sumō-Prominenz abgebildet ist, just gekauft im hiesigen Andenkenladen. Ich fühle mich gut aufgehoben, brauche trotzdem ein Bier oder zwei. Gottlob ist der Weg zur nächsten Theke nicht weit, man muss nur kurz ins Treppenhaus. Das ständige Kommen und Gehen gehört dazu. Die Kämpfe sind fantastisch und dramatisch, das Drumherum mit dem Weihen und Reinigen des Ringes, dem Vorstellen der Turnierteilnehmer und prominenten Gäste ist faszinierend beim ersten, zweiten, vielleicht noch dritten

Mal. Ab dann hat man kein schlechtes Gewissen mehr, mal eben austreten oder einen heben zu gehen oder zu sagen: Weckt mich, wenn wieder was passiert.

Wie oft wurde mir in Deutschland vorgebetet, ich müsse nur mal mit ins Stadion kommen, dann würde auch ich mein Herz für den Fußball entdecken. Habe ich gemacht. Ungemütliche Fankurve sowie von aller Stimmung abgeschotteter VIP-Bereich. Hat beides nichts gebracht. Aber für Sumō begeistere ich mich sofort. Egal, dass ich längst die Übersicht verloren habe, wer gerade dran ist und wer von denen der Schönere ist. Ich glaube, den aus Machida habe ich verpasst. Ich ohe und ahe mit den Alten. Manchmal erklärt mir Takako, zu wem ich halten muss.

Hinterher geht es noch in ein Sumō-Themenrestaurant, wo ich weitere Rentner kennenlerne, die nur zur After-Party gekommen sind. Es wird feucht-fröhlich und ein wenig anstrengend. Irgendwann fallen mir zu den vielen Fragen zu Bier, Bratwurst und Merkel keine originellen Antworten mehr ein. Originalität erwartet natürlich auch niemand von mir, aber ich habe hohe Ansprüche an mich selbst. Bisweilen suche ich unter Vortäuschung von Primanerblase ein wenig Abstand vom angemieteten Privatraum. Richtig Ruhe findet man in einem Sumō-Themenrestaurant selbstverständlich nirgends. Doch im Eingangsbereich gibt es zumindest Zerstreuung, nämlich einen nachempfundenen Sumō-Ring, in dem eine Frau Show-Kämpfe und Kunststückchen moderiert. Woher ich ohne ausgesprochenen Kennerblick weiß, dass das kein echter Ring ist? Weil die Frau, die darin steht, eben eine Frau ist.

Ausländer ja, Frauen nein

Frauen habe ich es zu verdanken, dass mein erster Sumō-Besuch so angenehm verlaufen ist. Dank meiner Schwiegermutter wusste ich, welche Sumō-Ringer am schönsten sind, und meine Schwägerin beschützte mich vor allzu starker Beanspruchung durch die fröhlichen Bekannten meiner Schwiegereltern. Wäre mir allerdings schwummerig geworden und ich wäre durch eine Laune der Winde (die allgegenwärtigen Klimaanlagen vielleicht?) von der Tribüne in den Sumō-Ring gefallen, hätte mir keine dieser Frauen helfen können. Und auch sonst keine Frau. Denn der Ring gilt seit dem Altertum als heilig und rein, Frauen als dämonisch und unrein. Per Gesetz darf in der Zivilgesellschaft zwar nicht mehr nach Geschlecht diskriminiert werden, gewisse Traditionen aber sind davon wohl ausgenommen.

Der Fall, den ich oben beschrieben habe, ist gar nicht so unwahrscheinlich, wie er klingt. Gut, ist er im Verlauf doch, aber nicht im Ergebnis. 2018 erlitt in Kyoto ein Politiker eine Hirnblutung, als er gerade im Ring eine Rede hielt. Nachdem er in Ohnmacht gefallen war, kamen ihm vier Frauen zu Hilfe. Eine von ihnen war eine Krankenschwester, die sich sofort mit sicheren Handgriffen an die Herzdruckmassage machte. Der Schiedsrichter forderte daraufhin in scharfem Ton alle Frauen auf, sofort den Ring zu verlassen. Schließlich übernahmen männliche Mitglieder des Sicherheitsdienstes die Erste Hilfe, bis Sanitäter eintrafen. Der Fall sorgte für hitzige Diskussionen. Der Schiedsrichter wurde dabei sogar von Zeitgenossen kritisiert, die prinzipiell auf seiner Seite standen. Durch sein Beharren hätte er diesen »verrückten Feministinnen« nur Munition geliefert, war zum Beispiel auf Twitter zu lesen (wo sonst?).

Sumō ist nicht der einzige Bereich, in dem weiblicher Nachwuchs es schwer hat. Haben Sie schon mal eine japanische Sushimeisterin gesehen? Ja? Dann war das höchstwahrscheinlich Yuki

Chizui von Nadeshiko Sushi in Akihabara. Chizui ist nicht mehr die Einzige, war allerdings die Erste mit formeller Ausbildung und ist nach wie vor eine von ganz wenigen. Und sie ist nicht kamerascheu. Einmal sahen meine Frau und ich sie im Fernsehen, wo sie öfter mal auftritt, wenn seltsame Frauen vorgestellt werden. Ich erzählte meiner eigentlich nicht sonderlich seltsamen Frau, dass eine Nebenfigur in einem meiner Romane, Yukiko in *Shinigami Games*, an Yuki Chizui angelehnt sei. Ich kenne Chizui zwar weder persönlich noch geschäftlich, fand aber ihre Geschichte inspirierend.

»Ach, das ist doch nur Show für Touristen«, motzte meine Frau. »Bei der würde ich kein Sushi essen. Das ist ja eklig.«

Es verschlug mir die Sprache. Wie konnte meine Frau, deren Einstellungen ich im Großen und Ganzen immer für auf dem Stand des 21. Jahrhunderts gehalten hatte, der Bewegung, ihren Schwestern sozusagen, derart in den Rücken fallen? Ich erwiderte erregt: »Nun erzähl mir bitte nicht die alte Leier, Frauen hätten wegen dieser Menstruationssache eine zu hohe Körpertemperatur, um frisches Sushi fachgerecht anfassen zu können. Das glaubst du doch wohl selbst nicht!«

»Die Körpertemperatur dieser Frau ist mir egal. Selbstverständlich können Frauen Sushi zubereiten, warum auch nicht? Aber hast du gesehen, wie sie ihr Kopftuch trägt? Da guckt alles raus. Unhygienisch. Kein echter Sushi-Liebhaber würde das akzeptieren.«

»Sieht aber niedlich aus.«

»Genau. Mehr nicht. Für Touristen.«

Und schon haben wir die Geschlechterdebatte in der Sushi-Zubereitung um eine Kopftuchdebatte erweitert.

Fußball: die schönste Frauensache der Welt

Ich würde gerne hellsichtig und allwissend tun, aber ich hatte die japanische Fußballnationalmannschaft der Frauen auch nicht auf dem Schirm. Das immerhin habe ich gemein mit den Japanern. Die hatten ganz andere Sorgen, als am 16. Juni 2011 im fernen Sinsheim die Weltmeisterschaft angepfiffen wurde. Sich ausweitende Skandale um radioaktiv verseuchtes Rindfleisch und Teeblätter sorgten ebenso für Verunsicherung im Alltagsleben wie die holprig anlaufenden Arbeiten zur Stabilisierung der beschädigten Atomreaktoren in Fukushima. Man hatte zwar kurz aufgehorcht, als der nach westlichem Verständnis immer so bescheiden wirkende Trainer Norio Sasaki vor der Abreise nach Deutschland öffentlich verkündete, man würde dieses Jahr nicht ohne den Titel zurückkehren, aber abgenommen hat ihm das keiner. Und überhaupt sollten die Spiele zu nachtschlafender Zeit stattfinden, das Interesse ging also gegen null.

Der Kosename der japanischen Nationalmannschaft lautet *nadeshiko*, was wörtlich *Prachtnelken* bedeutet und darüber hinaus auf den Begriff *yamato nadeshiko* anspielt, der ein traditionelles Ideal von Weiblichkeit beschreibt: hübsch und anmutig, zurückhaltend und still.

Zurückhaltend und still sind die japanischen Spielerinnen sicher nicht, das steht fest. Sie besiegen in ihrem ersten Spiel der Weltmeisterschaft 2011 Neuseeland 1:0. Als sie darauf Mexiko 4:0 vernichten, geht ein Ruck durch die Frauenfußballwelt. Was sind das denn für welche?

Ich verfolge das Spiel in Deutschland und rufe hinterher begeistert meine Lebensgefährtin (meine zukünftige beziehungsweise heutige Frau) in Tokio an. Sie fragt: »Fußball? Nur Frauenfußball, oder? Ich habe *CSI* geschaut.«

Es braucht eine Weile, bis Japan bemerkt, was sich da abspielt. Dabei war Sport in den vorangegangenen Monaten ein nicht zu unterschätzender Faktor in der Krisenbewältigung. So gaben Cheerleader des Baseballvereins *Sendai 89ers* Pompon-Tanzstunden für die Bewohner der Notunterkünfte im Erdbebengebiet, um Thrombose vorzubeugen und die Stimmung zu heben. Außerdem berichten inzwischen sogar die größten Zeitungen detailliert und ohne Unterlass über Mut machende Sportereignisse in der Katastrophenregion, die vormals allenfalls die Lokalpresse interessiert hätten.

Auch Norio Sasaki betont immer wieder, dass sein Team für die Katastrophenopfer spielt. Seinen Spielerinnen schärft er ein: »Wenn es schwierig wird, denkt an die Überlebenden, und bleibt dran. Unser Spiel kann ihnen Kraft geben.« Nach jedem Match ziehen die *Nadeshiko* mit einem Transparent übers Feld, das sich für die internationale Unterstützung bedankt. Griesgrämige deutsche Presse wirft der Mannschaft mitunter Gefühlsduselei vor. Vielleicht kann man allerdings ein wenig Gefühlsduselei zugestehen, wenn gerade 20 000 Landsleute gestorben sind.

Als Japan im Viertelfinale Deutschland 1:0 schlägt, ist selbst meine Freundin Fan geworden. Nach dem nervenaufreibenden, siegreichen Finale gegen die USA ist sie es, die mich anruft: »Ich wollte nur kontrollieren, ob du wirklich geguckt hast! *Sugoi, sugoi!*« *Sugoi*, das japanische Gut-find-Wort irgendwo zwischen prima und geil, ist dann auch das meistgehörte bei Interviews mit japanischen Spielerinnen und Zuschauern, im Stadion in Deutschland und in den Kneipen und Straßen Japans. Der Anpfiff erfolgte zwar mitten in der Nacht um 3.30 Uhr Ortszeit, aber dank eines günstig gelegenen Feiertages ist gefühlt die ganze Nation aufgeblieben. Die blauen Original-Trikots waren in null Komma nichts ausverkauft. In Deutschland war gar nichts zu machen, ich musste mit einer offensichtlichen Fälschung eines windigen Spaß-T-Shirt-Bedruckers vorliebnehmen.

Bei der Rückkehr nach Japan wird den Spielerinnen ein rauschender Empfang bereitet, tagelang kennen die Medien kaum ein anderes Thema. Besonders viel Gold bringt Rekordspielerin Homare Sawa mit nach Hause: Neben der Medaille für alle Mitglieder des Teams gab es für sie noch den Goldenen Ball als beste Spielerin und den Goldenen Schuh als beste Torschützin.

Torhüterin Ayumi Kaihori fasst die Bedeutung des Turniers zusammen: »Wir haben jetzt bewiesen, dass Japan die Spitzenmannschaften schlagen und auf höchstem Niveau spielen kann. Außerdem ist dies für unser Land keine leichte Zeit, und ich habe das Gefühl, dass wir den Menschen dort etwas Freude machen und ihnen Mut geben konnten. Das war für uns immer die Motivation. Wir wollten etwas für Japan tun.«

Die Einzelschicksale der Spielerinnen werden nun wie Cinderella- und Heldinnen-Geschichten erzählt. Karina Maruyama, die Deutschland aus dem Turnier kickte, spielte ursprünglich für ein Team, das Krisenkonzern *TEPCO* gehörte. Viele ihrer ehemaligen Kollegen waren damit beschäftigt, das Atomkraftwerk in Fukushima unter Kontrolle zu bringen, während sie und ihre Mitstreiterinnen um die Meisterschaft kämpften. Abwehrspielerin Azusa Iwashimizu muss täglich neunzig Minuten mit Bus und Bahn zur Arbeit zurücklegen. Mizuho Sakaguchi schuftet in einem Fabrikjob, wenn sie nicht gerade Heldin des Mittelfelds ist. Überhaupt haben nur zehn Prozent der ungefähr 220 japanischen Liga-Spielerinnen Profiverträge und können vom Sport leben. Manche Trainingsstätten haben nicht mal Duschen. Selbst die Stars Homare Sawa und Shinobu Ohno waschen ihre Trikots selbst.

In der vielkanäligen Dauerberichterstattung des digitalen Zeitalters weiß man, dass Heldensagen nur erzählt werden, um sie bei nächster Gelegenheit genüsslich wieder zu demontieren. Kaum passiert etwas so Großartiges wie der Sieg der *Nadeshiko*, formuliert man als Sympathisant ein stilles Stoßgebet: Hoffentlich leistet sich jetzt keine von denen einen Skandal.

Das hätte man vielleicht nicht beschwören sollen, denn es dauerte nur bis zum darauffolgenden Mittwoch.

Frisch heimgekehrt, geht Verteidigerin Saki Kumagai mit ein paar ehemaligen Kommilitonen einen heben, wobei sie sich angeblich herablassend über Teamkolleginnen und Trainer äußert und scharfe Bilder aus dem Umkleideraum zeigt. Nicht, dass sie damit die Öffentlichkeit gesucht hätte. Aber wenn sich in der Runde ein geltungssüchtiger Halunke mit Handy und Twitter-Konto befindet, bleibt Privates nicht lange privat. Kumagais mutmaßliche Äußerungen werden sofort weitergetwittert, finden so im Nu ihren Weg in Zeitungen, Rundfunk und Fernsehen.

Allerdings ist es Kumagai und ihrem twitternden Trinkkumpanen nicht gelungen, dem Heldinnen-Mythos nachhaltig zu schaden. Man geht das Problem auf japanische Weise an: Die Spielerin entschuldigt sich offiziell bei Trainer, Mannschaft und dem japanischen Volk und wird fürs Erste von allen öffentlichen Auftritten ausgeschlossen. Man fühlt sich erinnert an den Fall des Schauspielers Ichikawa Ebizo Ende 2010 (genauer Ichikawa Ebizo *XI.*, der Bühnenname wird seit dem 17. Jahrhundert weitervererbt). Er gilt als hochtalentierter junger Wilder des Kabuki-Theaters. Eines Abends war er aber etwas zu wild und ließ sich zu einer Kneipenschlägerei hinreißen. Tagelang berichtete die Presse ununterbrochen über seine öffentlichen Entschuldigungen. Gewissenhaft zählte man, wie oft er sich dabei verbeugte und wie lange er unten blieb. Etwas anderes konnte man zu seiner Person auch schlecht berichten, denn aus dem Theaterbetrieb war er sofort entfernt worden. Erst im Juli 2011, über ein halbes Jahr später, durfte er zurück auf die Bühne.

Der Rest der Mannschaft, für die Kumagai im Finale immerhin den entscheidenden Elfmeter geschossen hatte, wird unvermindert frenetisch weitergefeiert. Noch-Premierminister Naoto Kan steht zunehmend in der Kritik, weil er sich mehr um seinen Blog als um herkömmliche Pressekonferenzen kümmere. Zu seinem Lieblingsthema als Blogger gehören die *Nadeshiko*. Am 2. August 2011 wurde bekannt, dass das Team mit dem *kokumin eiyo sho* (wörtlich: Ehrenpreis für japanische Bürger) ausgezeichnet wird, einem höchst angesehenen Preis für Japaner, die sich um ihr Land besonders verdient gemacht haben. Die *Nadeshiko* sind die erste Sportmannschaft, die kollektiv diesen Preis erhält. Der Besuch von Frauenfußballspielen hat sich in Japan seit der WM verneunzehnfacht. Und die Nationalspielerinnen selbst haben sich inzwischen als Comicfiguren, Briefmarkenmotive und Puppen vervielfacht.

Von Innenmenschen, Außenmenschen und Halbwesen

Wie überall auf der Welt haben auch in Japan die Menschen zunehmend Schwierigkeiten damit, sich selbst und andere Menschen einfach als Menschen zu sehen. Angeregt bis hitzig wird diskutiert, wie man die verschiedenen Gattungen um einen herum katalogisieren und bezeichnen sollte, beziehungsweise welche Typenbezeichnung man für sich selbst beansprucht oder beanspruchen darf.

Wie ich endlich wieder Gaijin wurde

In den früheren Ausgaben dieses Buches ist noch nachzulesen, wie ich androhte, jedem etwas zu husten, der mich einen *gaijin* (Außenseiter, wörtlich: Außenmensch) riefe, denn schließlich sei ich bloß ein *gaikokujin* (Ausländer).

Da halte ich es heute, wie eingangs erwähnt, mit Adenauer: Was kümmert mich mein Geschwätz von gestern? Inzwischen ist mir der Begriff *gaijin* ein Wellnessbad, zumindest unter gewissen Umständen. Bis es so weit kommen konnte, hat es durchaus die eine oder andere energische Auseinandersetzung zwischen mir und Einheimischen gegeben. Viele sahen zwar ein, dass der Begriff *gaikokujin* die Sache besser träfe und unverfänglicher sei, wollten sich aber partout nicht darauf einlassen, dass der Begriff *gaijin* im Großteil aller Verwendungsfälle abwertend gemeint sei. »Viele wissen einfach nicht, dass man das heute nicht mehr sagt«, bekam ich oft zu hören. Dieses Argument kenne ich natürlich aus ähnlichen Sprachdebatten in Deutschland. Dazu sage ich: Sprache entwickelt sich zwar weiter, aber nun auch nicht so schwindelerregend schnell, dass man gar nicht mehr hinterherkäme. Jeder Hinz und Kunz macht sich lustig über die aktuellen Auswüchse des Jugendjargons, da kann mir keiner erklären, dass er es irgendwie nicht mitbekommen hätte, dass man gewisse Worte aus gutem Grund seit Jahrzehnten nicht mehr verwendet, so man über ein bisschen gesunden Menschenverstand oder zumindest Empathie verfügt. In unmittelbarer Nachbarschaft des Unwissenheitsarguments steht der Stammtischbruder, der in der Konditorei extra laut »Negerküsse!« verlangt und sich dabei feixend umschaut, ob jemand Einspruch erhebt, damit er sich darüber beschweren kann, dass die politisch-korrekten Gutmenschen ihm den Mund verbieten wollen. Dabei sind es er und seinesgleichen, die gewohnheitsmäßig alle anderen niederschreien.

Was mich letztendlich mit dem Wort *gaijin* versöhnt hat, ist meine angeheiratete japanische Familie, insbesondere meine Schwägerin. Nach deutschen Maßstäben ist sie ein Ausbund an Höflichkeit und Bescheidenheit, aber in ihrer natürlichen japanischen Umgebung gilt sie als eine Frau von losem Mundwerk. Jedes Mal, wenn sie in meiner Gegenwart Ausländerthemen diskutierte, konnte ich förmlich heraushören, wie sie vor jedem *gaikokujin* eine Pause für den Biss auf die Zunge einlegte, weil sie um ein Haar *gaijin* gesagt hätte. Irgendwann bedrückte mich diese Pause mehr als das ungesagte Wort, und ich stellte ihr einen Freibrief aus: »Sag einfach *gaijin*. Lass es alles raus. Sprich, wie dir die Schnauze gewachsen ist.« Schließlich kannte ich sie gut genug, um zu wissen, dass sie es nicht so meinte. In Zweisamkeit benutzten meine Frau und ich das Unwort längst: »Was hat Gaijin-Papa heute gemacht?« »Mit anderen Gaijin-Papas auf dem Spielplatz japanische Mamis bequatscht.« Anfangs ein ironischer Gestus, der wie alle ironischen Gesten irgendwann Gewohnheit wurde und dabei nahezu unbemerkt seine Ironie einbüßte.

Wenn nun ich selbst, meine Schwägerin, meine Frau und sonstige Menschen, die mir gewogen sind, *gaijin* sagen dürfen, wie käme ich dann darauf, es anderen zu untersagen? Gut: Nachrichtensprecher, Politiker und andere Beamte sollen schön beim *gaikokujin* bleiben. Bei allen anderen gilt: Der Ton macht die Musik.

Apropos Nachrichten: Bei meinem ersten Treffen mit einem Redakteur der englischsprachigen *Japan Times*, er selbst Kanadier, sagte mir dieser wörtlich (und nicht ganz frei von Sarkasmus), ich solle in meinen Artikeln das Wort Ausländer (*foreigner*) vermeiden, weil die Ausländer das nicht mögen. Drollige Befindlichkeiten bei einer Ausländerzeitung, die größtenteils von Ausländern gelesen wird (und zwar zu einem nicht geringen Anteil von Ausländern, die im Ausland wohnen).

Mit dem *gaijin* habe ich mich also angefreundet. Einen Ausdruck allerdings verbitte ich mir weiterhin, von Fremden wie von Bekannten, da bleibe ich Mimose. Ich meine den Begriff der Langnase, der mit Vorliebe von selbst Betroffenen benutzt wird. Ich spüre jedes Mal eine nahezu physische Abwehrreaktion, wenn ich ihn irgendwo hören oder lesen muss. In jovialem Ton oder mit »Ironieanführungszeichen« ist der Schmerz besonders intensiv. Wenn meine Frau kein Schlitzauge ist, möchte ich bitteschön auch keine Langnase sein. Ich verstehe überhaupt nicht, warum das manche nicht verstehen.

Nicht ganz so schlimm wie bei der Langnase, gleichwohl auch ein bisschen, graust es mir, wenn mich bei Heimaturlauben jemand mit einem scherzhaften »Na, du alter Japaner!« begrüßt. Da denke ich mir: Alt kommt hin, aber Japaner wohl kaum. Assimilation strebe ich nicht an. Die tatsächlichen Japaner bestehen mehrheitlich auf meinen Außenseiterstatus, und ich fühle mich dadurch nicht schwer gekränkt. Im Gegenteil: Ich bin gerne Außenseiter. Wer mag schon Insider? Das Wort klingt verdächtig, irgendwo zwischen Streber und Betrüger. Hat jemals jemand juristische Scherereien bekommen, weil er sich durch Außenseiterwissen unfaire Vorteile verschafft hätte? Dabei ist Außenseiterwissen nicht zu unterschätzen, schließlich hat man mit ein bisschen Abstand den viel besseren Überblick. Zwischen den Begriffen Vielfalt und Integration fand ich den ersten stets klangvoller.

Inzwischen ist es übrigens in gewissen Teilen der Bevölkerung Sitte, selbst den Begriff *gaikokujin* kritisch zu sehen und Konstruktionen mit *gaikokuseki* zu versuchen, was ungefähr deutschen Formulierungen mit »Migrationshintergrund« entspricht, was sicherlich einmal gut gemeint war, aber inzwischen dank zwangssarkastischer Schlechtmenschen nicht mehr ohne Anführungszeichen zu bekommen ist.

Festhalten möchte ich: Dass ich kein Problem mit dem Wort *gaijin* habe, heißt nicht, dass keiner eines haben darf. Ist einer hier aufgewachsen, hat nie etwas anderes als die japanische Gesellschaft, Kultur und Sprache für selbstverständlich genommen und wird doch stets nur als *gaijin* betrachtet und adressiert, bloß weil seine Gesichtszüge andeuten, dass nicht schon seine Urahnen die heimatlichen Reisfelder bestellten, dann verstehe ich durchaus, dass den das seufzen macht. In diesem Fall hilft allerdings weder *gaikokujin* noch *gaikokuseki* weiter. In diesem Fall gibt es nur einen geeigneten Begriff: *nihonjin*, Japaner. Leider setzt sich diese Einsicht bei vielen *nihonjin* nur langsam durch.

Mein halbes Doppelkind

Bitte richtig lesen: Doppelkind, nicht Doppelkinn.

Ein noch umstritteneres Reizwort als *gaijin* ist *haafu*. Es handelt sich um eine japanische Aneignung des englischen Worts *half* und meint Menschen, die nur einen japanischen Elternteil haben. Sie sind also laut dieser Bezeichnung nur halb japanisch, und passen somit per Assoziation allenfalls halb nach Japan. Klar, dass manche damit Schwierigkeiten haben. Ich auch, eigentlich. Meine Tochter Hana ist keine halbe Japanerin und keine halbe Deutsche. Sie ist beides ganz, das lässt sich in ihren Pässen nachlesen, und bei ihrer Erziehung machen wir auch keine halben Sachen. Die Bezeichnung *dabberu*, also *double*, hat sich außerhalb sehr enger Kreise sehr ehrgeiziger Ausländereltern trotzdem bislang nicht durchgesetzt. Das ist verständlich. Einerseits will man dem Kind eine gesunde Portion Selbstbewusstsein mitgeben. Andererseits möchte man keine Horrorgöre heranziehen, die sich für doppelt so gut hält wie alle anderen.

Hana wurde in Deutschland geboren. In Japan war sie zum ersten Mal mit neun Monaten, als wir dort einen Teil meiner Elternzeit auf den Kopf hauten. Dass wir nicht viel später komplett rüberziehen würden, wussten wir da noch nicht (obwohl wir schon so einen Verdacht hatten). Im Vorfeld der Reise hatten wir uns recht große Sorgen gemacht, denn Japan gilt als kinderfeindlich. Immer wieder liest man, dass dringend benötigte Kindertagesstätten geschlossen oder gar nicht erst gebaut werden, weil Anwohner die Geräuschkulisse spielender Kinder am helllichten Tag für unzumutbar halten. Laut meiner Frau Junko würden wir öffentliche Verkehrsmittel und Gastronomiebetriebe nur betreten dürfen, wenn das Kindchen mucksmäuschenstill bliebe. Außerdem müssten wir beim Betreten solcher Einrichtungen sofort den Kinderwagen zusammenfalten und das Kind auf den Arm nehmen, ungeachtet dessen, wie viele Einkaufstüten, Wickeltaschen und Aktenkoffer sich dort bereits befänden. Wir kauften für die Reise extra einen Zweitkinderwagen, weil uns unsere teutonische Karosse für japanische Bahnverkehrsverhältnisse nicht faltbar genug erschien.

So viel zur Theorie, die Praxis sah anders aus. Schon bei Betreten des Flugzeugs quietschte die gesamte Flugbegleiterinnenschaft wie aus einem Munde *»Kawaii!«* und vernachlässigte für den gesamten Flug alle anderen Passagiere, um zu gewährleisten, dass es uns und unserem Kind bestens ginge. Im Land selbst waren wir so gut wie überall ähnlich willkommen, ob mit gefaltetem oder ungefaltetem Wagen. (Die statusbewussten japanischen Mütter entern öffentliche Verkehrsmittel übrigens meistens mit Modellen irgendwo zwischen *Mad Max* und *Fast & Furious*, an denen sich rein gar nichts zusammenfalten lässt.)

Dabei hatte meine Erleichterung über die zuvorkommende Behandlung kurz nach der Landung erst mal einen vorübergehenden Dämpfer erfahren. Der japanische Chauffeur des zum Flughafen bestellten Kindertaxis strahlte uns an und teilte mit: »Wie süß! Mein Sohn ist auch *haafu*!«

Ich wollte schon zu einem Vortrag ansetzen, aber seine Freundlichkeit und sein offensichtlicher Stolz auf seinen erwachsenen, japanisch-philippinischen Haafu-Sohn ließen mich innehalten. Wenn der Begriff für ihn kein Stigma ist, welches Recht habe ich da, ihm in seinen Sprachgebrauch reinzuquatschen? Ich mag das Wort nach wie vor nicht. Dennoch gilt auch hier: Der Ton macht die Musik. Letztendlich wird es Hana sein, die entscheidet, ob sie sich den Begriff *haafu* trotzig aneignet, oder ob sie ihn rigoros ablehnt.

Mit einem süßen Baby hat man in Japan jedenfalls immer einen Stein im Brett. Dass Hana bereits in sehr jungen Monaten sogar von Nicht-Blutsverwandten als niedlich wahrgenommen wurde, wenn die meisten Babys sich erst noch entknautschen müssen, bevor sie ihre volle Wirkung entfalten, lag bestimmt an ihren Haaren. Ich war recht überrascht, als sie zur Welt kam. Nicht über die Tatsache selbst, die hatte sich seit Monaten angekündigt. Aber über die Haare. Ich kannte bisher nur Babys, die aussahen wie Miniaturversionen von Lt. Leo Kojak. Hana hingegen, es lag wohl an den asiatischen Genen, hatte von vornherein einen vollen Haarschopf und sah schon nach kurzer Zeit aus wie eine Mischung aus der jungen Siouxsie Sioux und dem alten Marlon Brando. Wenn das nicht *kawaii* ist, weiß ich auch nicht.

Apropos meine brillante Tochter: Einmal, wir waren inzwischen sesshaft geworden und sie der Sprache mächtig, spielte sie auf einem Spielplatz, mit ihren temporären kleinen Zufallsfreunden auf Japanisch parlierend. Als ich sie zur Heimkehr rief und wir deren Konditionen aushandelten, taten wir das auf Deutsch. Da drehte sich eine der örtlichen Sitzbank-Omas zu mir um und strahlte: »Oh, sie spricht Japanisch *und* Französisch!«

Japaner wissen nämlich, dass es zwei ausländische Sprachen gibt: Englisch und Französisch. Englisch erkennen sie. Alles andere ist Französisch. Das Verhältnis zwischen Japanern und Fremdsprachen ist eines, das Fremdsprachlern bisweilen Kopfzerbrechen bereitet.

Wir sind gekommen, um uns zu beschweren

Zu den Lieblingsbeschwerden von Ausländern in Japan gehört, dass zu wenig Englisch gesprochen wird. Zu den zweitliebsten Beschwerden gehört, dass zu viel Englisch gesprochen wird. Beschwert man sich über das Erste, ist man noch nicht lange genug in Japan. Beschwert man sich über das zweite, ist man schon zu lange hier.

Aber ich möchte mich nicht beschweren. Ich möchte dafür plädieren, beide Fälle nicht allzu eng zu sehen. Zunächst: Japan ist nicht England, die Landessprache ist also nicht Englisch. Auch wenn alle Japaner Englisch in der Schule hatten, wäre es etwas blauäugig zu erwarten, dass das langfristig etwas bringt. Ich hatte unter anderem Mathe in der Schule; erinnere ich mich im Detail auch nicht mehr dran. Speziell in Japan kommt noch ein stets angestrebter Perfektionismus dazu, der es einem verbietet, in einer Sprache zu sprechen, bei der nicht gewährleistet ist, dass der Ausdruck uneingeschränkt fehlerfrei ist. Da tut man lieber, als verstünde man kein Wort. Das Deutsch meiner Frau beispielsweise ist absolut straßentauglich. Dennoch bekommt sie jedes Mal schier unüberwindbare Ladehemmungen, wenn sie sich nicht sicher ist, ob es »mir« oder »mich«, »der«, »die« oder »das« heißt. Da macht es keinen Unterschied, wie oft ich und der Rest der Welt ihr händeringend versichern, dass das für ein informelles Gespräch unter Freunden vollkommen egal ist.

Ein Schulunterricht, der auf Auswendiglernen statt auf freies Plaudern setzt, tut sein Übriges, die Sprachschranken in den Köpfen fest zu verankern. Zwei ehemalige Klassenkameradinnen meiner Frau erzählten mir unabhängig voneinander, sie hätten als zweite Fremdsprache Deutsch in der Schule gehabt, könnten sich aber nur mehr an ein einziges Wort erinnern. Nach längerem Nachdenken mit verzerrten Minen pressten sie hervor: »Ich.« (Ich hatte Französisch als zweite Fremdsprache, und unser Verhältnis war nicht viel besser als das von mir und Mathe. Trotzdem glaube ich, dass ich nach wie vor alle Personalpronomen zusammenbekomme, ohne Verstopfungsgesicht.) Viele Jahre später gelang es mir, einer der beiden ein zweites Wort abzuringen: »Katze!«, presste sie hervor. Ein bisschen hatte meine inzwischen fünfjährige Tochter es vorgeflüstert, aber ich möchte es gelten lassen. Englisch kann jene Dame übrigens noch weniger. Nichtsdestotrotz, so erzählt man sich, war sie in jungen Jahren Sängerin einer Mötley-Crüe-Coverband gewesen. Wie sich das angehört hat, hätte ich gern mal erlebt. Möglicherweise besser als das Original. Origineller bestimmt.

Doch allen Unkenrufen zum Trotz: Die Dinge ändern sich, sogar in Japan. So passiert auch mir inzwischen immer häufiger etwas, wovon ich lange nur in (oft recht echauffiert vorgetragenen) Erzählungen anderer gehört habe: Dass ich in Geschäften und Spelunken nach Kenntnisnahme meines Äußeren vom Personal einfach so auf Englisch angequatscht werde. Meist bevor ich selbst ein Wort gesagt habe. Manchmal sogar dann, wenn ich bereits ein paar Worte von mir gegeben habe, und diese Worte Japanisch waren. Ich kann nachvollziehen, warum das manchen Zugereisten frustriert. Nun hat man schon die Sprache gelernt, und dann lässt man sie einen nicht sprechen. Und überhaupt: Wie kommen diese Japaner bloß drauf, dass jeder Ausländer Englisch spricht? Gleichwohl: Die tödliche Beleidigung, das ganz große Drama, das diese Situation für einige darzustellen scheint, will ich einfach nicht sehen. Werde ich selbst nach eigener japanischer Ansprache auf Englisch angesprochen, spreche ich so lange unbeirrt weiter Japanisch, wie es mir möglich ist. Dass mir mein Gesprächspartner bereits signalisiert hat, dass ein Fall ins englische Rettungsnetz jederzeit möglich ist, werte ich nicht als Affront, sondern als nette Geste.

Mit Menschen, mit denen man regelmäßig zu tun hat, also zum Beispiel Barkeepern, ergibt sich so mit der Zeit ein japanisch-englisches Kauderwelsch, das eine gewisse Ähnlichkeit mit dem japanisch-englisch-deutschen Kauderwelsch hat, das bei uns zu Hause gesprochen wird. Man fühlt sich am Tresen also fast wie zu Hause. Aber zum Glück nur fast. So sollte es sein.

Die Beschwerden über ein Zuwenig und ein Zuviel an Englisch sind durch eine direkte Linie verbunden. Erst meckert man, dass zu wenige Englisch sprechen, dann darüber, dass es zu viele tun. Unbemerkt hat man damit ein Phänomen bezeugt, dessen Existenz die schlimmsten Beschwerdeführer der ausländischen Gemeinde partout bestreiten: Dass Japan sich ändert. Nicht nur die Häuser in den Straßen, die gefühlt alle fünf Minuten abgerissen und ersetzt werden, sondern auch die Menschen und die Gesellschaft. Die Regierung verspricht seit Jahr und Tag, den Englischunterricht an den Schulen früher anzusetzen und besser zu gestalten. Ich glaube, es wirkt schon. Ein bisschen.

Ein bisschen Bewegung kommt ebenfalls in andere Bereiche. Es stimmt, die Geschlechterverhältnisse muten allzu oft wie von vor hundert Jahren an, und die festgefahrenen Einstellungen zu

Arbeit und Urlaub zeitigen mittlerweile mehr Nach- als Vorteile. Neu ist, dass darüber wenigstens diskutiert wird und neue Gesetze auf den Weg gebracht werden. Ob ein allzu radikaler Wandel bevorsteht, mag man bezweifeln. Doch die Beschwerde, dass sich in Japan gar nie irgendetwas verändern wird, kommt vor allem von Menschen, die das gar nicht wollen. Denn dann könnten sie sich darüber nicht mehr beschweren.

Marie Kondo lebt hier nicht mehr, oder: Die schmutzigen Tricks japanischer Hausfrauen

Wenige Stunden nach Erscheinen meines ersten Artikels in der *Japan Times*, einem sanft-provokanten Plädoyer für eine positive Neudeutung des Begriffs »Orientalismus«, klingelte das Facebook. Dran war der Chef des japanischen Arms eines internationalen Großverlags, er selbst kein Japaner. Er wolle sich gern mal mit mir treffen, weil er gern Leute träfe, die Interessantes zu sagen hätten. Einige Wochen später hatten wir einen Termin gefunden, der uns beiden passte (man selbst möchte ja in solchen Situationen auch nicht den durchaus zutreffenden Eindruck vermitteln, dass man »eigentlich immer« Zeit hat, sondern dass all die interessanten Dinge, die man ständig zu sagen hat, so stark nachgefragt werden, dass man kaum hinterherkommt). Ich kam in sein Büro in Akihabara, dem Ort in Tokio mit dem stadtweit höchsten Aufkommen an Manga-Krimskrams-Läden. Zwischen solchen war das Verlagsgebäude eingeklemmt, was mir atmosphärisch gut gefiel, auch wenn der Schwerpunkt dieses speziellen Verlages nicht auf Mangas lag. Der lag auf Liebesromanen und populären Sachbüchern. Bald war ich vollbeladen mit Verlagswerbeartikeln (Kugelschreiber kann man in unserer Branche schließlich immer gebrauchen) und Freiexemplaren für die ganze Familie (Tierfotos für die Tochter, Karriere-Frauenpower-Biografie für die Dame, Fußballererinnerungen für den Herrn). »Der Verlag wird hier nicht mehr lange bleiben«, erklärte mir der Chef, als wir uns dranmachten, für den geschäftlichen Teil des Treffens das Büro zu verlassen und ein italienisches Restaurant aufzusuchen. »Bald ziehen wir nach Jimbocho.«

Jimbocho! Das war ja noch besser! Das Buchviertel schlechthin! Läden, Verlage, Vereine – einfach alle sind da, die irgendwas mit Büchern am Hut haben, ob geschäftlich oder aus reiner Liebhaberei. Ich wollte auch endlich zur professionellen Jimbocho-Crowd gehören. »Schatz, ich habe heute Termine in Jimbocho.« Auf diesen Satz arbeite ich hin. Natürlich kann man auch ohne Termine nach Jimbocho fahren. Aber mit klingt wichtiger.

»Was soll ich tun?«, fragte ich. »Ich mache alles! Gerne schreibe ich Liebesromane.«

Das war zum Glück nicht das, was der Verleger von mir wollte. Leider wollte er ebenfalls nicht so recht das, was ich ihm anzubieten hatte. Mit leeren Händen war ich selbstredend nicht gekommen. Ich hatte ein paar angerissene Buchprojekte dabei, die die Themen auswälzten, die ich schon in der hiesigen Presse bearbeitet hatte (im Wesentlichen der Formel folgend: Ausländer + Kind = lustig). Ich ging davon aus, dass er mich deswegen hatte kommen lassen. Da hatte ich mich geirrt. Nachdem ich ihm erzählt hatte, welche Bücher ich gerne schreiben würde und er nur halb interessiert genickt hatte, sagte er: »Jetzt sage ich dir mal, welches Buch ich gerne schreiben würde. Weißt du, was mir gehörig auf die Nerven geht? Marie Kondo. Und die Fußballweltmeisterschaft.«

Da ich mich für Herrenfußball nicht interessiere und ich nicht der Auffassung bin, dass man jeden Putzfimmel gleich zu einer Bewegung hochstilisieren muss, konnte ich beides nachvollziehen. Gleichwohl war in beiden Angelegenheiten meine Abneigung kaum stark genug, um ein Buch darüber herbeizusehnen. Und warum überhaupt nur ein Buch? Der Zusammenhang zwischen Japans Aufräum-Queen und dem sportlichen Großereignis leuchtete mir nicht sofort ein.

Deshalb erklärte er es mir: »Was zeigen die westlichen Medien, wenn sie über die Fußballweltmeisterschaft berichten? Japanische Fans, die hinterher ihren eigenen Dreck wegräumen. Und dann jubeln wieder alle: Ach, diese reinlichen, wohlerzogenen Japaner. Aber ich sag dir jetzt mal was: Die sind gar nicht so reinlich. Meine Frau zum Beispiel. Ich liebe sie, aber sie macht zu Hause keinen Finger krumm. Trotzdem ist sie stets darauf bedacht, dass alles picobello aussieht, wenn Besuch kommt. Was macht sie dann? Sie schmeißt alles in irgendwelche Schränke, völlig ohne System. Sollte jemals einer einen dieser Schränke aufmachen, käme ihm ein Großteil unseres Hausrats entgegen. Und das ist kein Einzelfall. Ich habe mehreren Männern, die mit Japanerinnen verheiratet sind, davon erzählt. Die drucksen erst rum, und dann geben sie kleinlaut zu, dass es bei ihnen genauso ist.«

Ein Muster, das sich nun wiederholte. Ich kann ganz sicherlich nicht behaupten, dass meine Frau zu Hause keinen Finger krumm macht. Aber manchmal denke ich, es wäre besser, wenn dem so wäre. Tatsächlich unterschied sich das Geschilderte nicht allzu sehr von Szenen meiner eigenen Ehe. Ich hatte das lediglich immer für einen skurrilen Einzelfall gehalten, nicht für ein Problem von nationaler, vielleicht internationaler Tragweite. Während meine Frau durchaus ein größeres Aufheben um Ordnung und Sauberkeit macht als ich, bin im Zweifelsfall doch ich der, an den man sich wenden sollte, wenn es um ergebnisorientierte, nachhaltige Aufräumaktionen und Reinigungsarbeiten geht. Vielleicht ist an den deutschen Reinlichkeits- und Ordnungsfimmeln, die ich immer für ausländische Hirngespinste gehalten hatte, doch etwas dran. Macht ja nichts. Liebenswertere und nützlichere Fimmel kann man sich kaum wünschen. Man sollte sie nicht verleugnen, sondern sich für das nette Kompliment bedanken, so man mit ihnen konfrontiert wird.

Aber den Deutschen, die »typisch deutsch« immer nur mit Augenrollen sagen können, ist das schwer zu vermitteln.

Auch wenn ich das häusliche Problem nachvollziehen konnte, mochte ich davon nicht auf den Rest des Lebens schließen. Ich sagte: »Aber im öffentlichen Raum sind die Japaner schon sehr sauber. Im Zug packt jeder den nicht unbeträchtlichen Müll, der bei den beliebten Zugfahrtsgelagen anfällt, brav in Tüten und wirft sie vor Verlassen des Zuges in die dafür bestimmten Behälter. Gegen die Straßen von Tokio sind die Gärten Münchens ein Drecksloch. Und heute wäre ich fast zu spät zu unserem Treffen gekommen, weil eines der U-Bahn-Fenster eine kleine Schliere aufwies. Da mussten wir in einem Bahnhof erst warten, bis das zweiköpfige Schlierenbeseitigungskommando mit seinem Lappen angerückt war.«

»Ja-ha, wenn sie unter Beobachtung stehen, dann sind sie sauber, die Japaner! Aber ich sage dir noch was: Wir haben ein Strandhaus in Kamakura. Du wirst nicht glauben, wie vermüllt der Strand ist. Und nein, das sind nicht die ausländischen Touristen. Das sind die einheimischen Touristen. Reinlich und ordentlich sind die nur, wenn sie wissen, dass jemand guckt. In den Wäldern sieht das kaum anders aus. Oder, was meinst du?«

»Wie bitte? Wozu?« Ich muss gestehen, ich war am Satz »Wir haben ein Strandhaus in Kamakura« hängen geblieben und noch nicht ganz fertig mit den Tagträumen über die Früchte, die meine literarische Arbeit ab sofort abwerfen würde, jetzt, da ich ein professioneller Termine-in-Jimbocho-Typ war.

»Ist es nicht eine Schande, wie vermüllt die Strände und Wälder sind?«

Das war mir so noch nicht aufgefallen. Vielleicht weil ich als Bewohner der blitzblank sauberen Großstadt so selten raus in die vermüllte Natur komme. Wenn das alles so stimmte, dann gäbe es vielleicht demnächst Freizeitwanderbewegungen in entgegengesetzter Richtung: Die Menschen fliehen vom Land in die Stadt, um endlich einmal wieder richtig durchatmen zu können.

»Wenn das stimmt, dann könnte das wirklich ein ganz interessantes Thema für ein Buch sein«, sagte ich.

Er seufzte: »Aber ich kann dieses Buch nicht schreiben. Meine Frau würde sich sofort scheiden lassen.«

»Deine Frau schmeißt Müll in den Wald?« So weit war es mit meiner zum Glück nicht.

»Das nicht. Ich meine wegen dieser Aufräumen-zu-Hause-Thematik. Ich habe schon andere Autoren gefragt. Allen war das Thema zu heiß. Haben aber alle angeboten, anonym mitzuarbeiten, Geschichten beizusteuern, solange ein anderer Name auf dem Cover steht.«

Ich antwortete: »Da habe ich dasselbe Problem. Das ist eines dieser Themen, über die man in einer Ehe einfach nicht sprechen kann. Ein Geheimnis, das ich mit ins Grab nehmen werde. Sollte ich meiner Frau jemals auf die Nase binden, dass ich ordentlicher bin als sie, würde der Haussegen irreparablen Schaden nehmen. Und das ist nicht mein einziges Problem bei der Sache. Im deutschsprachigen Raum gibt es grob geschätzt zwei Autoren, die über Japan schreiben: einen lieben und einen bösen. Ich bin der liebe, und ich möchte meine Marke nicht beschädigen.«

Dennoch hätte ich schon sehr gerne ein Strandhaus in Kamakura, Müll hin oder her. Bin zwar kein Strandtyp, aber ein Haustyp. »Andererseits … vielleicht könnte man einen Dreh finden, der nicht komplett negativ und nicht komplett autobiografisch ist. Mit anonymen Fallbeispielen arbeiten. Nicht nur meckern, sondern auch Verbesserungsvorschläge machen.« Die Räder hatten begonnen sich zu drehen, geölt und angetrieben von einer literarischen Herausforderung außerhalb meines Wohlfühlbereichs. Und von der Aussicht auf die Zusammenarbeit mit Menschen, die Strandhäuser haben, auf dass etwas von ihnen auf mich abfärben möge. Bevor ich den Heimweg antrat, versprach ich dem Verleger, ihm bald einen Entwurf zu unterbreiten.

Am Abend fragte mich meine Frau, in ihrer neuen Karriere-Frauenpower-Biografie blätternd, wie das Gespräch mit dem Verleger gelaufen sei. Und genauso wie ich ihr nie die Wahrheit in dieser Reinlichkeitsgeschichte erzählen kann, kann ich sie nicht belügen. Es mangelt nicht an gutem Willen, es geht einfach nicht, irgendwas hakt. Ich konnte lediglich versuchen nahezulegen, dass diese Gedanken keineswegs meine eigenen waren: »Also … äh … der hat diese irre Theorie. Er meint, dass der Marie-Kondo-Ruf der japanischen Frauen völlig übertrieben sei. Zumindest in seiner Ehe ist es wohl so, dass er in Dingen der Haushaltspflege viel gewissenhafter vorgehe als seine Frau. Und er hat anscheinend ein paar Freunde, bei denen das ähnlich ist.«

Meine Frau schaute von ihrer Lektüre nicht auf, sagte beiläufig: »Lustig, nicht? Ist genau wie bei uns.«

Verblüffung war für meinen Zustand gar kein Ausdruck. Ich stand unter Schock. »Findest du?«

»Du nicht?«

»Schon. Aber ich hätte nie gedacht, dass du es so leichtfertig zugibst.«

»Darüber will der Typ ein ganzes Buch machen?«

»Und darüber, dass die Japaner die ganzen Wälder und Strände zumüllen.«

»Wir machen WAS?!«

Hier hieß es den Bogen nicht zu überspannen und das Thema zu wechseln.

Meine Frau und ich hatten stets eine klassische Arbeitsaufteilung: Der, der weniger für Geld arbeitet, arbeitet mehr im Haushalt. In München war das meine Frau, in Tokio bin ich es. Ich habe also das Recht, ihre Befähigung in diesen Dingen kritisch zu beurteilen, ohne in die Position des undankbaren Machogatten zu geraten, meine ich. In unserem Fall handelt es sich um Kritik auf Augenhöhe. (Unsere Tochter meint übrigens, dass ich sogar besser koche als meine Frau. Die hingegen meint, dass ich mir dieses Urteil billig mit Pommes und Ketchup erkaufe. Sie könnte recht haben.)

Das Enthüllungsbuch ist heute nach meinem Wissensstand kein Stück weiter als an jenem Mittag im italienischen Restaurant. Ich reichte ein paar konkrete Ideen zu Form und Inhalt ein, die begeistert aufgenommen wurden, doch das Projekt bewegte sich nie offiziell voran, und irgendwann schlief die Korrespondenz ein. Vielleicht hat der Verleger doch noch einen anderen, härteren Autor gefunden, der bereit war auszupacken. Das ist allerdings unwahrscheinlich. Das ist es nicht wert, werden sich die meisten denken. Vielleicht, und das ist eher meine Theorie, möchte der Verleger dieses Buch in Wirklichkeit gar nicht verlegen. Es würde ihm daheim zu viele Scherereien bereiten, ob er es nun selbst geschrieben hätte oder nicht. Er nutzt das Projekt lediglich als ein Konversationswerkzeug, um hin und wieder unter Gleichgesinnten etwas Dampf abzulassen. Es sei ihm gegönnt. Für mich ist zwar kein Strandhaus dabei rausgesprungen, aber immerhin eine warme Mahlzeit. (Und hinterher eine Menge Arbeit, die letztendlich umsonst war. Wenn ich mir das allerdings in diesem Beruf jedes Mal vor Augen führen würde, hätte ich längst einen Nagel in die Wand geschlagen, damit ich meinen Beruf jederzeit daran aufhängen könnte.)

Dabei macht sich der Verleger womöglich völlig unnütze Sorgen. Vielleicht reagiert seine Frau auf diese Enthüllungen genauso nonchalant wie meine. Aber vielleicht ist meine auch einfach nur das, was ich schon immer vermutet habe: Etwas ganz Besonderes.

(Ich glaube, jetzt habe ich mich ausreichend aus der Affäre geschleimt.)

Im Bann der Maske

Ob Japaner oder Nicht-Japaner, ob Außenmenschen, Innenmenschen oder Halbwesen – eines eint uns alle. Wir alle tragen Masken. Insbesondere bei Pollenflug und in der Grippesaison.

Über die Angewohnheit der japanischen Zivilbevölkerung, bei HNO-Erkrankungen chirurgische Masken zu tragen, habe ich schriftstellerisch und journalistisch bereits gearbeitet. Inzwischen weiß ich: Das war alles öde Theorie. Ein intimes Verhältnis zur Maske bekommt man erst, wenn man von Ärzteschaft und Familie dazu gezwungen wird, längere Zeit selbst eine zu tragen und sie auf keinen Fall abzunehmen, bevor führende Mediziner Entwarnung geben.

Als Anfang 2019 allen tapferen Impfungen zum Trotz die Influenza A über unser Haus kam wie eine biblische Plage, war das keineswegs das allererste Mal, dass ich die Maske anlegte. Bei Erkältung hatte ich immer mal wieder eine aufgesetzt, kurz, und eher als Zeichen guten Willens denn aus Glauben an ihre medizinische Wirksamkeit. Ich trug die Maske, wie ich an Shintō-Schreinen zum Gebet in die Hände klatschte und mich verbeugte. Ich fühlte mich dabei authentisch, obwohl ich dachte: Ach, bringt ja doch nichts. Gestört hat sie mich nie, die Maske, weil ich mich von ihr nie stören ließ. Sobald es nur ein kleines bisschen unangenehm wurde, nahm ich sie ab.

»Wichtig ist, dass Sie die Maske niemals abnehmen, auch im Schlaf nicht«, hatte mir der Arzt gesagt, als bei mir das Grippevirus festgestellt worden war. Das war schon eine aufregende Situation gewesen. Wie in einem Epidemie-Thriller aus Hollywood wurde ich in der Praxis zunächst von meiner Familie, die sich ebenfalls eingefunden hatte, um sich untersuchen zu lassen, isoliert und in eine Art Quarantäneraum gebracht, den ich erst verlassen durfte, als sich das Wartezimmer geleert hatte.

Ich erläuterte: »Tagsüber bin ich alleine zu Hause, da kann ich die Maske schon abnehmen.«

Der Arzt widersprach: »Nein, auch dann nicht.«

»Okay, kein Problem.«

Ich hatte von Anfang an Probleme. Milde Anfälle von Klaustrophobie und Panikattacken. Außerdem wurde ich zu einem Verkehrsrisiko. Wenn ich morgens meine Tochter zum Kindergarten brachte, beschlug meine Brille so stark, dass eher meine Tochter mich zum Kindergarten brachte. Dummerweise musste ich den Heimweg ohne ihre führende Hand finden. Das Schlimmste aber waren meine Ohren. Sie waren von den Haltebändern der Maske so wundgeschubbert, dass ich mich nicht mal entspannen konnte, nachdem ich es ohne Unfall nach Hause geschafft hatte. Kam meine Frau abends von der Arbeit zurück und fragte nach meinem Befinden, konnte ich nur klagen: »Meine Ohren tun so weh!«

»Ich weiß, was du meinst«, versicherte sie mir dann.

»Ich glaube dir, dass du die Art meines Schmerzes nachvollziehen kannst. Aber nicht dessen Ausmaß.« Schließlich waren selbst die größten erhältlichen Masken für japanische Schädel und Gesichter gedacht. Sie engten mich auf eine Art und Weise ein, auf die sie Einheimische nicht einengen.

Also googlete ich nach Alternativen. Ich fand jede Menge Masken mit alternativen Mustern (warum sollte eine Grippemaske kein modisches Statement sein?), allerdings keine Alternativen zu Masken. Es war wie bei alternativer Musik: Kann man schönreden, wie man möchte, ist aber letztendlich auch nur Musik. Leider fand ich außerdem keine Bestätigung für meine überhebliche westliche Skepsis. Doch, doch – es gab Artikel von Medizinern, die die Effektivität der Masken anzweifelten. Jedoch keine aus diesem Jahrhundert. In jüngeren Studien zeigt sich die internationale Fachwelt weitgehend einig, dass die Masken ein wirksamer Schutz gegen die Verbreitung von Grippeviren sind. Man streitet allenfalls, ob ihre Wirksamkeit bei 70 oder 80 Prozent läge. Ich konnte also kaum die Maske abnehmen und meiner Familie sagen: »Mit zwanzigprozentiger Wahrscheinlichkeit bringen die Dinger eh nichts.«

Glücklicherweise hatte mir unser Arzt nicht nur die Maske verschrieben, sondern auch verschiedene Pillen und Pulver, von denen ich pro Tag rund zwanzig nehmen musste. Pulvermedizin zum Schlucken ist üblich in Japan. Kinder dürfen sich dazu Wackelpudding in verschiedenen Geschmacksrichtungen aussuchen. Bei Erwachsenen wird davon ausgegangen, dass sie es ohne Hilfsmittel hinbekommen. Wenn es staubtrocken den Rachen runterrieselt, ist das ziemlich eklig. Da es die meiste Pulvermedizin durchaus ebenfalls als Tabletten gibt (manche Ärzte stellen einen vor die Wahl, andere verschweigen die weniger unangenehme Methode), kann ich mir das Festhalten an der Pulverform nur so erklären, dass man damit dem Medikamentenmissbrauch vorbeugen möchte. Von Pillen wirft man leichtfertig mal die eine oder andere mehr ein. Beim Ekelpulver überlegt man sich's zweimal.

Oft hört man Beschwerden nicht-japanischer Kranker, dass japanische Medikamente eh nichts taugten und sie viel zu gering dosiert seien für den ausufernderen Körperbau der Menschen anderer Kontinente. Ich weiß nun nicht genau, ob meine Grippe durch eines der Pulver oder eine der Pillen auch nur einen Tag schneller vorüberging. Ich habe allerdings den Verdacht, dass einige der Mittelchen die lange Zeit zumindest interessanter machten. Bald schon saß ich wieder einigermaßen aufrecht auf dem Futon und schrieb wie ein Irrer.

»Was schreibst du da?«, fragte meine Frau.

»Ich schreibe über mein Leben mit der Maske. Aber tragen wir nicht alle Masken? Immer? Endlich mal ein origineller Gedanke! Auf so einen habe ich mein ganzes Leben gewartet!«

»Du solltest dich ein bisschen ausruhen.«

»Ich werde dem Ganzen einen cleveren Titel geben, so was wie ›Geständnisse hinter der Maske‹. Wie Yukio Mishima, verstehst du? *Geständnisse einer Maske.* Genau, ich bin Mishima! Der nächste Mishima!«

»Bitte nicht. Das Mishima-Sein hat beim echten Mishima kein gutes Ende genommen.« Japans Literaturweltstar der Fünfziger und Sechziger hatte ritualen Selbstmord begangen, nachdem der Militärputschversuch seiner Privatarmee bei Presse und Publikum weniger Anklang gefunden hatte als seine Bücher.

»Dass der Erste es nicht auf die Reihe bekommen hat, heißt nicht, dass der Nächste es nicht schaffen kann.«

Ich fiel in einen fieberhaften, gleichwohl traumlosen Schlaf. Am nächsten Morgen ging es mir ein bisschen besser. Literarisch betrachtet, war ich nicht mehr ganz so größenwahnsinnig. Die Faust gen Himmel erhoben, oder zumindest in die ungefähre Richtung der Zimmerdecke, rief ich aus: »Ich trage diese Maske zum Schutz meiner Stadt!«

»Das stimmt«, gab meine Frau zu. »Allerdings nicht in der Superhelden-Version, die dir wahrscheinlich vorschwebt.«

Schließlich ging die Grippe wieder, und mit ihr die Maske. Gern würde ich sagen, dass ich sie nun vermisste, da sie kein Teil mehr von mir war, aber das wäre gelogen. Endlich konnte ich wieder als freier Mann flanieren, ganz ich selbst, angetan nur mit der Maske, die ich aus Gesichtsmuskeln und Geisteshaltung selbst geformt hatte. Stimmt schon, dass wir alle immer und überall Masken tragen. Was für ein Glück, die zu tragen, die man gewählt hat, und nicht die, die man verschrieben bekommen hat.

Das multireligiöse Leben

Es stellt sich heraus, dass man mit meiner Shoppingfreundin Kaori nicht nur shoppen, sondern auch beten gehen kann. Das Tokioter Stadtviertel Asakusa lockt vor allem die Touristen, die nicht wegen des ganzen Bladerunner-Godzilla-Akira-Lolita-

Plastikpop-Schnickschnacks nach Tokio kommen, sondern weil sie von Japan malerische Gässchen mit Kirschbäumen, Tempeln, Handwerksgeschäften und Teehäusern erwarten. Die Hauptattraktion von Asakusa ist die Nakamise-Gasse, in der man Süßigkeiten und religiöses Räucherwerk kaufen kann. Am Ende der Gasse steht der fünfstöckige Pagodenbau des Kannon-Tempels, ihren Anfang markiert das sogenannte Donnertor Kaminari-mon, dessen riesiger roter Lampion zu den beliebtesten Postkartenmotiven Tokios gehört. Wie die Videobildschirme an den Kaufhäusern von Shibuya zum Schnellerkennungsmerkmal des urbanen Tokios geworden sind, steht der rote Lampion stellvertretend für die gesamte historische Seite der Stadt. Unter ihm muss sich jeder Stadtbesucher fotografieren lassen, am besten grinsend und mit Victory-Fingern vor dem Gesicht, sonst zählt der ganze Tokio-Besuch nicht.

Die Kerzen und Räucherstäbchen, die es zu kaufen gibt, können gleich als Rauchopfer in mit Sand und Asche gefüllte Schalen gesteckt und angezündet werden, was mächtig qualmt. Viele der Kerzen, die hier ganz unschuldig vor sich hin brennen und qualmen, haben Hakenkreuzmotive. Inzwischen schockiert mich das nicht mehr. Ich will damit bestimmt nicht sagen, dass man bei dem Anblick heimatliche Gefühle bekommt, aber dass das Symbol in anderen Kulturkreisen andere Bedeutungen hat (im Buddhismus steht es unter anderem für die Ewigkeit), wusste man schon vorher, und nach permanenter Konfrontation muss man auch nicht mehr jedes Mal ein Foto machen, das man hinterher eh keinem zeigt, weil man doch nicht weiß, was man dazu sagen soll. In Japan sieht man Hakenkreuze, wo man geht und steht, wenn man sich im religiösen Umfeld bewegt. Ich las einmal in der deutschen Presse, dass ein wohlmeinender Punker in einer deutschen Kleinstadt verhaftet, angeklagt und verurteilt wurde, weil er am Revers das traditionsreiche durchgestrichene Hakenkreuz trug. Das Hakenkreuz ist eben auch mit negierendem Bonusbalken ein Hakenkreuz und somit verfassungswidrig.

Die Verurteilung fand ich nicht richtig, obwohl ich dem Tragen von Abzeichen (außer Hello-Kitty-Abzeichen) generell skeptisch gegenüberstehe und finde, dass eine antifaschistische Haltung eine Selbstverständlichkeit ist und somit allenfalls in bestimmten Situationen der Betonung bedarf, nicht aber permanent wie eine Medaille zur Schau gestellt werden muss. Der verurteilende Richter jedenfalls begründete sein Urteil damit, dass japanische Touristen in die Stadt kommen und das Symbol am deutschen Punker missverstehen könnten. Damit hatte der Richter vielleicht recht, meinte es aber bestimmt anders. Sieht ein Japaner einen deutschen Kleinstadtpunker mit durchgestrichenem Hakenkreuz, würde er wahrscheinlich denken: Oh, ich sehe einen Agnostiker. Und: Wie authentisch, das passt zum nihilistischen Gestus der Punkbewegung.

Ein Räucherstäbchen habe ich angezündet, dann kann ich an einem Shintō-Schrein auf dem Weg zum buddhistischen Tempel auch gleich das korrekte Beten ausprobieren, das mir Kaori beibringt. Zuerst reinigt man sich außen und innen: Man wäscht sich die Hände und spült den Mund aus, das Wasser dafür schöpft man mit einer Holzkelle aus einem Brunnen. Vor dem Altar klatscht man in die Hände, um den Geistern, denen der Altar zugeordnet ist, Bescheid zu geben, dass man da ist. Dann macht man einen kleinen Knicks, trägt still sein Anliegen vor und klatscht noch mal, um zum Ausdruck zu bringen, dass das Gespräch beendet ist.

Hab ich alles gemacht. Die Leute gucken entgeistert. Offene Entgeisterung sieht man in Japan selten. Wahrscheinlich wundern sie sich darüber, dass ich als Ausländer so etwas beherrsche.

Kaori fragt: »Und was hast du falsch gemacht?«

Ich strahle: »Nichts!«

Ich schaue mich aber doch um, und da sehe ich es. »Oh. Ich hätte das Wasser nicht zurück in den Brunnen spucken sollen, aus dem auch noch die anderen Gläubigen Wasser nehmen wollen. Ich hätte es in die Rinne daneben spucken müssen.«

»Genau.«

Den Göttern ist mein Fauxpas offenbar nicht verborgen geblieben, denn ich habe wenig Glück, als wir uns an einem Wahrsagestand die Zukunft sagen lassen. Man zieht ein Los aus einem Holzkasten, schaut sich das Schriftzeichen darauf an und öffnet dann die Schublade an der Außenwand des Standes, deren Bezeichnung mit dem Schriftzeichen korrespondiert. Darin liegt ein Zettel, auf dem steht, was passieren wird. Ich versuche es mehrmals, das ist laut Kaori nicht nur legitim, sondern normal. Man versucht es so oft, bis es einem passt.

Laut dem ersten Zettel werde ich bald krank, laut dem zweiten arm, und der dritte verspricht Pech in der Liebe. Im vierten schließlich steht etwas vage Positives, in der Art von: Morgen ist auch noch ein Tag. Damit kann ich leben.

Die Nähe von Shintōismus und Buddhismus in Asakusa ist nicht ungewöhnlich. Kaori lässt sich in Glaubensfragen ungern dauerhaft festlegen. Wenn Buddha ihr nicht gibt, was sie möchte, wendet sie sich an den nächstbesten Shintō-Geist, das ist übliche Praxis. Über den christlichen Glauben weiß sie nicht viel. Eigentlich nur, dass er Inspiration für viele Serienmörder ist, was man vom Buddhismus immerhin nicht sagen kann.

2007 gab es zwei Millionen Christen in Japan, 107 Millionen Shintōisten und 91 Millionen Buddhisten. Macht also insgesamt 128 Millionen Menschen. Religion wird nicht als ein exklusives Bekenntnis angesehen und ist von staatlicher Einmischung oder Verordnung komplett losgelöst (wirklich, nicht bloß schriftlich). Steuern für Kirchen, Tempel, Schreine, Orden etc. werden nicht erhoben, jeder Glaube muss selbst sehen, wo er bleibt. Deshalb finanzieren sich Glaubenseinrichtungen häufig über den Verkauf von Andenken, Ritualrequisiten und Talismanen, was dem misstrauischen Touristen zu touristisch vorkommen mag. Tatsächlich handelt es sich um einen wichtigen Teil der Existenzgrundlage von Tempeln (buddhistisch) und Schreinen (shintōistisch). Nicht wenige Sekten finanzieren sich zudem über den Unterhalt ganz weltlicher Ladenketten, deren Angebot nicht das Geringste mit Religion zu tun hat.

Der Gläubige nimmt sich von jeder Religion, was am besten zum jeweiligen Anlass passt. Die japanische Variante der Kindstaufe geht nach dem Shintō-Ritual vonstatten, Beerdigungsriten kommen aus dem Buddhistischen. Geheiratet wird gerne nach christlichen Gepflogenheiten, obwohl das weniger mit religiöser Überzeugung als mit Hollywood-Romantik zu tun hat; in der Regel wird die Ehe vor- oder nachher noch shintōistisch oder buddhistisch bestätigt. Der Priester bei der Trauung in Weiß ist außerdem in den seltensten Fällen ein echter Geistlicher, sondern ein Agenturstatist, den man ähnlich wie Cowboys, Zauberkünstler oder Mentalisten für den (Kinder-) Geburtstag mieten kann. Ein beliebter Nebenerwerb für Ausländer. Dieses Theater wird selbstverständlich nicht in Kirchen aufgeführt, sondern in Hochzeitskapellen, die in jedem besseren Hotel zur Grundausstattung gehören.

Obwohl die Bezeichnung Shintō aus dem Chinesischen stammt (*shen dao* – Weg der Götter), ist der Shintōismus die japanischste der in Japan praktizierten Religionen. Sie fußt auf Schöpfungsmythen, die besagen, dass die Götter selbst Japan als ihre Insel und das japanische Volk als ihre Nachfahren erschaffen haben. Da ist es kein Wunder, dass man erstens als Nichtjapaner unmöglich zum Shintōismus überlaufen kann und zweitens der Shintōismus politisch häufig von finsterster Seite missbraucht wurde. Nach dem Zweiten Weltkrieg wurde er als Staatsreligion verboten und hat heute die Form eines praxisgebundenen Naturglaubens, in dem in jedem Baum und Felsen Geister wohnen und es für jeden Aspekt des Lebens eine verantwortliche Gottheit gibt.

Im Zentrum des Buddhismus steht die Überwindung von Begehren und Gier. Im japanischen Zen-Buddhismus soll dies unter anderem durch das Brüten über unlösbaren Rätseln und gegenstandslose Meditation erreicht werden. Die absolute Konzentration auf das Wesentliche einer Handlung, einer Sache oder eines Gedankens, die den Zen-Buddhismus ausmacht, beeinflusste neben religiösen Riten auch die Teezeremonie, die Kampfkunst, Kriegs- und Geschäftsführung, die Kunst, Literatur und das ästhetische Empfinden, was sich häufig in einem eleganten Weniger-ist-mehr-Stil in Architektur und Inneneinrichtung äußert.

Auch wenn der Buddhismus als Religion in Japan weniger den Alltag durchdringt als der Shintōismus, so ist er dennoch anders als anderswo keineswegs ein Larifari-Glaube für alle, die sich keine richtige Religion trauen. Wenn er praktiziert wird, dann richtig. Eltern, die mit ihren kleinen Rotzlöffeln nicht mehr zurande kommen, geben sie gerne einfach für eine Zeit im Tempel ab, damit ihnen dort Manieren beigebogen werden. Einer der berüchtigsten und beliebtesten ist der Eiheiji-Tempel in der Präfektur Fukui. Dort geht es um 9 Uhr abends ins Bett, damit man um 3.30 Uhr morgens frisch zur ersten Meditation ist, die erste Andacht folgt um 5 Uhr. Dass in der Zen-Meditation Stockschläge als Konzentrationshilfe bei Schlafgefahr üblich sind, muss man vorher nicht wissen, man wird es auch so mitbekommen.

Aber selbst in Eiheiji schaffen sich die Spitzbuben Freiräume. Einen erwischte ich, wie er in Mönchstracht und frisch rasiert hinter dem Besuchertoilettenhäuschen eine Zigarette rauchte. Er grinste mich diebisch an. Es war die rebellischste Zigarette, die ich seit James Dean gesehen hatte, und sie blieb natürlich unser Geheimnis.

Weil einige philosophische, quasireligiöse Leitsätze genauso wie die Schriftzeichen, diverse Nudelarten und architektonische Stile aus dem Chinesischen übernommen wurden, sieht man Japan in China eher nicht als Götterinsel, sondern hat einen weniger schmeichelhaften Namen: Affeninsel. Sicherlich auch überzogen. Zudem kommt auch das Chinesische bei genauerer Betrachtung nicht in jedem Fall aus China. In ihrer *Gebrauchs-*

anweisung für Kathmandu und Nepal plädieren Christian Kracht und Eckhart Nickel dafür, den Chinesischen Turm im Englischen Garten im bayerischen München (Sie können folgen?) in Nepalesischer Turm umzubenennen. Denn die Pagodenarchitektur, die auch Chinesen gerne für chinesisch halten und die auch in Japan häufig angetroffen wird, kommt eigentlich aus Nepal. Der Buddhismus mag über China nach Japan gekommen sein, aber vor China war er noch in Tibet, ursprünglich kommt er aus Indien, und in Korea hat er auf seiner langen Reise ebenfalls haltgemacht.

Das Prinzip der christlichen Nächstenliebe, das im Westen auch jeder Atheist verinnerlicht hat, selbst wenn er sich mit Hilfsbegriffen wie Mitgefühl oder Solidarität wohler fühlt, ist kein Aspekt der japanischen Volksreligionen und somit im gesellschaftlichen Miteinander außerhalb enger Freundschaften kaum ausgeprägt. Das Schicksal, also auch das Leid, eines anderen geht einen nichts an. Würde man ungefragt jemandem in einer Notsituation zu helfen versuchen, würde man sich nur in dessen Angelegenheiten einmischen. Diese Einstellung pflegt die Politik auch gegenüber dem Ausland und Ausländern. Flüchtlinge haben gegen null tendierende Chancen, im Land aufgenommen zu werden, aus internationalen Konflikten und Krisen hält man sich so weit wie möglich raus. Militärisch sowieso, die pazifistische Konstitution ließe es nicht anders zu, aber auch humanitär. Wenn freiwillige japanische Helfer in Krisengebieten durch Entführung oder Ähnliches in Not geraten, können sie nicht mit dem Mitgefühl der Bevölkerung daheim rechnen. Gesellschaftlicher Konsens ist, dass diese Menschen sich in Dinge eingemischt haben, die sie nichts angehen, und dass sie an ihrem Schicksal selbst die Schuld tragen. Kehren Entführungsopfer nach Japan zurück, erwartet man von ihnen eine öffentliche Entschuldigung, weil sie ihrem Land so viel Mühe bereitet haben, aber sicherlich keine Talkshowtour samt Lesereise.

Man macht sich viele Gedanken darüber, womit man Japaner versehentlich vor den Kopf stoßen könnte. Mal sind es zu viele Gedanken, mal die falschen. Ich hatte gewisse Bedenken, die deutsche CD *Poptastic Conversation* als Mitbringsel ins Land zu bringseln, obwohl sie sich oberflächlich fantastisch dafür eignet. Darauf singen verschiedene deutsche Popinterpreten und -bands ihre Lieder auf Japanisch. Bei genauerem Hinsehen ist die Auswahl ein wenig lieblos und besteht größtenteils aus Archivmaterial, nicht aus exklusiven Einspielungen. Was mir aber größere Kopfschmerzen bereitete, war, dass das Album ausgerechnet mit einer japanischen Version des Songs »Rettet die Wale« von Die Ärzte beginnt. Wale und deren Rettung hielt ich für ein sensibles Thema. Der Walfang ist für Japan ungefähr das, was der Stierkampf für Spanien ist: Einheimische sehen darin eine urige Tradition, der Rest der Welt sieht darin die Wurzel alles Bösen im Universum. Überspitzt gesagt. Tatsächlich gibt es auch in Japan viele Walfanggegner von löblicher Aktivität, und auch im Rest der Welt gibt es Menschen, die finden, dass es bei aller berechtigten Kritik größere Übel unter der Sonne gibt.

Es stellte sich heraus, dass in meinem japanischen Umfeld niemand Anstoß am »Rettet die Wale«-Lied nahm. Im Gegenteil wurde mir versichert, dass am Walfang allenfalls Politik und Wirtschaft Interesse hätten, die Zivilbevölkerung kaum. Zumal Walfleisch heute fast ausschließlich der Kriegs- und unmittelbaren Nachkriegsgeneration als buchstäbliches Nostalgiefutter dient, weil es an die Zeit erinnert, in der man nichts anderes hatte. Außerdem wurde mir versichert, dass entgegen meiner Befürchtung ironische Untertöne, wie sie zum festen musikalischen Repertoire von Die Ärzte gehören, im Japanischen nicht nur durchaus verstanden würden, sondern speziell in diesem Fall sogar die Übersetzung überlebt hätten.

Eine kritische Stimme zur CD bekam ich aber doch noch zu hören, allerdings zu einem anderen Lied, welches ich selbst als albern, aber harmlos eingestuft hatte. Es handelte sich um den Song »Yamaha« der Geschwister Humpe, in dem als Text lediglich diverse japanische Markennamen und andere Schlüsselbegriffe sinnfrei aneinandergereiht werden. Die Kritik, die mir gegenüber dazu geäußert wurde: In diesem Lied fällt auch der Begriff *tennō*, Kaiser. Der Tennō aber sei kein schickliches Thema für so etwas Profanes wie einen Popsong.

Legendär ist die Radioansprache vom 15. August 1945, in der Kaiser Hirohito die Niederlage Japans im Zweiten Weltkrieg auf sehr japanische Weise verkündete: »Der Krieg hat sich nicht unbedingt zu Japans Vorteil entwickelt.« Anders als die Formulierung war die Tatsache, dass der Kaiser sich persönlich an sein Volk wandte, ganz und gar unjapanisch: Seine Untertanen hörten an jenem Tag zum ersten Mal die Stimme eines lebenden Gottes. Die Akzeptanz der Niederlage und der amerikanischen Besatzung in der Bevölkerung war abhängig vom Wort des Kaisers. Das erkannten auch die Amerikaner, die ihn im Amt ließen, ihm aber seine politische Macht nahmen – und seine göttliche. Als der Kaiser verkündete, er sei fortan ein normaler Mensch, war das wahrscheinlich der Zeitpunkt, an dem die Japaner erst richtig begriffen und vor allem akzeptierten, dass sie zum ersten Mal in ihrer Geschichte einen Krieg verloren hatten.

Alles neu: Endlich Reiwa

Das Jahr 2019 war herrlich, da habe ich alles zum letzten und zum ersten Mal getan, und zwar innerhalb weniger Tage: Der letzte Kinobesuch der Heisei-Zeit, das letzte Frühstück der Heisei-Zeit, der letzte Schnaps der Heisei-Zeit. Dann: Der erste Flussuferspaziergang der Reiwa-Zeit, die ersten Kartoffelchips der Reiwa-Zeit, die erste Magendarmverstimmung der Reiwa-Zeit.

Japan rechnet lieber in Kaisern als in Jahrzehnten. Die Ära Heisei (in etwa: allgegenwärtiger Frieden) bezeichnet die Regierungsjahre des Kaisers Akihito, der 1989 auf dem Thron Platz nahm und ihn im April 2019 freiwillig räumte.

Die Reiwa-Zeit begann offiziell am ersten Mai 2019. Der Name wurde schon am ersten April verkündet, inklusive Live-Übertragung im Fernsehen. Chefkabinettssekretär Yoshihide Suga, der Mann mit der liebenswerten Überkämmfrisur, hielt die Tafel mit den beiden Schriftzeichen so kompetent in die Kameras, dass er danach den Spitznamen »Onkel Reiwa« weghatte. Der Name des neuen Zeitalters wird offiziell mit »schöne Harmonie« übersetzt, eine tatsächlich eindeutige und alleingültige Übersetzung ist indes schwierig. Menschen mit rudimentären Kenntnissen der Kanji-Schrift (Menschen wie ich) fanden bedenklich, dass das Zeichen für *rei* als »Ordnung« gelesen werden kann und die verwendete Schreibweise von *wa* häufig für »Japan« steht. Menschen mit fortgeschrittenen Kenntnissen der Kanji-Schrift merkten daraufhin an, dass man sich mit rudimentären Kenntnissen aus diesen Debatten vielleicht raushalten sollte. Fakt ist, dass mit Reiwa zum ersten Mal ein Begriff aus der japanischen Literatur genommen wurde. Bislang hatte man sich stets auf die chinesischen Klassiker berufen.

Obwohl der bisherige Kronprinz Naruhito am ersten Mai 2019 den Kaiserthron bestieg, wurde er erst am 22. Oktober offiziell zum Kaiser ernannt. Bis dahin nahm er an einer Reihe von Ritualen teil; manche streng geheim, andere in alle Welt übertragen. Bei der letzten und wichtigsten Zeremonie waren 400 Politiker und Monarchen aus aller Welt zu Gast. Dabei machte der Kaiser zuerst der Sonnengöttin seine Aufwartung, die dieser Tage im Kashikodokoro beheimatet sein soll, dem obersten Heiligtum des Kaiserpalastes. Daraufhin stellte er sich an anderen heiligen Orten des Palastes seinen Ahnen und allen Gottheiten des Himmels als neuer Kaiser vor. Er trug dabei ein Gewand in einer Farbkombination, die allein dem Kaiser vorbehalten ist. Anschließend präsentierte er sich in der Haupthalle des Palastes seinem Volk und der Welt. Hier war auch die Kaiserin anwesend, die ansonsten von vielen Ritualen der Inthronisation ausgeschlossen ist. Sie trug einen dem Adel vorbehaltenen Kimono namens Jūnihitoe, was »zwölfschichtiges Gewand« bedeutet. Tatsächlich variiert die Anzahl der Schichten von Gewand zu Gewand; es wurden schon bis zu zwanzig gezählt. Nach einer Rede des Kaisers, bestehend aus alten japanischen und besser verständlichen Grußworten des Premierministers wurde alles mit einem dreifachen »Banzai!« offiziell gemacht. Ein Synonym für »Hurra«, das wortwörtlich »zehntausend Jahre« bedeutet. Weil in der japanischen Gesichte nicht nur gute Menschen in erfreulichen Zusammenhängen gerne »Banzai!« gerufen haben, ist heute nicht allen Menschen ganz geheuer dabei.

Während drinnen die geladenen Gäste feierten, protestierten ungeladene vor den Palastmauern. Dass die nicht ganz billige Shintō-Zeremonie aus der Staatskasse finanziert wurde, verstieße gegen die konstitutionelle Trennung von Staat und Schrein, so die Demonstranten. Sogar Mitglieder der Kaiserfamilie hatten sich in der Vergangenheit dafür ausgesprochen, für kaiserliche Zeremonien weniger staatliche Mittel aufzuwenden. Aber da sie nun mal keine politische Macht haben, waren ihnen da wohl die Hände gebunden.

Was zuvor geschah: Ein Kaiser kündigt

Am 8. August 2016 zeigten die riesigen Bildschirme an den Kaufhäusern Shibuyas ausnahmsweise keine Werbung. Sie zeigten, wie so ziemlich alle privaten und öffentlichen Bildschirme des Landes, den damals 82-jährigen Kaiser Akihito bei einer seiner seltenen Fernsehansprachen. Er sprach von den Pflichten des Tennō und über das Voranschreiten des Alters, sowie über die zunehmende Unvereinbarkeit von beidem. Ganz nach japanischer Sitte sprach er es nicht direkt aus, doch die Botschaft war klar: Akihito gedachte abzudanken, noch zu Lebzeiten.

Damit schaffte er keinen Präzedenzfall; die kaiserliche Abbitte war vor der Meiji-Zeit (1868 bis 1912) gang und gäbe. Dennoch sieht das Gesetz offiziell keinen anderen Grund als den Tod für das Niederlegen des Amtes vor. Es war nun an der Regierung und einem Expertenkomitee zu entscheiden, ob das Gesetz geändert oder eine Sondergenehmigung ausgestellt werden könnte. Man einigte sich auf die Sondergenehmigung, vermutlich um konservative Kreise zu beschwichtigen. Eine permanente Gesetzesänderung hätte womöglich weitere Reformbemühungen ausgelöst, und vielleicht hätte dann die Thronfolge sogar weiblichen Mitgliedern der Kaiserfamilie geöffnet werden können. Vielen älteren Herren ein grauenvoller Gedanke.

Der heute amtierende Tennō Naruhito tritt ein verantwortungsvolles Erbe an. Sein Vater war ein Mann von Welt und Humanist, im Gegensatz zu seinem Vorgänger, dem Kriegskaiser Hirohito. Zwanzig Reisen führten Akihito und seine kaiserliche Gemahlin Michiko ins Ausland, unter anderem in Länder wie Malaysia, Thailand und Indonesien, die im Zweiten Weltkrieg von Japan invadiert worden waren. Er war auch der erste japanische Kaiser, der China einen offiziellen Besuch abstattete und dabei die von der japanischen Armee begangenen Kriegsgräuel eindeutig verurteilte. Dafür wurde er von ultrarechten Kreisen verurteilt, ebenso wie für einen vermeintlich nicht standesgemäßen Kniefall vor Erdbebenopfern aus dem gemeinen Volk.

Zunächst sieht es so aus, als würde Naruhito dem Beispiel seines Vaters folgen. Gleichwohl wird es wohl etwas Zeit brauchen, ihn besser kennenzulernen. Wir wissen immerhin, dass ihm sehr an Gewässerschutz gelegen ist und dass er Bratsche spielt. Zu seinen Trinkgewohnheiten ist zweierlei bekannt: Er soll zu seiner Studentenzeit in Oxford so manchen Pub mitgenommen haben, und er ist der erste brustgestillte Kaiser Japans.

Wie die Bewohner europäischer Königshäuser werden auch die des japanischen Kaiserpalastes heute wie die Akteure in einer Reality-Soap gesehen. Die dramatischste dieser Figuren ist die neue Kaiserin Masako, die 1993 den heute amtierenden Naruhito heiratete. Viele wollten von Anfang an Zweifel gehabt haben, ob die Diplomatin, die in Harvard studiert hatte, sich wie verlangt aus dem Berufsleben zurückziehen und dem höfischen Diktat würde unterordnen können – bereits ihre Vorgängerin Michiko hatte damit in jungen Jahren ihre liebe Mühe gehabt. Masako war von vornherein enormem Druck ausgesetzt, einen Jungen als kaiserlichen Thronfolger zu gebären. Nach einer Fehlgeburt 1999 kam 2001 Prinzessin Aiko zur Welt – ein süßer Fratz, aber eben kein Kaisermaterial. Nach der Geburt ihrer Tochter zog sich Masako fast vollständig aus dem öffentlichen Leben zurück. Anpassungsprobleme an das Leben am Hof, lautete die offizielle Begründung. Depression, rauschte es im Blätterwald. Mitleid gab es wenig, denn Paparazzi knipsten die heutige Kaiserin immer wieder beim Verlassen edler Restaurants oder bei Urlaubsvergnügungen. Wer zu krank für öffentliche Auftritte ist, sollte auch zu krank fürs Privatvergnügen sein, so der oft gehörte Volksmund.

Obwohl es in der japanischen Geschichte acht weibliche Tennō gegeben hat, haben offiziell nur männliche Erben den Anspruch auf den Chrysanthementhron. Angesichts Masakos fortgeschrittenen Alters und ihrer psychischen Probleme wurde nach der Geburt ihrer Tochter heftig diskutiert, ob es nicht an der Zeit sei, die uralten, festgefahrenen Traditionen zu überwinden und eine weibliche Tennō offiziell und vollwertig zuzulassen und nicht nur, wie bisher, als reine Not- und Zwischenlösung zu akzeptieren. Der Großteil der Öffentlichkeit war gar nicht abgeneigt, und der damalige Premierminister Koizumi berief eine Expertenkommission ein, die sich der heiklen Thematik annehmen sollte. Da brachte Prinzessin Kiko, Prinzessin Masakos Schwägerin, am 6. September 2006 einen Sohn zur Welt – und die Debatte war vom Tisch. Schade, eine Kaiserin Aiko wäre ein riesiger Fortschritt für die Gleichstellung der Frau in der japanischen Gesellschaft gewesen, die nach wie vor mehr auf dem Papier als im echten Leben existiert.

Heisei-Mania: Modempfiff & Modeflausen

Selbstverständlich hat die Heisei-Nostalgie längst eingesetzt. Plötzlich war früher alles besser. Schließlich war es die Zeit von Internet und Digitalisierung; die Zeit, in der die japanische Popmusik ihre schillerndsten Stars hervorbrachte; und die Zeit, in der die Jugendmode komplett ausrastete. Mit wohligem Schaudern erinnern wir uns beispielsweise an die tiefbraunen Haut- und grellbunten Haartönungen der Yamamba-Girlies. Wann haben Sie zum letzten Mal die Kopfhörer Ihres Mini-Disc-Walkmans abgenommen und Ihr Tamagotchi gepaget? Vermutlich in der Heisei-Zeit.

Die Verklärung begann bereits, bevor die Ära ganz vorbei war: Schon Monate vor des Kaisers Abdanken überboten sich die Medien mit dem lustvollen Benennen der skurrilsten Zeiterscheinungen. Wussten Sie zum Beispiel, dass Handytextnachrichten nur erfunden wurden, weil japanische Teenager mit ihren Pagern so gerne buchstabenähnliche Zahlencodes verschickten? Im selben Zug entstanden die beliebten Emojis, ohne die heutzutage niemand mehr verstünde, ob der andere etwas ernst oder scherzhaft meint. Schönen Dank auch, Heisei!

Murmeltiertag am Kriegsverbrecherschrein

Ständiger Zankapfel im panasiatischen Streit um japanische Befindlichkeiten und Gepflogenheiten ist der Yasukuni-Schrein in Tokio, der den Gefallenen des Heeres gewidmet ist und diese zu *kami*, shintōistischen Gottheiten, erklärt. Deren Namen sind im Schrein auf Listen festgehalten. So weit nicht ungewöhnlich, nur stellte sich 1979 heraus, dass auf diesen Listen auch die Namen von verurteilten Kriegsverbrechern der Klasse A (Verbrechen gegen den Weltfrieden) stehen. Der Kaiser stellte daraufhin seine Besuche des Schreins ein. Viele Politiker nicht.

Inzwischen hat es etwas vom Murmeltiertag, wenn die Presse Japans und anderer asiatischer Länder alljährlich am 15. August, dem Jahrestag der japanischen Kapitulation im Zweiten Weltkrieg, alle Augen auf den Yasukuni-Schrein richtet und schaut, ob der Premierminister auftaucht. Japan wäre nicht Japan, wenn es zwischen Auftauchen und Wegbleiben nicht noch feine Abstufungen gäbe. So erklärte Ex-Premier Junichiro Koizumi einige seiner Besuche offiziell für inoffiziell, andere wählten einen weniger politisch aufgeladenen Termin für ihren Besuch oder machten Unterschiede zwischen Reingehen und Draußen-Warten.

In der Bevölkerung ist immerhin (oder leider nur) eine knappe Mehrheit gegen den Besuch des Schreines durch den Premierminister. Wie kontrovers dieses Thema ist, bekam auch der chinesische Filmemacher Li Ying zu spüren, der einen Dokumentarfilm über den Tempel gedreht hatte, den auch die meisten japanischen Medien als einigermaßen ausgewogen abgenickt hatten und der teilweise mit japanischen Fördergeldern finanziert worden war. Als rechte Politiker die Frage aufwarfen, ob das denn anginge, dass in so einen Film japanisches Geld gesteckt würde, bekamen viele Kinobesitzer, deren Häuser *Yasukuni* bereits angekündigt hatten, kalte Füße und nahmen den Film wieder aus dem Programm.

Abe 2.0 – jetzt mit Schafspelz

In früheren Ausgaben dieses Buches war Premierminister Shinzō Abe kaum mehr als eine Randnotiz, despektierlich lediglich einmal erwähnt als Leugner der japanischen Zwangsbordelle im Zweiten Weltkrieg. Hätte ich mich weiter über ihn ausgelassen, wäre es wahrscheinlich noch despektierlicher geworden, schließlich ist eines seiner obersten Ziele eine Abschwächung des konstitutionellen Pazifismus, und sein Versprechen, sich stärker für Frauenrechte einzusetzen, ist als reines Lippenbekenntnis leicht zu durschauen. 2003 visierte man für das Jahr 2020 eine Frauenquote von 30 Prozent in Führungspositionen an. 2015 reduzierte Abe fix auf sieben Prozent. Auf dem Gender Equality Index des Weltwirtschaftsforums befindet sich Japan im freien Sinkflug: 2019 ging es noch mal 11 Plätze runter auf 121 von 153. Unlängst mussten mehrere Hochschulen zugeben, dass sie systematisch weibliche Bewerber benachteiligten.

Trotz allem sage ich heute: Gut, dass wir Abe hatten.

Nein, ich bin nicht nach rechts gerückt und Abe nicht nach links. Doch er hatte sich in den letzten Monaten, Jahren gar, zumindest im Ton genügend gemäßigt, um das politisch verunsicherte und wirtschaftlich angeschlagene Land in eine stabile Seitenlage zu bringen. Seine wirtschaftlichen Reformen, selbstherrlich Abenomics genannt, haben Japan nicht zurück in den Overdrive der ganz fetten Jahre katapultiert, aber immerhin den fortschreitenden Niedergang aufgehalten und zu einer Stagnation auf komfortablem Niveau, bisweilen sogar zu zaghaftem Wachstum geführt. Paradiesische Zustände sehen anders aus. Aber es hätte schlimmer kommen können.

Im Jahr 2009 wurde ich Zeuge eines historischen Moments: Die Demokratische Partei (DPJ) gewann die Unterhauswahlen und stellte fortan den Premierminister. Damit löste sie die konservative Liberaldemokratische Partei (LDP) ab, die, Vorgängerorganisationen mitgerechnet, seit den Vierzigern Japan fast durchgängig regiert hatte (lediglich Mitte der Neunziger Jahre schwächelte sie nach einigen Skandalen kurzzeitig). Es regnete Konfetti, Musik lag in der Luft, übermütige Matrosen küssten fremde Mädchen auf offener Straße. Na gut, ganz so war es nicht, doch man hatte schon das Gefühl: Hier ist etwas Einschneidendes passiert. Jetzt wird alles besser.

Wurde es nicht. Eher im Gegenteil. Der neue Premier, Yukio Hatoyama, war mehr als verschrobener Exzentriker denn als verlässlicher Staatsmann bekannt. Nicht nur war er ganz fix in einen Spendenskandal verwickelt und musste großspurige politische Versprechungen relativieren, er machte auch in der Außenpolitik keine gute Figur, wo er sich extrem undiplomatisch zeigte, insbesondere gegenüber den USA. Ein uncharismatischer, exzentrischer Skandal-Politiker ohne realistisches Programm oder diplomatisches Feingefühl an der Spitze einer demokratischen Großmacht? Das war damals noch keine Selbstverständlichkeit. US-Präsident Barack Obama war kein Fan von ihm, und es wird gemunkelt, dass ihr schlechtes Verhältnis für Hatoyamas schnellen Rücktritt zumindest mitverantwortlich war. Jedenfalls war er nach 266 Tagen sein Amt wieder los. Seine unmittelbaren Vorgänger und Nachfolger waren kaum erfolgreicher. Zwischen dem Ausscheiden des langjährigen Premierministers Junichirō Koizumi 2006 und Abes zweiter, erfolgreicher Amtszeit ab 2012 (2006/2007 hatte er das Amt bereits einmal für ein Jahr und einen Tag) wurde das Land von nicht weniger als sechs Premierministern regiert. Im Durchschnitt wurde also einmal pro Jahr gewechselt. Die anderen Länder machten sich schon lustig. Deshalb war es gut, mit dem neuen, scheingemäßigten Abe wieder ein bisschen Kontinuität in die japanische Politik zu bringen. Aber jetzt darf auch ruhig mal wieder ein anderer.

Japan protestiert – kurz, aber heftig

Einer der vielen gescheiterten Premiers zwischen Abes Amtszeiten war der Demokrat Naoto Kan. Eigentlich kein schlechter Mann, doch er übernahm das Ruder zu einem ungünstigen Zeitpunkt. Erst musste er den Scherbenhaufen seines Vorgängers Hatoyama zusammenfegen, dann ereignete sich auch schon das Tōhoku-Erdbeben, das unter anderem die Atomkatastrophe von Fukushima auslöste. Kan war sofort vor Ort und setzte sich in der Folge vehement für eine Reduzierung der Kernenergie und die Nutzung alternativer Energiequellen ein. Damit sprach er gar nicht so wenigen aus dem Herzen, doch nach der Unglücksserie des 11. März 2011 konnte man es als Premierminister niemandem gänzlich recht machen. So erklärte er noch im selben Jahr seinen Rücktritt.

Seit den Ereignissen in Fukushima befürworten die meisten Japaner einen Ausstieg aus der Kernkraft. Und das geben sie auch öffentlich kund. Japan ist keineswegs so demonstrationsfaul, wie oft behauptet wird. 60 000 Menschen kamen zu einem Protestmarsch in Tokio sechs Monate nach den Ereignissen in Fukushima. Darüber hinaus gab es weitere Märsche mit mehreren tausend Teilnehmern in den beiden Folgejahren – bis der Protest wieder ein wenig einschlief. Das Problem mit entsprechenden Bewegungen ist weniger, dass es sie nicht gäbe, oder dass sie die Menschen nicht ansprächen. Das Problem ist vielmehr, dass ihnen die Beharrlichkeit fehlt. Die japanische Politik ist legendär träge, da ist mit schnellen Ergebnissen nicht zu rechnen und mit vereinzelten Aktionen nicht viel zu bewirken. Am Ball bleiben, sollte die Devise lauten.

Beharrlich sind oft leider ganz andere Demonstranten. Die Ultrarechten, die durch die Straßen ziehen (gerne in Gebieten mit hohem Ausländeranteil), Lieder vom Krieg singen und dazu aufrufen, Ausländer wie Kakerlaken zu zertreten. Bis vor einigen Jahren konnten sie das unter dem juristischen Deckmantel der freien Meinungsäußerung tun. Inzwischen gibt es Gesetze gegen derartige Hasspropaganda. Allerdings sehen diese Gesetze bei Übertretung keine Strafen vor. Immerhin führen sie dazu, dass entsprechende Demonstrationen leichter aufgelöst werden können. Ein klitzekleiner Fortschritt.

Nicht immer ist das, wogegen demonstriert wird, eine Angelegenheit von Leben und Tod. Im Jahr 2013 waren Udon-Techno-Partys recht beliebt. Dabei wurde gemeinschaftlich der Teig für Udon-Nudeln geknetet, mit Füßen, auf Tanzflächen, zu Techno-Beats. Das durfte bis spät in die Nacht gehen, denn gegen nächtliche Speisezubereitung gab es kein Gesetz. Gegen Tanzen hingegen schon. Erstaunlich lange hielt sich ein nachmitternächtliches Tanzverbot, das in der Nachkriegszeit die Prostitution eindämmen sollte. Anfang des 21. Jahrhunderts glaubte zwar niemand mehr, dass Tanzen die Einstiegshandlung zur Prostitution sei, doch das Gesetz blieb und wurde angewendet. Um Ruhestörung zu unterbinden, sagte die Polizei. Weil anständige Clubs leichter zu maßregeln seien als unanständige Rotlichtbetriebe, mutmaßten Polizei-Skeptiker, die fanden, dass sich die Beamten lieber um letztere Etablissements kümmern sollten. Es war durchaus keine Unmöglichkeit, eine Tanz-Sondergenehmigung zu bekommen. Das allerdings wollten die meisten Club-Betreiber nicht, denn damit würden sie automatisch den *fuzoku eigyo* zugerechnet werden, einem dehnbaren Sammelbegriff für irgendwie anrüchige Erwachsenenunterhaltung. Es wäre wie ein Eingeständnis gewesen, dass das Gesetz doch irgendwo recht hatte. Also nannten sie es Nudelstampfen statt Tanzen. Möglicherweise hat es geholfen: 2016 wurde das Gesetz abgeschafft; beziehungsweise es wurde dahingehend entschärft, dass man heute die Nacht durchtanzen darf, solange es im Saal nicht allzu dunkel ist.

Anfangs wollten sie nur spielen: die Yakuza

Im Jahr 2018 geschah in Osaka etwas höchst Ungewöhnliches. Mitglieder einer Gangsterorganisation weigerten sich, der Polizei bei Ermittlungen zu helfen, und zerstörten Beweismaterial. Da nahm die Polizei sie einfach fest.

Vor wenigen Jahren wäre das noch fast undenkbar gewesen. Jahrzehntelang setzten Polizei und Yakuza lieber auf angespannte Koexistenz als auf offene Konfrontation. Gesetze gegen das organisierte Verbrechen gab es zwar, sie kamen allerdings kaum zur Anwendung. Waren entsprechende Banden in ein Verbrechen involviert, wurden bei der Polizei die Unterlagen so lange zwischen verschiedenen Zuständigkeitsbereichen umhergeschoben, bis keiner mehr Lust hatte und sie für immer in irgendeinem Aktenschrank verschwanden. Das hat sich geändert. 2011 wurden Gesetze verschärft und auch verschärft angewandt. Seitdem ist es Unternehmen zum Beispiel verboten, Geschäfte mit Gangstern zu machen. Fitnessstudios etwa lassen sich auf Mitgliedschaftsanträgen bestätigen, dass man nicht gleichzeitig Mitglied einer Verbrecherorganisation ist. Sollte später rauskommen, dass ein Sportsfreund das falsche Kästchen angekreuzt hat, droht nicht nur der Ausschluss vom Training, sondern auch eine Anklage wegen Betrugs.

Viele kleine Jungs in aller Welt bekommen leuchtende Augen, wenn sie den Begriff »organisiertes Verbrechen« hören. Vor den leuchtenden Augen haben sie dann Bilder von kriminellen Superhirnen, smarten Strippenziehern und Puppenspielern, eleganten Geschäftsmännern der Unterwelt. Nichts könnte weiter von dem armseligen Bild entfernt sein, das der durchschnittliche Yakuza bei Licht betrachtet abgibt. Seine schlechten Manieren werden nur von seiner Dummheit überboten. Der Antritt einer Yakuza-Laufbahn ist kein heiß ersehnter Ritterschlag, sondern oft der letzte Notnagel, wenn es mit einem richtigen Beruf nicht geklappt hat. Yakuza haben einen legendär lausigen Geschäftssinn. Meist sind ihre eigenen Geschäfte hoffnungslos verschuldet. Das verlustigte Geld treiben sie von den Geschäften anderer ein, der Druck wird nach unten weitergegeben. Wer ganz unten steht, wo der Druck kein logisches nächstes Ziel mehr findet, gibt den Druck in Form von Gewalt einfach an Unbeteiligte weiter. Dennoch stellen Yakuza keine ernsthafte Gefahr für einfache Touristen dar. Sie sehen sich als Geschäftsleute, und mit Touristen machen sie keine Geschäfte. Es gilt dieselbe Regel wie für andere wilde Tiere: Nicht provozieren, dann tun sie einem nichts. Und woran erkennt man einen Yakuza? Auch eine einfache Regel: Wenn einer aussieht, wie man sich einen Gangster vorstellt, ist er wahrscheinlich einer. Originell sind Yakuza nicht.

Allgemein hat die Bevölkerung die Nase voll von den Yakuza. Das war nicht immer so. Das liegt daran, dass die Yakuza nicht immer das waren, was sie heute sind. Anfangs wollten sie nur spielen bzw. den guten Bürgern Japans das Spielen ermöglichen. Glücksspiel ist seit Jahr und Tag ebenso verboten wie beliebt. Yakuza organisierten zunächst illegale, aber ansonsten harmlose Zusammenkünfte, in denen Gleichgesinnte ihrer Würfelleidenschaft frönen konnten. Nach dem Zweiten Weltkrieg wäre der japanische Alltag ohne einen gut bestückten Schwarzmarkt nicht vorstellbar gewesen und der Schwarzmarkt nicht ohne Yakuza.

Freunde und Helfer, wohin man auch schaut

Problematisch in Japan ist Sauerkraut aus der Glaskonserve. Nicht so sehr die Beschaffung; selbst volksnahe Supermärkte in schwerlich überfremdeten Wohngegenden haben meistens das eine oder andere Glas im Delikatessenregal. Problematisch ist es, daheim das Kraut aus dem Glas zu bekommen. Für die lange

Reise über die Meere und Kontinente werden sie wohl extra fest zugedreht, sodass man sie als verweichlichter Städter kaum aufbekommt. Und was macht dann der verweichlichte Städter? Er brüllt: »Junko!« Vorausgesetzt, seine Frau heißt Junko. Dann sagt er: »Kennst du noch einen Trick? Wir haben doch heute unseren ethnischen Abend, und die Bratwurst brennt mir gleich an. Ich brauche das Sauerkraut JETZT! Heißes Wasser, diverse Wickel und Deckel durchlöchern habe ich schon versucht.«

Junko schnappt sich das Glas und ihr Smartphone und verschwindet um die Ecke. Bald kommt sie mit dem offenen Glas zurück. »Rate mal, woher ich den Trick habe!«, sagt sie stolz und zeigt mir auf dem Telefon eine Website mit einem fröhlichen Maskottchen, das ich gut kenne. Es handelt sich um den mausähnlichen Pipo-kun, den Cartoon-Vertreter der Polizei. Benannt nach dem englischen Wort *people*, denn er ist für alle da. »Von der Website der Polizei«, bestätigt sie meinen Verdacht.

»Die geben Tipps, wie man Sauerkrautgläser aufmacht? Die haben wohl wirklich nichts Besseres zu tun. Sicherstes Land der Welt.«

»Die haben dabei nicht in erster Linie dein Sauerkraut im Kopf, sondern die Verpflegung in Katastrophenfällen, zum Beispiel bei Erdbeben.«

Gut. Aber meinem Sauerkraut kommt es ebenfalls zugute. Ich bin darüber so erleichtert, dass ich ganz vergesse zu fragen, worin genau der Trick bestanden hat.

Diese kleine Anekdote ist an dieser Stelle nicht so fehl am Platze, wie sie scheinen mag, denn sie illustriert wunderbar, in welcher Rolle sich die Polizei inszeniert und auch wahrgenommen wird: als dein Freund und Helfer. Das kann schon mal verwirren, denn die Yakuza inszenieren sich genauso. Obwohl ich nicht überprüft habe, ob es auf Yakuza-Websites Tipps zum Konservendosenöffnen gibt. Ich bin mir noch nicht mal sicher, ob die führenden Yakuza-Gruppierungen offizielle Websites haben. Gänzlich verwunderlich wäre es nicht. Sie haben durchaus offizielle Büros und Pressesprecher. Gegen eine Website spräche allenfalls die Rückwärtsgewandtheit dieser Unternehmen und die generelle Aversion japanischer Unternehmen gegen die Bereitstellung brauchbarer Informationen im Internet (die Polizei ist hier offenbar eine löbliche Ausnahme). Man muss nur mal versuchen, ein Thema über die offiziellen Online-Auftritte themenrelevanter Firmen zu recherchieren. Man wird wahnsinnig.

Die Yakuza haben sich jedenfalls auf die Fahnen geschrieben, dass sie nachbarschaftliche Dienstleistungsunternehmen sind. Sie brüsten sich damit, bei Erdbeben schneller mit Decken und Nudelsuppen zur Stelle zu sein als staatliche Stellen, und mit ihrer Bandengewalt die ausländische Bandengewalt im Zaum zu halten.

So edel und gut, wie sie sich darstellen, sind sie mit Sicherheit nicht. Das Interesse, das Yakuza am Erhalt ihrer Gemeinde haben, rührt allein daher, dass es bei einer gut aufgestellten Gemeinde mehr zu holen gibt. Die Hilfsbereitschaft der schweren Jungs konnte ich nichtsdestotrotz bereits am eigenen Leib erfahren. Einmal, es war in der Ära vor Google Maps, suchte ich verzweifelt nach einer Adresse in einer mir unbekannten Nachbarschaft. Als ich in den weitgehend menschenleeren Straßen keine andere Wahl mehr hatte, sprach ich zwei finstere Typen an, die eindeutig dem organisierten Verbrechen zuzuordnen waren. Sie würden mich schon nicht auf offener Straße abmurksen, dachte ich mir. Und tatsächlich nahmen sie sich mit Elan meiner Sache an, diskutierten angeregt untereinander und hielten jeden schnell eingeschüchterten Passanten an, gefälligst mitzuhelfen. Die ganze Anekdote ist in meinem Buch *Matjes mit Wasabi* nachzulesen. Letztendlich wurde niemand verletzt, aber die ominöse Adresse ebenfalls nicht ausfindig gemacht, zumindest nicht mit Hilfe der Yakuza. Das nächste Mal suche ich mir doch lieber wieder ein *Kōban*, ein Polizeihäuschen, wie es sie an vielen Ecken japanischer Städte gibt. Die dort eingesetzten Beamten, meist nur einer oder zwei, sind tatsächlich so etwas wie freundliche Nachbarschaftsschutzmänner, die in erster Linie dafür da sind, Herumirrenden den Weg zu weisen oder Dehydrierten Wasser zu reichen.

Japan und Korea: Warten auf die dritte Welle

Ein besonders schwieriges Verhältnis hat Japan zu Südkorea (zu Nordkorea natürlich auch, aber wer hat das nicht). Von 1910 bis 1945 stand Korea unter japanischer Kolonialherrschaft und steht dementsprechend den ehemaligen Unterdrückern nach wie vor skeptisch gegenüber, während Teile der Kultur noch immer stark japanisch geprägt sind. Insbesondere die Pop- und Jugendkultur haben aber in den letzten Jahren zu einer begrüßenswerten Annäherung zwischen Japan und Südkorea geführt, unabhängig vom monatlich wechselnden diplomatischen Klima.

Zwei koreanische Wellen schwappten im jungen 21. Jahrhundert über Japan und machten das Nachbarland für viele trotz komplizierter politischer Beziehungen zum Sehnsuchtsland. Mit der ersten Welle kamen die südkoreanischen Filme und Fernsehserien, mit der zweiten die Popmusik mit ihren feschen Girlgroups und hübschen Boybands. Am Anfang war Bae Yong-Joon. Mit der Fernsehserie *Winter Sonata* und Kinoschnulzen wie *April Snow* wurde der Schauspieler, erkennbar am ungefährlichen Gesicht mit Schwiegersohnbrille und -frisur, zum ersten Sexsymbol, für das der Begriff Sexsymbol eigentlich zu schmutzig klingt. Aber es wirkte, und zwar nicht zu knapp. Bei Damen waren plötzlich Koreanischkurse sehr beliebt, und wenn japanische Herren überhaupt noch was zu melden haben wollten, mussten sie sich mit überall erhältlichen Yong-Joon-Brillen und -Perücken ausstaffieren. Ob solche Requisiten wirklich die Partnersuche positiv beeinflussten, ist nicht ausreichend dokumentiert.

Und heute ist es halt die Musik. Besuche ich aus alter Verbundenheit, immer seltener mit dringender Kaufabsicht, das tapfer beständige neunstöckige CD-Kaufhaus Tower Records in Shibuya, muss ich häufig durch Scharen von Teenies navigieren, die in freudiger Erregung auf das Erscheinen einer Popband warten, die hier auf der Aktionsfläche Hände und Hüften schütteln möchte, bevor ich in eines der Stockwerke für Erwachsenenmusik flüchten kann. Meistens sagt mir der Name des Acts, den die Poster im Laden inserieren, nichts. Ein Zeichen des Alters, sicherlich. Unwissenheit muss allerdings nicht zwangsläufig mit Interesselosigkeit einhergehen, deshalb recherchiere ich vor Ort (ja, Opa hat ein Mobiltelefon mit Internet!). In neun von zehn Fällen, wenn nicht öfter, handelt es sich um eine koreanische Band, die hier herbeigesehnt wird. Man spürt sie noch, die zweite Welle.

Dabei wäre eine dritte dringend notwendig. Politisch und wirtschaftlich sind Japan und Südkorea zerstritten wie nie. Dabei geht es nicht nur um die sogenannten Trostfrauen. Doch bei ihnen fängt es an. Gemeint sind die Hunderttausenden Mädchen und Frauen aus Südkorea und anderen asiatischen Ländern, die während des Zweiten Weltkriegs in japanischen Kriegsbordellen arbeiteten. Die erste Streitfrage ist, inwiefern sie das freiwillig taten. Premierminister Shinzō Abe vertrat noch während seiner ersten Amtszeit öffentlich die Auffassung, dass dort niemand zu irgendetwas gezwungen worden wäre; obwohl historische Dokumente gegenteilige Schlüsse nahelegen. 2015, passenderweise kurz nach Weihnachten, signalisierte Abe ein Entgegenkommen – in einem Abkommen, das zu gut klang, um wahr zu sein. Es sollte eine neue Entschuldigung und eine neue Entschädigung geben. Die damalige südkoreanische Regierung, mit der alles ausgehandelt worden war, jubilierte, die Kontroverse sei »endgültig und unwiderruflich« beigelegt.

Dabei fing sie erst richtig an. Einige noch lebende Trostfrauen und ihre Interessenvertreter monierten nicht ganz zu

Unrecht, dass sie bei dieser endgültigen und unwiderruflichen Lösung gar nicht gefragt worden waren. Das Geld sei zu wenig oder nicht wichtig (es gab da durchaus widersprüchliche Aussagen), die Entschuldigung ohnehin nicht aufrichtig. Es kam zu Protestaktionen. Unter anderem wurden Mahnmale vor japanischen Botschaften errichtet. Das wiederum brüskierte die Japaner. Die japanische Regierung verlangte, die Mahnmale zu entfernen. Rückwirkend machte man das zu einer Bedingung für die endgültige und unwiderrufliche Lösung. Die südkoreanische Regierung entgegnete, man würde mal sehen, was man da tun könne. Es tat sich nicht viel. Im November 2018 wurde die endgültige und unwiderrufliche Lösung endgültig widerrufen.

Die Situation ist mehr als verfahren. So uneinsichtig gewisse japanische Kreise, die große Schnittmengen mit Regierungskreisen haben, sich gegenüber dem nicht zu leugnenden Schicksal der Zwangsprostituierten zeigen – auch bei deren südkoreanischen Interessenvertretern sollte man einen genauen Blick darauf werfen, wer dort was von sich gibt und welchen Grund es dafür geben könnte. Für viele ist der Kampf für Trostfrauenrechte in erster Linie ein Mittel zum Zweck antijapanischer Propaganda. Eine Lösung interessiert da gar nicht. Es wurde schon Betroffenen der Mund verboten, die sich nicht als Opfer darstellen lassen wollten, und (südkoreanische) Historiker verklagt, die versuchten, die Ganz-oder-gar-nicht-Diskussionen um Nuancen zu bereichern. Letztendlich ist die Rechnerei zynisch, wie viele Frauen sich tatsächlich freiwillig prostituierten (das kam unbestreitbar vor) und wie viele gezwungen wurden, solange überhaupt welche gezwungen wurden. Leider werden die Diskussionen auf beiden Seiten von selbstgerechten Zynikern geführt, ein Ende ist nicht in Sicht.

Zumal auch in anderen Bereichen die Beziehung den Bach runtergeht. Anfang 2019 beschlagnahmte Südkorea Patente und Vermögenswerte einer japanischen Firma, die sich geweigert hatte, einem früheren Gerichtsurteil nachzukommen, nachdem sie Entschädigungen an Zwangsarbeiter aus dem Zweiten Weltkrieg zahlen sollte. Die japanische Regierung protestierte. Südkorea schlug die Einrichtung eines gemeinsamen Fonds vor. Japan wollte lieber ein Expertenpanel, um die Sache auszudiskutieren. Auf Sanktion folgte Gegensanktion, schließlich wurde sogar um ein Haar das wichtige Geheimdienstabkommen der beiden Länder aufgelöst. Dass es ein Einlenken in letzter Sekunde gab, ist nicht unbedingt ein Zeichen einer Normalisierung der Beziehung. Gleich darauf zerstritt man sich wieder über der Formulierung der neuen alten Übereinkunft.

Es ist nicht das erste Mal, dass es in dieser Beziehung nicht zum Besten steht, aber gar so schlimm wie heute war es seit dem Zweiten Weltkrieg nicht mehr. Inzwischen kommen die Animositäten auch bei der Zivilbevölkerung an, die sich bislang von der Politik nicht in ihre Vorlieben und ihr Konsumverhalten reinreden ließ. Zuletzt fiel der Verkauf japanischen Bieres in Südkorea um 97 Prozent. Wer mal südkoreanisches Bier getrunken hat, der weiß, dass man sich einen solchen Verzicht nicht leichtmacht. Es ist schwer vorstellbar, dass Popkultur auch aus dieser Krise heraushelfen kann. Aber vielleicht hat sie eher eine Chance als die Politik. Selbst ganz ohne Wellengang verbindet die beiden Länder immerhin eines: der Lieblingsfeind Nordkorea. In den Siebzigern und Achtzigern entführten nordkoreanische Spione mehrere japanische Bürger aus undurchsichtigen Gründen. Nordkorea gibt dreizehn Entführungen zu, die japanische Regierung spricht offiziell von sechzehn, Spekulationen gehen bis zu siebzig. Für Nordkorea ist das Thema erledigt, weil die angeblich einzigen fünf Überlebenden 2002 nach Japan zurückkehrten. Japan hingegen möchte wissen, was aus den anderen acht bis fünfundsechzig geworden ist. Da die fünf Rückkehrer von ihrer Japan-Reise aber nicht wie vereinbart wieder nach Nordkorea zurückkehrten, hat Nordkorea alle weiteren Verhandlungen abgebrochen.

Alles *daijoubu* nach 3/11?

E-Mail aus dem 37. Stock

Als ich am Morgen des 11. März 2011 in mein Münchner Büro komme, erreicht mich eine E-Mail von meiner Lebensgefährtin in Tokio. Ungewöhnlich daran ist, dass sie in meinem beruflichen Posteingang steckt. Den benutzt meine Freundin nie. Nicht, dass ich es ihr je untersagt hätte, aber die Trennung von Beruflichem und Privatem ist ihr wichtig.

In der Mail steht:

Mir geht es gut, aber ich stecke im 37. Stock. Das Gebäude schwankt immer noch. Dieses hasse ich wirklich. Daneben ein Wut-Smiley im japanischen Stil: (>_<)

»Dieses« ist »dieses Erdbeben«.

Dieses Beben ist derart heftig, dass in der Hauptstadt zunächst nicht wenige glauben, es handle sich um genau das schwere Erdbeben, das Tokio seit einiger Zeit vorausgesagt wird. Erst später weiß man, wie glimpflich man davongekommen ist. Tatsächlich sind es nur Ausläufer eines Seebebens in 370 Kilometern nordöstlicher Entfernung, vor der Küste der Präfektur Miyagi. Die dortige Tōhoku-Region bekommt die Katastrophe mit voller Wucht zu spüren.

Als der Büroturm im Business-Viertel Akasaka, in dem meine Lebensgefährtin arbeitet, zu schwanken aufhört, begeben sich alle Angestellten zu Fuß in das Erdgeschoss. Der öffentliche Personennahverkehr steht auf unbestimmte Zeit nahezu komplett still. Die gesamte Firmenbelegschaft wird für eine Nacht in ein nahe gelegenes Hotel eingebucht.

Nachdem ich mit ihr gesprochen habe, versuche ich Lebenszeichen meiner anderen japanischen Freunde und Bekannten einzuholen, die in Tokio oder nördlicher wohnen. Alle stellen sich zu meiner Erleichterung als unversehrt heraus, ihre Sorgen gelten vermissten Familienmitgliedern, die sich zum Glück auch bald unverletzt wieder einfinden. Von sich selbst mögen die wenigsten reden. Einigen ist anzumerken, dass sie sehr aufgelöst sind. Andere hingegen scheinen sich über meinen Anruf mit einer Unbeschwertheit zu freuen, als wollte ich nur mal wieder Hallo sagen. In allen Gesprächen ist *daijoubu* das meistgehörte Wort: Alles in Ordnung. Dabei weiß ich aus meiner Beziehung: Wenn es meiner Freundin nur *daijoubu* geht, dann stimmt irgendwas nicht.

Am nächsten Morgen kommt sie zurück in ihre Wohnung im neunten Stock, wieder zu Fuß. Der Schaden hält sich in Grenzen: »Der Spiegel im Bad ist kaputt. Und das Bild von uns beiden ist runtergefallen, aber nicht kaputtgegangen.«

In den nächsten Wochen fahren die Züge weiterhin unregelmäßig, und gewisse Produkte werden durch Hamsterkäufe rar, zum Beispiel Toilettenpapier und Batterien. Ansonsten aber geht das Leben bald wieder seinen gewohnten Gang. In Tokio. Die Tōhoku-Region wird davon noch sehr lange weit entfernt sein.

Schrecken in Zahlen

Das Seebeben vor der Nordostküste Japans löste einen Tsunami aus, der lokal eine Höhe von bis zu 38 Metern erreichte. 470 Quadratkilometer Land wurden überflutet. Das Beben und die Flutwelle zerstörten oder beschädigten 125 000 Gebäude. Die Zahl der Toten liegt bei 20 000, viele Leichen wurden niemals gefunden. Die Verletzten schätzt man auf circa 27 000.

Das Ausland wunderte sich, wie stoisch die Japaner ihr Leid ertrugen. Dabei gab es in den Krisengebieten durchaus Plünderungen, Verzweiflungstaten, Misstrauen und Missgunst. Allerdings tatsächlich nicht mal annähernd auf einem Niveau, das man anderswo auf der Welt in einer ähnlichen Situation hätte beobachten können. Der Geist des *ganbaru* (in etwa: sein Bestes geben) ließ die Bevölkerung zusammenhalten und zusammenarbeiten. Eine Fernsehansprache des Kaisers, die erste überhaupt, stärkte das Zusammengehörigkeitsgefühl.

Der damalige Premierminister Naoto Kan nannte die Ereignisse »die größte Katastrophe seit dem Zweiten Weltkrieg«. Tokios damaliger Gouverneur, der Rechts-Außen Shintaro Ishihara, faselte derweil von einer Strafe der Götter wegen des grassierenden Egoismus, revidierte aber rechtzeitig vor der nächsten Wahl seine Aussage.

Infolge des Tsunami kam es in vier Reaktorblöcken des Kernkraftwerkes Fukushima I zu schweren Schäden, in dreien fand eine Kernschmelze statt. Die freigesetzte Radioaktivität und die Ausmaße der betroffenen Gebiete entsprechen ungefähr einem Zehntel der Werte, die nach der Katastrophe von Tschernobyl 1986 gemessen wurden.

Kurz nach der Havarie wurden im Tokioter Leitungswasser vorübergehend Strahlungswerte gemessen, die über den gesetzlichen Grenzwerten lagen. Inzwischen ist die durchschnittliche

Strahlenbelastung Tokios wieder auf ihrem Normalwert. Sie entspricht einem Drittel der durchschnittlichen Strahlenbelastung Roms.

Von knapp 6000 Kindern, die in der Präfektur Fukushima zwischen April und Juni 2012 untersucht wurden, wurde bei 0,1 Prozent radioaktives Cäsium festgestellt im gerade noch messbaren Bereich zwischen 250 und 300 Becquerel. Wahrscheinlich wurde es über den Verzehr lokaler Pilze aufgenommen. Die Dosis gilt als ungefährlich.

In einer anderen Untersuchung wurden bei rund 10 000 Kindern und Erwachsenen in der Region Belastungen von durchschnittlich einem Millisievert gemessen. In Deutschland ist der jährliche Durchschnittswert 2,4.

Mutationen ließen sich bei Schmetterlingen feststellen.

Die Arbeiten an Fukushima I werden noch sehr lange weitergehen, mit einem sicheren Abriss ist frühestens in zwanzig Jahren zu rechnen. Schon jetzt gilt die Situation offiziell als »unter Kontrolle«. Darüber gibt es jedoch unterschiedliche Ansichten.

Im August 2012 sind 47 bis 70 Prozent der japanischen Bevölkerung für einen kompletten Ausstieg aus der Atomenergie bis 2030. Je nachdem, welche repräsentative Umfrage tatsächlich repräsentativ ist.

Das alltägliche Erdbeben

Erdbeben lassen sich trotz aller Forschung kaum vorhersagen. Dass man es dennoch immer wieder versucht, führt eher zu Verunsicherung als zu Erkenntnisgewinn. Für die Wahrscheinlichkeit, dass Tokio ein verheerendes Erdbeben ereilt, galt jahrelang eine sehr grobe Prognose von 2004 als gegeben: mit siebzigprozentiger Wahrscheinlichkeit in den nächsten dreißig Jahren. Im Januar 2012 jedoch sorgte eine neue Vorhersage für Unbehagen: Zu 70 Prozent in den nächsten vier Jahren. Passiert ist nichts.

Grund für die Diskrepanz sind unterschiedliche Ansätze bei der Berechnung. Nun meinen einige Experten, die Methode von 2004 sei überholt. Andere sehen den Ansatz von 2012 als Denkfehler und bleiben bei der alten Prognose. Wiederum andere rechnen mit 25 bis 60 Prozent in den nächsten fünf Jahren. Oder Sechs. Das Tōhoku-Erdbeben hat die Wahrscheinlichkeit eines baldigen Bebens im Großraum Tokio erhöht. Oder verringert. Je nachdem.

Man sollte sich beim heutigen Stand der Forschung nicht von der Vorhersage des Tages verrückt machen lassen. Ganz entgehen wird man Erdbewegungen bei einem längeren Aufenthalt sicherlich nicht. Erdbeben als solche sind in Japan ein so alltägliches Phänomen wie schlechtes Wetter. Aber wie es eben auch beim Regen qualitative Unterschiede zwischen verheerenden Unwettern und leichtem Niesel gibt, so gibt es auch unterschiedlich dramatische Erdbeben. Gottlob fallen die meisten in die Nieselkategorie, und man fragt sich schon mal: War da jetzt was, oder bin ich nur über meine Schnürsenkel gestolpert? Ich war mir erst bei meinem dritten Beben sicher, dass es wirklich eines war.

Das erste Mal, dass mich das Da-war-doch-was-Gefühl überkam, war unter der Dusche in einem Hotel in Tokio. Mit Schnürsenkeln hatte es also bestimmt nichts zu tun, eine gewisse Unsicherheit blieb trotzdem. Ich war gerade erst angekommen, also etwas übermüdet und fahrig, und in einer fremden Dusche rutscht man leichter mal als in der eigenen. Allerdings hatte es zuvor weiter draußen ein Erdbeben gegeben, davon hatte ich gehört. Die Schäden waren nicht katastrophal, aber das Beben stark genug, um darüber rund um die Uhr zu berichten. Als ich später am Abend erneut Fernsehnachrichten sah, war dort von Ausläufern des Bebens in Tokio die Rede, und dazu wurde exakt die Straße gezeigt, in der sich mein Hotel befand – weder fantasiere noch lüge ich. Andererseits war es mit meinen Sprachkenntnissen nicht weit her. Vielleicht sagte der Sprecher lediglich: »Keinerlei Ausläufer des Erdbebens waren in Tokio zu spüren, schon gar nicht in dieser Straße, von der wir billig an Archivaufnahmen rangekommen sind.«

Das unklare zweite Mal war ebenfalls in einem Hotel, mitten in der Nacht. Ich wachte plötzlich auf, war mit einem Schlag hellwach, erklären konnte ich es mir nicht. Reflexartig ging ich ins Bad und spürte meine Beine wie Pudding. Ich legte mich lieber wieder hin.

Ein paar Tage später traf ich einen Bekannten, einen Amerikaner, der schon lange in Japan lebte. Er fragte beiläufig: »Hast du Donnerstagnacht das Erdbeben bemerkt?«

Ich war begeistert. Selbstverständlich hätte ich es bemerkt, versicherte ich, doch dann fiel mir ein: »Aber das war Mittwoch, nicht Donnerstag.«

Mein Bekannter bestand auf Donnerstag. Mit Großmut gab ich nach, aber insgeheim dachte ich mir: Und es war doch Mittwoch! Aber sollte mein Bekannter gegen alle Wahrscheinlichkeit recht gehabt haben, war mein nächtliches Erlebnis kein Erdbeben, sondern möglicherweise nur ein ordinärer Fall von Was-Falsches-gegessen.

Kein Vertun gibt es beim dritten Mal, ich habe einen Zeugen. Ich sitze in einem Internetcafé, am Computer neben mir sitzt jemand, der aussieht wie ein typischer japanischer Angestellter. Warum der nicht bei der Arbeit ist, weiß ich nicht. Mit einem Mal klappern Tische und Tassen, und mir wird ein bisschen schwindelig, und schon ist der Spuk vorbei. Mein Nachbar und ich schauen uns an, weil wir zuerst den jeweils anderen verdächtigen, gegen den Tisch gestoßen zu sein.

»Earthquake!«, sagt der Japaner.

»Hai!«, sage ich.

Dann lachen wir beide. Aber es ist ein nervöses Lachen. Und als ich später das Café verlasse, bin ich noch immer ein wenig unsicher auf den Beinen.

Auch wenn die meisten Beben zum Glück eher kleine Störungen als große Katastrophen sind, kann es nicht schaden, sich ein paar Verhaltensregeln für den Ernstfall einzuprägen. Es gilt, sofort offene Feuer zu löschen und elektrische Geräte abzuschalten. Türen sollten geöffnet werden, damit sie sich nicht in geschlossenem Zustand verkeilen können. Feste, ebenerdige Türrahmen sind ein guter Unterstand. Fenster sollte man wegen der Glassplitter meiden. Auf keinen Fall übereilt auf die Straße laufen, da dort die Gefahr besteht, von herabfallenden Trümmern getroffen zu werden. Befindet man sich während des Bebens draußen, begibt man sich vorsichtig zum nächsten offenen Platz oder Park. Jedes japanische Hotelzimmer hat eine Taschenlampe, falls man nachts überrascht wird.

Der fliegende Ausländer: eine neue Spezies?

In der Folge der Ereignisse des 11. März 2011 machte ein neues geflügeltes Schmähwort für Ausländer die Runde: *flyjin*. Als Variation von *gaijin*, sozusagen der fliegende Ausländer. Damit wurden die Zugereisten bedacht, die im Angesicht der Katastrophe wieder die Fliege machten. Diesmal allerdings wurde die Schmähung nicht von den Japanern erfunden, sondern von den gebliebenen Ausländern, die sich für was Besseres hielten. Die Japaner hatten in der Regel Verständnis dafür, dass manche in solchen Zeiten lieber bei ihren Familien in der Ferne sein wollten. Und sei es nur, um Mama und Papa zu beruhigen, die die hysterische Auslandsberichterstattung ganz krank vor Sorge gemacht hatte.

Die oft kolportierte Massenflucht war ohnehin ein Hirngespinst zum Sendezeit füllen. Obwohl die katastrophentrunkene westliche Presse in Windeseile jedes Evakuierungsszenario für Tokio genüsslich durchgespielt und verworfen und 35 Millionen Menschen für so gut wie tot erklärt hatte, blieben 75 Prozent der Ausländer in der Stadt, und von den 25 Prozent geflohenen kehrten viele bald wieder zurück.

Und warum waren dann im öffentlich-rechtlichen deutschen Fernsehen tatsächlich Menschen zu sehen, die am Flughafen Narita am Schalter Schlange standen?

Weil es ein Flughafen ist.

Geschlechterrollen und Beziehungskisten: Frauen & Männer

Die Spatzen pfeifen es von den Dächern … nein, ein Bild von Vögeln scheint mir hier unangebracht, also noch mal:

Es ist allgemein bekannt, dass Japanerinnen und Japaner nicht mehr genug Babys machen, um all die Alten im Land auszugleichen. Dabei sind die geschlechtsreifen wie mündigen Bürgerinnen und Bürger nicht bloß erotisch phlegmatisch, das Problem setzt viel früher an: Sie sind beziehungsmüde. Eine richtige Beziehung mit allem Drum und Dran mit einem anderen Menschen einzugehen sei ihnen viel zu viel Arbeit, geben viele junge Erwachsene zu Protokoll, wenn mal wieder dahingehende Umfragen gemacht werden. Und Arbeit habe man schließlich so schon genug, da gehe man lieber direkt von dort nach Hause.

Wenn man denn noch gehen kann. Viele Firmen schreiben ihren Mitarbeiterinnen vor, dass sie auf der Arbeit hochhackige Schuhe zu tragen haben. Die wurden 2019 zum Politikum. Als es zwei Jahre zuvor so schien, als befreie der lautstarke Hashtag-Feminismus alle Frauen der Welt von ihren Unterdrückern und verweise alle uneinsichtigen Männer auf die hinteren Plätze, war davon in Japan nicht viel zu merken. Frauen, die, angespornt von internationalen Vorbildern, mutmaßliche sexuelle Übergriffe von Kollegen, Vorgesetzten und Geschäftspartnern öffentlich machten, erfuhren nach wie vor mehr Opferbeschimpfung als Solidarität; von beiderlei Geschlecht. Allzu revolutionäre Bewegungen wurden so im Keim erstickt. Der drückende Schuh ist allerdings etwas, worauf sich viele einigen konnten: Er musste weg. Deshalb begann die dringend benötigte Bewegung dort, wo Bewegung nun mal beginnt: bei den Füßen. Bald war eine Unterschriftenaktion gestartet, über die sogar die Abendnachrichten in aller Ausführlichkeit berichteten, und man hatte auch an das Allerwichtigste gedacht: Einen griffigen Hashtag. #KuToo setzt sich zusammen aus der Mutter aller Aktivistinnen-Hashtags und Ku, der ersten Silbe von kutsu, also Schuh.

Wo ein Hashtag ist, da lässt ein Backlash nicht lange auf sich warten. Es waren gerade Frauen in Führungspositionen, die sich mit der KuToo-Initiative nicht identifizieren oder nicht zufriedengeben wollten. Es gäbe wahrlich größere, dringender zu beseitigende Missstände in Frauenfragen, so deren Argumentation. Man wundere sich außerdem, warum gerade dieses Gimmick-Thema von der Auslandspresse so begeistert aufgenommen wurde, während sonst kaum etwas über Japan berichtet werde, schon gar nicht zu geschlechtspolitischen Themen.

Die Verwunderung ist berechtigt, das fiel irgendwann auch im Westen einigen wenigen kritischen Geistern auf. Sie merkten an, dass derartige Kleidungsvorschriften nun wahrlich kein Alleinstellungsmerkmal japanischer Firmen seien, sondern in Europa und den USA ebenfalls alles andere als ungewöhnlich sind. Wie kann es also angehen, dass dieser weltumfassende Mini-Missstand uns als »Skurriles aus Japan«-Thema verkauft wurde? Meine Theorie: Weil der moderne Hoodiejournalismus eben weniger von der Kleiderordnung anderer Arbeitswelten als der eigenen weiß.

Essen. Baden. Schlafen. Und dann?

Damit es kein Vertun gibt: Es sind in erster Linie die Männer, die ihr Denken und Handeln ganz radikal umkrempeln müssen, wenn sich an den Verhältnissen etwas ändern soll (und das muss es). Der Ehemann, der bei der Kommunikation mit der Ehefrau mit den Worten »Essen«, »Baden« und »Schlafen« auskommt, ist kein allzu überspitztes Klischee. Gleichwohl müssen auch die Frauen an ihrer Einstellung arbeiten. So wie viele Männer ihre Frauen in erster Linie als Verwalterinnen von Haushalt und Familie sehen, so sehen die Frauen ihre Männer, oder ihre potenziellen Männer, vor allem als die Financiers von Haushalt und Familie. Daraus machen sie keinen Hehl. Ich erinnere mich an einige Damenverabredungen in meiner ungebundenen, gleichwohl bindungswilligen Zeit, die eher hartnäckigen Verhandlungen um die zukünftige Aufteilung meines Gehaltes glichen als den romantischen Candlelight-Dinners, als die sie angelegt waren. Ich saß da mit meinen naiven Vorstellungen und dachte: Könnten wir nicht zumindest erst mal Händchen halten?

Viele japanische Männer sitzen ebenfalls so da und lassen es dann irgendwann. Das Ernähren und Beherbergen einer ganzen Familie auf Grundlage eines einzigen Gehalts ist heute auch in Japan schwierig. Da muss man zusammenarbeiten – gleichberechtigt (liebe Herren) und gleich verpflichtet (sehr geehrte Damen).

Selbstverständlich ist es illusorisch zu glauben, beide Partner könnten jemals auf Heller und Pfennig genau gleich viel verdienen. Ein Bekannter von mir, ein Zeitschriftenredakteur, erzählte mir, er würde auf dem Einwohnermeldeamt vom weiblichen Personal offen ausgelacht werden, wenn er angibt, dass seine Frau mehr verdient als er. Da frage ich mich: Warum sagt er das auch? In meiner Familie herrschen ähnliche Verhältnisse, aber wenn es um die Verlängerung meines Visums geht, versuche ich diesen Umstand so gut wie legal möglich zu verschleiern. Nicht aus beklopptem Männerstolz, sondern weil mir mein Visum zu wichtig ist. Ich möchte den bearbeitenden Beamten signalisieren: Keine Sorge, ich könnte auch ohne meine Frau, falls mal was ist, Gott bewahre.

Die Zeit meiner Visumsverlängerung fällt immer in die Zeit der Einkommenssteuererklärung, was mich in leicht schizophrene Zustände versetzt. Dann arbeite ich parallel an zwei verschiedenen Dokumentationen: In einer stelle ich dar, wie prächtig es mir finanziell geht und in Zukunft bestimmt gehen wird; in der anderen, wie arm dran ich bin und wie wenig es bei mir zu holen gibt. Ist es das, was sie doppelte Buchführung nennen?

Wem die Partnersuche auf eigene Faust zu haarig wird, der geht das Ganze vielleicht lieber traditionell an. In der Vergangenheit war es die Norm, dass Eheleute von Familienmitgliedern oder professionellen Heiratsvermittlern verkuppelt wurden. Auch heute wird das noch als eine legitime Methode angesehen, einen Partner zu finden.

Eine derart arrangierte Ehe ist auf keinen Fall mit einer Zwangsheirat zu verwechseln. Der oder die Vermittler machen lediglich Vorschläge, oft mehrere, die von beiden Seiten angenommen oder abgelehnt werden können. Der japanische Begriff für diese Ehevermittlung ist *o-miai*, was sich mit *Sehen und Treffen* übersetzen lässt. Die Kandidaten lassen sich nicht blind trauen, sondern prüfen einander. Neben dem Abgleich möglichst gemeinsamer Interessen und kompatibler Mentalitäten wird bei der eigenen wie unterstützten Partnersuche auch auf sehr esoterisch anmutende Komponenten geachtet. Dass aufs Tierkreiszeichen geschaut wird, mag für hiesige Horoskopgläubige noch nachvollziehbar sein. Kurioser mutet schon der Wirbel an, der um die Blutgruppe gemacht wird. In Japan und einigen anderen asiatischen Ländern werden den verschiedenen Blutgruppen Charaktereigenschaften zugeordnet wie anderswo den Sternzeichen. Manche Blutgruppen passen perfekt zueinander, andere sollten besser nicht längere Zeit auf engem Raum miteinander verbringen. Vielen Menschen ist es mit diesem Thema sehr ernst. Auf den Anmeldeformularen professioneller Heiratsvermittler ist die Angabe der Blutgruppe oft Pflichtfeld.

Eine kurze Stichprobe:

Träger der Blutgruppe A (z. B. George Bush sen., Jet Li, Adolf Hitler, Britney Spears) gelten als verbissene, unsichere Perfektionisten.

In Gruppe B (Akira Kurosawa, Tom Selleck, Leonardo DiCaprio, Luciano Pavarotti) finden sich leidenschaftliche Kreative mit Hang zum Narzissmus.

AB-Bluter (Jackie Chan, John F. Kennedy, Marilyn Monroe, Mao Zedong) gelten als kühle, aber nachtragende Logiker.

Unter Typ 0 (Michail Gorbatschow, Ronald Reagan, Elvis Presley, Al Capone) finden sich geborene Führungspersönlichkeiten mit allen positiven und negativen Eigenschaften, die man mit solchen verbindet.

Spagat zwischen Office Lady und Harajuku Girl

Meine Freundin Kaori geht heute einkaufen, und ich gehe mit. Es ist Sonntag, da geht jeder einkaufen, denn Sonntag ist der einzige Tag in der Woche, an dem die meisten Angestellten freihaben. Abgesehen natürlich von den Verkäuferinnen und Verkäufern. Kaori ist unterwegs in Harajuku, jenem Stadtteil Tokios, der bei jungen und sehr jungen Damen besonders beliebt ist, wenn es um das Zulegen und Herzeigen neuer Kleider und Accessoires geht. Haute Couture ist es nicht, was hier hergezeigt wird. Es sind die jeweils aktuellen Auswüchse der Jugendkultur. Der Stil ändert sich naturgemäß von Saison zu Saison, aber gewisse Konstanten werden wohl nie verschwinden: Es ist immer bunt, immer eklektisch, immer ein bisschen beeinflusst von Comic- und Zeichentrickübertreibung, immer ein bisschen abgeschaut beim Punk. Es handelt sich selbstverständlich um die knallbunte Postkartenversion von Punk, nicht um ideologisch-authentische Leck-mich-Gammeligkeit. Dafür stecken viel zu viel Zeit, Arbeit und Geld im Look der Harajuku Girls, die sich am Wochenende nicht nur von staunenden Touristen bereitwillig fotografieren lassen, sondern auch von einheimischen Familienvätern, in deren Alltag es möglicherweise ein wenig an Farbe mangelt. Kaori sympathisiert mit den Mädchen und ihrem Look, auch wenn sie selbst nicht mehr mittut. Als erwachsene Frau färbt sie sich nicht mehr die Haare türkis, aber ihr plüschiger rosa Mantel über dem ansonsten schwarzen Outfit und die grobmaschigen Netzstrümpfe, sichtbar zwischen hohen Stiefeln und hohem Rock, heben sich immer noch stark ab vom Look der anderen Einkäuferinnen in Kaoris Alter, die nahezu ausnahmslos in beigen Einheitstrenchcoats aus dem Haus gehen.

Auch heute würde Kaori lieber in den kleinen, flippigen Boutiquen stöbern, die teilweise mit schrillen Schaufenstern auf sich aufmerksam machen, teilweise hinter unscheinbaren Kellereingängen verborgen sind, die nur Insiderinnen bekannt sind. Aber das muss sie auf später verschieben. Heute kauft sie nicht für die Freizeit, sondern für den Beruf.

Kaori heißt nicht wirklich so, aber sie wird auf eigenen Wunsch in ihrem Freundeskreis so genannt. Das Wort bedeutet »Duft« und wird als Künstlername inflationär häufig angenommen von Models, Popsängerinnen und Erotikfilmschauspielerinnen. Unsere Kaori singt außerhalb von Karaoke-Kabinen eher selten, und ihren Lebensunterhalt verdiente sie schon immer aufrecht und angezogen. Eine Zeit lang sogar ziemlich exklusiv angezogen, denn Kaori war tatsächlich Model. Aber das ist lange vorbei, schließlich liegt Kaoris dreißigster Geburtstag schon ein paar Jahre zurück. Auch im Westen wäre sie inzwischen aus dem besten Modelalter heraus, in Japan mit seinem noch fanatischeren Jugendkult ist sie längst im Ruhestand. Nun war Kaori leider nur eine von vielen Kaoris, die lieb in Kameras lächelten und dabei gut aussahen. Mädchenmodel ist keine seltene Beschäftigung. Der Bedarf ist da: Am Kiosk lächelt einem von jedem Rätsel-, Comic-, Kochrezepte- oder Nachrichtenmagazin eine junge Schönheit kaufanreizend zu. Die Bezahlung ist besser als in herkömmlicheren Studentenjobs, die Aufmerksamkeit schmeichelt dem Ego, und es könnte der Beginn von etwas Größerem sein. Aus manchen Models werden Supermodels oder Schauspielerinnen oder Popidole. Aber die meisten Models bleiben bloß Models und müssen sich nach einem anderen Beruf umsehen, wenn sie unübersehbar erwachsen geworden sind. So wie Kaori. Nun möchte sie Office Lady werden. Oder *OL*, wie es im abkürzungswütigen originaljapanischen Sprachgebrauch heißt. Die Office Lady ist die ungefähre weibliche Entsprechung des Salary Man, jenes typischen männlichen Angestellten, der nach der Universität in eine Firma eintritt, der er bis zur Pensionierung treu bleibt und in der er nach klar umrissenen Regeln und Zeitplänen stetig die Karriereleiter hinaufsteigt. Die anhaltende Katerstimmung nach dem Platzen der japanischen Wirtschaftsblase 1990 und das immer bedenklicher wackelnde Rentensystem sorgen zwar dafür, dass die Salary-Man-Karriere heute keine so sichere Bank mehr ist wie in den Jahrzehnten zuvor. Komplett zusammengebrochen ist sie jedoch (noch) nicht.

Der wesentliche Unterschied zwischen der Karriere eines Salary Man und der einer Office Lady ist die Kürze. Vor allem die Kürze der Karriereleiter. Von einer Frau erwartet die Gesellschaft und damit die Firma, dass sie sich nach der Hochzeit ins Private zurückziehen und sich um den Haushalt und den ebenfalls gesellschaftlich erwarteten Nachwuchs kümmern kann. Deshalb erschöpft sich der Tätigkeitsbereich der Office Lady zumeist in einfachen Tipp- und Ablagearbeiten im Auftrag der Salary Men.

Damit will sich Kaori über kurz oder lang nicht zufriedengeben. Sie ist ohnehin nicht nur über das Modelalter hinaus, sondern auch über das gesellschaftlich akzeptierte Singlealter. Immerhin erlauben Kaoris Partner- und Kinderlosigkeit es ihr, ernsthaft an Karriereplanung zu denken. Und so steht es auch in Englisch auf dem Schild, das im Kaufhaus die Abteilung ausweist, in der sich Kaori heute nach der passenden Garderobe für Vorstellungsgespräche umschauen wird: »Career Women«.

Die Lolita-Gesetze nach Takemoto

Die Harajuku Girls haben diese Sorgen noch nicht. Wobei die Unbeschwertheit der Jugend freilich relativ ist und nur retrospektiv als solche wahrgenommen wird. Der Schulalltag japanischer Teenager ist geprägt von den bevorstehenden Aufnahmeprüfungen für die Universitäten. Ein Universitätsabschluss wird von Arbeitgebern und Familien erwartet. Die Eignungstests sind umfangreich und schwierig, die Jugendlichen stehen unter enormem Druck von Lehrern und Eltern. In dieser Atmosphäre machen sich Schüler und Schülerinnen auch gerne gegenseitig das Leben zur Hölle. Das Mobbing unter Schulkindern hat in Japan dramatische Ausmaße angenommen. Kritiker weisen immer wieder darauf hin, dass die starren und straffen Unterrichtsmethoden und die Angst vor den Universitätsprüfungen zu vermehrten Psychosen und sogar einer erhöhten Selbstmordrate bei Jugendlichen führen. Manche ziehen sich völlig aus dem gesellschaftlichen Leben zurück. Immer mehr junge Menschen weigern sich schlicht, ihre Zimmer zu verlassen.

Andere bewältigen den Stress auf genau gegenteilige Art: Sie werfen sich einmal die Woche in bizarre wie aufwendige Kostüme und flanieren selbstbewusst durch die Straßen von Harajuku und durch das Blitzlichtgewitter der Hobbyfotografen. Es wird gesagt, dass die Harajuku Girls mit den größten Starqualitäten oft die sind, die in der Schule die Graumäusigsten und Meistgehänselten sind.

Eine große Fraktion unter den Harajuku Girls machen schon seit den späten 70ern die sogenannten Lolitas aus. Die erste Begegnung mit einer Lolita macht den Unvorbereiteten verlegen: Da steht eine junge Frau, von Kopf bis Fuß in Pink gekleidet, komplett mit Spitzenhäubchen und aufgerüschten Söckchen. Wo eine Stickerei hinpasst, ist auch eine hingestickt, mit Vorliebe Blümchen- oder Erdbeermotive. Da fragt man bzw. Mann sich sofort: Was soll das denn?! Machen sich hier Mädchen zu ihrem eigenen Klischee? Wird gar gedankenlos mit pädophilen Fantasiebildern gespielt?

Tatsächlich ist einer Lolita ziemlich schnuppe, was irgendwer von ihr denkt. Ursprünglich war der erschreckend kindliche Look sogar gedacht, um Männer abzuschrecken und ihnen keine sexuelle Projektionsfläche zu bieten. Dass genau daraus ein Fetisch wurde, war nicht im Sinne der Bewegung. Lolitas sind am liebsten mit anderen Lolitas zusammen, und sie folgen einem Kodex, den der Rest der Welt ohnehin nicht verstehen würde. Sie beziehen sich auf eine selektive Wahrnehmung vom französischen Rokoko, was ästhetische Vorlieben und elitäres Klassenbewusstsein angeht. Die authentischen Lolita-Boutiquen erkennt der Tourist an handgemalten Hinweisschildern in ungewohnt korrektem Englisch: *»No photos. Fuck off.«* Wenn man schon höflich gebeten wird, hält man sich besser dran.

Ausgerechnet ein erwachsener Mann war es, der den Japanern und mittlerweile auch dem Rest der Welt die Lolitas und ihr ganz eigenes Universum nahegebracht hat: der Schriftsteller Novala Takemoto, eine der schillerndsten Figuren der japanischen Popliteratur. Er schrieb mehrere Essays und Romane, die von der Welt der Lolitas erzählen, aber vor allem ein Buch wurde zu einer multimedialen Sensation: *Shimotsuma Monogatari*, was sinngemäß *Die Geschichte von Shimotsuma* bedeutet. Shimotsuma ist eine als hinterwäldlerisch verschriene Kleinstadt in der insgesamt nicht besser beleumundeten Präfektur Ibaraki. *Shimotsuma Monogatari* erzählt auf rund zweihundert Seiten von der resoluten Lolita Momoko, die schwer an ihrem bäuerlichen Lebensumfeld zu leiden hat und sich mehr oder minder unfreiwillig auch noch eine Begleiterin anlacht, die so gar nicht zu ihr passen will: Ichiko, ausgerechnet eine *Yanki*. Als *Yanki* bezeichnet man einen ungehobelten und ungebildeten Motorradrowdy nach US-amerikanischem Vorbild (Yanki/Yankee). Natürlich werden die beiden über kurz oder lang beste Freundinnen, die als Backfischvariante von Thelma & Louise alle Widrigkeiten des Lebens meistern. Zum Schluss begreift die harte Ichiko, dass Momoko eine echte Kämpferin ist, und die strenge Momoko sieht, dass auch Ichiko ganz, ganz tief in sich das Zeug zu einer Lolita hat, wenn man ganz, ganz genau hinguckt.

Der Roman wurde ein Bestseller, und wie es sich für einen Bestseller gehört, wurde ein Film daraus. In diesem Fall sogar ein außerordentlich gelungener, der wiederum einen Comic und eine Comicfortsetzung zur Folge hatte. Der Roman und der Comic erfuhren in englischen Übersetzungen unter dem missglückten Titel *Kamikaze Girls* auch internationale Aufmerksamkeit. Unter diesem Titel fand die Realverfilmung sogar den Weg auf den deutschen DVD-Markt. Wer *Kamikaze Girls* gesehen hat, wird eine Lolita nie wieder als konteremanzipatorischen Modefreak abtun.

Novala Takemoto wurde von den Lolitas als eine Mischung aus Chronist und Guru angenommen. Er brachte schriftlich Lolita-Regeln auf den Punkt, die in der Szene eh schon als ungeschriebene Gesetze gelebt wurden. Mal geht es um die Körperhaltung (»Die Handtasche wird immer mit beiden Händen vor dem Körper getragen«), oft um die geistige Haltung: »Lolitaing« muss auf jeden Fall als ganzheitlicher Lebensstil verstanden werden und sich so vom vulgären Cosplay, dem reinen Verkleiden, deutlich abgrenzen. Takemoto selbst gibt sein Geburtsjahr als 1745 an, zu Zeiten des Rokoko (tatsächlich ist er Jahrgang

1968). Der bekennende Heterosexuelle gab sogar Männern mittlerweile kanonisierte Anhaltspunkte, wie sie sich im Lolita-Stil kleiden dürfen, wenn sie unbedingt den Drang verspüren. In Artikeln im Magazin *Gothic & Lolita Bible* (die Gothic Lolitas oder Goth-Lolis sind eine akzeptierte Splittergruppe, die Schwarz statt Pink bevorzugt) empfahl er nicht nur passende Geschäfte für den Einkaufsbummel, sondern gab auch handfeste Tipps wie: »Wenn Sie ein Spitzenhäubchen tragen, binden Sie es unbedingt hinten zu. Vorne wirkt zu mädchenhaft.«

Es ist wohl so, wie die in Japan geborene und aufgewachsene frankobelgische Autorin Amélie Nothomb in ihrem autobiografischen Roman *Mit Staunen und Zittern* schreibt: »Was ein Exzentriker ist, weiß man erst, wenn man einem japanischen Exzentriker begegnet ist.« Im selben Buch schreibt Nothomb: »Nicht alle Japanerinnen sind schön. Aber wenn eine mal schön ist, können alle anderen einpacken.« Dem kann man unmöglich widersprechen, weder dem ersten noch dem zweiten Satz. Ob allerdings die Lolitas in die Einpackkategorie gehören, muss jeder Exzentriker mit sich selbst ausmachen.

Jetzt auch mit weniger Kultur: Geisha light

Hand aufs Herz: Das japanische Frauenbild im Westen ist weder von Office Ladies noch von Career Women oder Lolitas geprägt. Man denkt spontan an die Geisha – weiß geschminkt, aufwendig frisiert und in einen prächtigen Kimono gewickelt. Diese Geisha gibt es durchaus. Noch.

So sicher wie in der Kirche das Amen kommt in jedem deutschen Japan-Reiseführer die mahnende Feststellung, dass die Geisha keineswegs eine Prostituierte sei. Ehrlicher und korrekter müsste es heißen, dass die Geisha keineswegs *zwingend* eine Prostituierte ist. Geisha bedeutet wörtlich »Person der Künste«, und es handelt sich um einen hoch angesehenen Ausbildungsberuf. Die Ausbildung findet abgeschottet von der Öffentlichkeit in Geisha-Häusern statt und beginnt bereits im Mädchenalter. Zunächst lernen die angehenden Geishas das Servieren von Speisen und Getränken, später schauspielerisches und musisches Handwerk, schließlich die Kunst der angenehmen Konversation. Sexuelle Dienstleistungen sind nicht Teil der Ausbildung und gehören auch nicht zwangsläufig zu einem Abend in Geisha-Gesellschaft. Da die Geschäftswelt männlich geprägt ist und bei Geschäftsessen oder abendlichen Feiern unter Kollegen häufig akuter Frauenmangel herrscht, ist es an der Geisha, das weibliche Element einzubringen. Darüber hinaus ist sie multitalentierte Unterhaltungskünstlerin, spielt traditionelle Saiteninstrumente und sorgt durch anregende Gespräche für gute Stimmung. Die Konversationskunst der Geisha ist nicht zu unterschätzen. Es handelt sich keineswegs um bloßen Small Talk. Eine Geisha muss mit Männern aus verschiedenen Umfeldern geistreich genug plaudern können, um das Gespräch interessant zu gestalten, darf aber selbstverständlich nie kontrovers diskutieren. Ob es nach der Unterhaltung zu körperlicher Intimität kommt, ist der Geisha überlassen. Sexuelle Bereitschaft kann über sehr subtile Details an der Kleidung oder im Make-up signalisiert werden.

Diese subtilen Signale, die sich Nichtjapanern kaum erschließen werden, sind nicht der einzige Grund, warum die Welt der Geisha Ausländern weitgehend verschlossen bleibt. Ein tief greifendes Verständnis der japanischen Kunst und Kultur und nicht zuletzt der Sprache ist unerlässlich, um der Gesellschaft einer Geisha gewachsen zu sein. Ohne Einladung eines einflussreichen Einheimischen wird ein Ausländer keinen Einlass in ein Geisha-Haus finden. Es gibt aber zunehmend organisierte und betreute Schnupperveranstaltungen für Touristen. Die Geishas dabei sind durchaus echt, aber die Kunstdarbietungen sind stark vereinfacht, und die Abende verlaufen in der Regel familienfreundlich.

Diese zaghafte Öffnung entspringt vor allem wirtschaftlicher Notwendigkeit, denn der Berufsstand der Geisha ist vom Aussterben bedroht.

Wer an einer der erwähnten Touristenveranstaltungen teilgenommen hat, wird sich ob des meist horrenden Preises wahrscheinlich denken, dass er als dummer Ausländer ordentlich übers Ohr gehauen wurde. Tatsächlich müssen Japaner für einen authentischen Geisha-Abend noch weitaus tiefer in die Tasche greifen. Und das kann sich in wirtschaftlich schwierigen Zeiten kaum jemand leisten. Bis in die Achtzigerjahre schienen die Spesenkonten der Firmen kein Limit zu kennen, inzwischen dreht man vielerorts jeden Yen zweimal um. Viele Geschäftsleute greifen deshalb zunehmend auf eine preiswertere und weniger kultivierte Alternative zurück: die Hostessenbar. Auch hier lässt sich sagen: Eine Hostess ist nicht *zwingend* eine Prostituierte. Mit viel Kulanz gegenüber dem Berufsbild der Hostess könnte man sagen, dass es sich um eine Lightversion der Geisha handelt. Wo die Geisha mit traditionellen Liedern und eigenhändiger musikalischer Begleitung unterhält, singt die Hostess ins Karaoke-Mikrofon. Reden muss auch eine Hostess können, aber geistreiche Konversation wird von ihr nicht erwartet. Und die erotischen Signale in ihrer Aufmachung sind kulturübergreifend weitaus offensichtlicher als die der Geisha.

Kimono heißt Kleidungsstück

Der Ausländer assoziiert mit dem Begriff Kimono sofort das prächtige und komplizierte Gewand der Geisha. Tatsächlich bedeutet Kimono nichts anderes als »Kleidungsstück«, von *kiru* (anziehen) und *mono* (Sache, Gegenstand). Da sich in Japans Alltag längst Kleidung westlichen Standards durchgesetzt hat, versteht man auch als Einheimischer inzwischen unter Kimono die traditionellen japanischen Gewänder. Allerdings ist es nur ein grober Oberbegriff und bezeichnet nicht ausschließlich weibliche Kleidung. Ein Kimono, der auch von Männern getragen wird, ist der Yukata, der in Schnitt und Zweck Ähnlichkeit mit dem westlichen Bade- oder Hausmantel hat. Dabei ist es keineswegs unschicklich, im Yukata vor die Haustür zu gehen. Ein Yukata gehört auch in westlich geprägten japanischen Hotels zur selbstverständlichen Zimmerausstattung. Wer abends noch Appetit auf einen Snack aus dem Hotelautomaten hat, muss sich nicht wundern, wenn er auf dem Gang Gleichgesinnte im Yukata trifft, auch wenn Hotelleitungen auf Hinweisschildern höflich darum bitten, davon Abstand zu nehmen. In Gegenden, die vom Heiße-Quellen-Tourismus leben, sieht man auch auf der Straße Männer und Frauen im Yukata flanieren. Für den westlichen Betrachter wirkt es etwas wie eine Freiluft-Pyjama-Party.

In den Yukata schlüpft man einfach wie in einen Mantel, eine Bedienungsanleitung ist nicht notwendig. Bei explizit weiblichen Kimonos gibt es große Unterschiede. Viele Japanerinnen geben »Kimono« direkt als Hobby an, denn das korrekte Anziehen und Tragen kann je nach Modell eine Wissenschaft für sich sein. Wer es im Elternhaus nicht beigebracht bekommen hat, kann Kurse belegen. Einige Kimonos kann man eh ohne fremde Hilfe nicht anlegen. Verständlich, dass nur noch sehr wenige Frauen so traditionsbewusst sind, täglich einen zu tragen. Eine angenehme Pflicht ist es aber bei besonderen Anlässen, insbesondere traditionellen Volksfesten und Paraden oder Schul- und Universitätsabschlüssen. Bei solchen Anlässen schießen westliche Fotografen auch gerne das Motiv, das einfallslose Bildredakteure besonders gerne verwenden, wenn sie die japanische Verquickung von Kultur und Moderne auf vermeintlich originelle Weise illustrieren wollen: Kimono-Frau, die mit Handy telefoniert. Da der Kimono in der japanischen Kultur nicht altmodisch, sondern zeitlos ist, würde ein Japaner nie auf die Idee kommen, in dieser Anordnung etwas Widersprüchliches zu sehen.

Taiwan und Disneyland sind fortschrittlicher

Japan galt lange Zeit als einigermaßen tolerant, was gleichgeschlechtliche Beziehungen angeht. Schon die Samurai hatten dazu ein entspanntes Verhältnis, wenn es auf dem Kriegspfad an weiblicher Gesellschaft mangelte. Treten im Fernsehen Männer in Kleid und Make-up auf, ist das nicht automatisch eine Lachnummer für ein biederes Heteropublikum, sondern heißt nur, dass diese Männer gerne Kleider und Make-up tragen. Warum sollte sie das daran hindern, seriös das Tagesgeschehen zu kommentieren? Darüber geredet wird nicht groß, weil sexuelle Veranlagung und geschlechtliche Identität Privatsachen sind, und über Privates spricht man halt öffentlich nicht.

Die Weltgesellschaft allerdings entwickelt sich weiter, und immer, wenn sie das tut, gerät das wertegemütliche Japan ins Hintertreffen. Inzwischen reicht die japanische Toleranz, die eher eine gut gemeinte Ignoranz ist, vielen nicht mehr. Das ist verständlich. Zwar können seit 2012 gleichgeschlechtliche Paare im Disneyland Tokyo heiraten. Leider aber nur dort, und eine Disneyland-Eheschließung ist nicht rechtlich bindend, sondern nur ein kleiner Freizeitspaß mit Micky-Maus-Urkunde. Im echten Leben, zum Beispiel bei der Wohnungssuche, im Erbrecht oder bei Versicherungen, sind homosexuelle Paare nach wie vor benachteiligt. Es gibt zusehends mehr lokale Sonderregelungen, eine verbindliche nationale steht aus. Taiwan hat 2019 als erstes asiatisches Land die gleichgeschlechtliche Ehe legalisiert. Das hat die japanische Aktivistenszene ein bisschen aus dem Dornröschenschlaf erweckt.

Will man eine gerechtere Gesellschaft für alle schaffen, ist es zweifelsohne nicht verkehrt, sich etwas bei Ländern abzugucken, die dieses oder jenes Phänomen progressiver angehen. Das bedeutet wiederum nicht, dass man diesen Ländern blind folgen muss, ohne auf die Feinheiten der eigenen Kultur zu achten. In den USA haben geschlechterneutrale öffentliche Toiletten für die, deren Geschlechtsidentität sich nicht mit einem Hosen- oder Rockpiktogramm erschöpfend darstellen lässt, nicht nur einen profanen praktischen Wert, sondern auch einen symbolischen. Kritik kommt allenfalls von denen, denen ohnehin alles, was nicht eindeutig männlich und hetero ist, suspekt ist. Das mag man guten Gewissens ignorieren; diese Spezies wird es nicht mehr lange machen. In Japan gab es ebenfalls Kritik, als einige Firmen mit guten Absichten vorpreschten und ihren Mitarbeitern eine Regenbogen-Toilette als dritte Option zur Verfügung stellten, also konform zum bunten Symbol der LGBT-Bewegung. Die Kritik kam allerdings weniger vom rechten Rand als vielmehr von den potenziell Betroffenen: Sie wollten keine Extrabehandlung. Sie wollten nur so behandelt werden wie alle anderen.

Binationale Beziehungen

Jahrhundertelang war Japan stolz auf seine eingebildet homogene Gesellschaft, die vor allem durch die isolierte geografische Lage und zögerliche Bereitschaft zum wirtschaftlichen und kulturellen Austausch mit anderen Nationen bedingt war. Seit einigen Jahrzehnten öffnet sich Japan besonders wirtschaftlich, und Fernreisen stellen einen ebenfalls nicht mehr vor unlösbare Probleme. Inzwischen wird sogar qualifizierten ausländischen Arbeitskräften die Einbürgerung leichter gemacht. Somit sind Ehen zwischen japanischen und ausländischen Partnern keine Seltenheit mehr. Es ist keine allzu große Verallgemeinerung, wenn man feststellt, dass in binationalen Ehen fast immer der männliche Teil der Ausländer ist. Theorien über diesen Umstand gibt es viele. Japanischen Männern wird nachgesagt, sie würden sich von ausländischen Frauen nicht angezogen fühlen. Ausnahmen bestätigen jedoch, dass man hier nicht allzu verbissen pauschalisieren sollte. Tatsächlich nehmen die Ausnahmen ständig zu, insbesondere unter jüngeren Menschen. Meine Theorie: Die jungen Frauen kommen wegen der Mangas, und bleiben wegen der Männer. Wer die Stellenangebote in ausländeraffinen Medien durchstöbert, wird vor allem zweierlei Arten von freien Stellen im Überangebot finden: Englischlehrer für die Jungs, Barhostess für die Mädels. Der Reiz des Exotischen ist also keine Einbahnstraße.

Eine Theorie, die sich auf die ausländischen Männer bezieht, besagt, dass diese Männer mit den vermeintlich zu emanzipierten Frauen des eigenen Landes nicht zurechtkämen und sich deshalb nach einer vermeintlich fügsamen Asiatin sehnen. Das mag vorkommen, aber eine gröbere Fehleinschätzung der japanischen Frau kann es nicht geben. Diese Beziehungen gehen spätestens dann in die Brüche, wenn die Frau erst mal wie selbstverständlich (*weil* in Japan selbstverständlich) das gesamte Gehalt des Mannes einstreicht und ihm fortan nur ein Taschengeld auszahlt.

Mein erstes japanisches Wort (und der ganze Rest)

Ich gehe eine Wette mit Ihnen ein: Der erste japanische Ausdruck, den Sie in Japan hören werden, wird weder *konnichi wa* (»Guten Tag«) noch *yokoso* (»willkommen«) sein. Auch nicht die in Geschäften und Gaststätten geschriene Begrüßungsformel *irasshaimase*. Das am häufigsten benutzte Wort im japanischen Alltag und somit das allerwichtigste japanische Wort überhaupt lautet: *sumimasen*. Reisen Sie in einem Flugzeug zusammen mit japanischen Heimkehrern und/oder japanischem Flugpersonal an, werden Sie es schon gefühlte tausendmal gehört haben, bevor Sie den europäischen Luftraum verlassen haben.

Das Wort bedeutet: Entschuldigung. In erster Linie. Eigentlich handelt es sich um ein Universalwort, das nie verkehrt ist. Man benutzt es, um auf sich aufmerksam zu machen (»Entschuldigung – ich bin auch noch da!«) oder um von sich abzulenken (»Entschuldigen Sie, dass ich da bin!«). Tut einem jemand ungefragt einen Gefallen, bedankt man sich eher mit *sumimasen* (»Entschuldigen Sie, dass Sie sich meinetwegen mühen mussten!«) als mit *arigatō* (»danke«). *Arigatō* ist Geschenken und Ähnlichem vorbehalten.

Das allgegenwärtige *sumimasen* ist nur eine Floskel, die den Japanern in Fleisch und Blut übergegangen ist und über die sich ausländische Beobachter viel mehr tiefenpsychologisch bedeutsame Gedanken machen als die Einheimischen. Die echte Entschuldigung – weil man sich verspätet hat oder jemandem mit Schmackes auf den Fuß getreten ist – lautet *gomen nasai*.

Zwei Alphabete und über zwanzigtausend Sonderzeichen

Wer Japanisch lernen möchte, ist gut beraten, sich von Anfang an mit dem Silbenalphabet und seinen beiden Schreibweisen bekannt zu machen. Über das Alphabet und seine Schrift erschließt sich vieles über den Aufbau und die Betonung von Wörtern und sogar über die Art und Weise, wie Japaner ihnen fremde Sprachen sprechen. Wer artig seine Katakana gelernt hat, wundert sich beispielsweise nicht, warum der aufgeregte japanische Sprecher im Filmtrailer behauptet, der Star aus *Gladiator* hieße Rassuro Kuro. (Ja, natürlich, er meint Russell Crowe.) Und ein tieferes Verständnis von Kultur und Geisteshaltung erschließt sich durch das Verständnis der Sprache ohnehin.

Das japanische Alphabet besteht nach unserem Verständnis nicht aus Buchstaben, sondern aus Silben, die mit jeweils einem Zeichen dargestellt werden. Eine Unterteilung in Vokale und Konsonanten gibt es somit nicht. Es existiert kein Zeichen für den Buchstaben K, aber es gibt Zeichen für ka, ki, ku, ke und ko. Für die 46 Zeichen (Kana) des Alphabetes gibt es zwei verschiedene Schriftformen, die Hiragana und Katakana. Hiragana, tendenziell kurvig und schwungvoll, sind Wörtern japanischen Ursprungs vorbehalten. Die zackigen und kantigen Katakana dienen der Übertragung fremdsprachiger Wörter und ausländischer Namen, aber auch der Hervorhebung von Wörtern in literarischen und werbenden Texten.

Und so sieht's aus:

	Hiragana	Katakana
a	あ	ア
i	い	イ
u	う	ウ
e	え	エ
o	お	オ
ka	か	カ
ki	き	キ
ku	く	ク
ke	け	ケ
ko	こ	コ
sa	さ	サ
shi	し	シ
su	す	ス
se	せ	セ
so	そ	ソ
ta	た	タ
chi	ち	チ
tsu	つ	ツ
te	て	テ
to	と	ト
na	な	ナ
ni	に	ニ
nu	ぬ	ヌ
ne	ね	ネ

	Hiragana	Katakana
no	の	ノ
ha	は	ハ
hi	ひ	ヒ
fu	ふ	フ
he	へ	ヘ
ho	ほ	ホ
ma	ま	マ
mi	み	ミ
mu	む	ム
me	め	メ
mo	も	モ
ya	や	ヤ
yu	ゆ	ユ
yo	よ	ヨ
ra	ら	ラ
ri	り	リ
ru	る	ル
re	れ	レ
ro	ろ	ロ
wa	わ	ワ
(w)o	を	ヲ
n	ん	ン

Variationen ergeben sich durch die Kombinationen von Kana in verschiedenen Größen, so wird zum Beispiel aus ki und kleinem yu ein kyu: きゅ. Die Hilfszeichen Tenten (zwei kleine Striche) und Maru (ein kleiner Kreis) machen die Aussprache weicher oder härter: は (ha) wird mit Tenten zu ば (ba), mit Maru zu ぱ (pa).

Was ist dem adleräugigen Beobachter sofort aufgefallen? Es gibt keine L-Silben. Wasser auf die Mühlen derer, die behaupten, Japaner könnten kein L aussprechen. Können sie schon, es klingt nur manchmal wie R. Tatsächlich sind die Silben ra, ri, ru, re und ro nach westlichem Sprachverständnis recht ambivalent. Im aktiven Sprachgebrauch klingen sie mal so, wie es die hier verwendete offizielle Lateinumschrift vorsieht, mal klingen sie eher wie la, li, lu, le, lo. Meistens klingen sie irgendwo dazwischen. Genauso gut, wie man behaupten kann, dass Japaner kein L aussprechen können, könnte man mutmaßen, dass Nichtjapaner kein ra, ri, ru, re oder ro aussprechen können. Vollzieht man mal im Mundraum nach, was beim Aussprechen von L und R passiert, stellt man fest, dass der einzige Unterschied die Stellung der Zunge ist. Japanische Zungen sind nicht etwa anders beschaffen, sie kümmern sich bloß nicht im gleichen Maße – oder schlicht anders – um den Unterschied zwischen L und R.

Japanisch wäre eine ganz einfache Sprache, wenn sie nicht so kompliziert wäre. Einerseits werden Verben und Adjektive nicht nach Personalpronomen und Geschlechtern gebeugt, Regelausnahmen sind selten, und zeitlich kommt man gut mit Perfekt und Präsens aus; so ein Unsinn wie »vollendete Zukunft« ist verzichtbar. Und wenn man doch mal nicht umhinkommt, sind die Flexionen leicht und systematisch von der Stammform der Verben abzuleiten.

Andererseits wird unterschieden zwischen fünf Abstufungen von Höflichkeit (und etlichen Zwischenstufen), und Frauen sprechen anders als Männer (nicht in einem Venus-Mars-Ach-du-verstehst-mich-nicht-Mario-Barth-Comedy-Sinne, sondern mit tatsächlich unterschiedlichem Vokabular). Und wenn Sie meinen, Sie könnten perfekt Japanisch lesen und schreiben, wenn Sie die obigen knapp einhundert Kana verinnerlicht haben (was verdächtig schnell geschieht), sind Sie schief gewickelt. Wäre die japanische Schriftsprache eine Schachpartie, wären die Kana lediglich die Bauern. Spielentscheidend aber ist ein ganz anderer Zeichensatz, nämlich die Kanji. Und wie viele es davon gibt, ist eine so gute Frage, dass sie niemand beantworten kann. Die Kanji wurden aus dem Chinesischen übernommen, als es in Japan noch keine eigene Schrift gab. Daher gibt es in der Regel für jedes Kanji mindestens zwei Lesarten: die japanische und die chinesische. Lernende bringt es regelmäßig an den Rand der Verzweiflung oder gar darüber hinaus, dass im Japanischen keineswegs nur die japanische Lesung der chinesischen Schriftzeichen Verwendung findet, sondern auch die chinesische, je nach Wortzusammenhang. Das Anfänger-Kanji 田 beispielsweise lässt sich *den* und *ta* lesen.

Weil das Ganze so noch nicht kompliziert genug ist, gibt es bei den meisten Zeichen überdies nicht nur *eine* japanische und *eine* chinesische Lesung, sondern von beiden Sorten gleich mehrere.

Obwohl viele der Kanji bildliche Abstraktionen ihrer Bedeutungen sind, kann man sie insbesondere in der japanischen Verwendung nur bedingt mit Hieroglyphen vergleichen. Zum einen, weil die bildliche Herleitung der komplizierteren Zeichen sich heute kaum noch erschließt, zum anderen, weil sie im Japanischen oft nur wegen ihrer Aussprache verwendet werden. So heißt das Zeichen *ta* als eigenständiges Wort *Reisfeld* (hier ist das visuelle Vorbild leicht zu erkennen), was aber nicht bedeutet, dass jedes Wort, in dem dieses Zeichen vorkommt, etwas mit Reisfeldern zu tun hat. Es bedeutet lediglich, dass in diesem Wort die Silbe *ta* vorkommt. Oder *den*.

Wie viele Kanji es genau gibt, ist, wie gesagt, unbekannt. In japanischen Nachschlagewerken ist von circa 20 000 die Rede, chinesische Lexika kommen auf rund das Doppelte. Keine Panik:

Die meisten davon sind äußerst ungebräuchlich. Besserer Grund zur Panik: Ein durchschnittlich begabter Japaner beherrscht ungefähr 3000 dieser Zeichen, zum Zeitunglesen gelten je nach Zeitung 1800 bis 2000 als Voraussetzung.

Wann Kanji und wann Kana? Als sehr grobe Faustregel gilt: Worte mit eigener konkreter Bedeutung werden in Kanji oder in einer Kombination aus Kanji und Hiragana geschrieben. Worte, die in erster Linie grammatikalische Funktion haben, werden nur in Hiragana geschrieben. Klartext: Alles Wichtige besteht zumindest teilweise aus Kanji.

Es ist theoretisch möglich, jedes japanische Wort ausschließlich in Hiragana zu schreiben. Auf idiotensicheren Warnschildern und in Kinderbüchern für sehr junge oder sehr dumme Kinder wird das auch tatsächlich getan, sonst wird davon aber kein Gebrauch gemacht.

Ein lästerlicher und verständlicher Gedanke kommt wohl jedem Sprachschüler früher oder später während des Kanji-Studiums: Kann man die nicht abschaffen? Der Gedanke ist in Japan nicht völlig unbekannt, aber es gibt nur sehr wenige Unruhestifter, die dafür ernsthafte Lobbyarbeit betreiben, und diese Arbeit wird wohl vergeblich bleiben. Nicht nur, weil die Kanji ein ebenso großer Teil der Kultur wie der Sprache sind (in der Kalligrafie werden sie zur Kunst; die Wahl des »Kanji des Jahres« ist ein ähnliches Ereignis wie die jährliche Wahl der deutschen Wörter und Unwörter). Selbst wenn man die kulturellen Aspekte als Sentimentalitäten abtäte, sprächen gute sprachliche Gründe gegen den Kanji-Verzicht. Ohne Kenntnis der Zeichen wäre alle bisherige große und kleine Literatur aus Japan in wenigen Generationen völlig unlesbar. Außerdem gibt es viele gleich klingende Worte, deren Unterscheidung erst durch den Satzzusammenhang oder die Schreibweise möglich wird. Würde man das Wort *ki* in Hiragana schreiben (き), wüsste man ohne Weiteres nicht, ob damit *ki* wie Baum (木) oder *ki* wie Geist (気) gemeint ist.

Kanji und Kana haben gemein, dass sie nicht irgendwie hingekritzelt werden, sondern dass man beim Schreiben die vorgegebene Strichfolge jedes Zeichens einhält. Grob gilt: von links nach rechts und von oben nach unten. Aber der Ausnahmen sind viele, und manchmal weiß man gar nicht mehr, wo oben und unten ist.

Inzwischen verbindet mich mit den Kanji eine wunderbare Hassliebe, gespeist zu gleichen Teilen aus Frustration und Faszination. Bei geschätzten 20 000 bis 40 000 Zeichen kann man davon ausgehen, dass die Beschäftigung damit ein Hobby ist, das sich nicht so schnell erschöpft. Man lernt nie aus.

Ein Crashkurs in Kanji soll Ihnen an dieser Stelle erspart bleiben, aber diese zwei sollten Sie sich merken, wenn Sie sich abseits der Touristenrouten bewegen: 女 (Damen), 男 (Herren).

Die Todeszahlen

Der Gleichklang vieler japanischer Wörter speist zum einen eine Art von Wortwitz, die keinerlei Übersetzung überlebt, und zum anderen eine Zahlenmystik (das politisch korrekte Wort für Aberglauben), mit der nicht zu spaßen ist. Als Unglückszahl No. 1 gilt die 4, weil eine ihrer Lesarten *shi* lautet, was auch *Tod* bedeutet. Die Zeichen für die Zahl und das Lebensende sind völlig unterschiedlich, aber die Aussprache ist identisch. Umgangen wird das Problem am liebsten, indem die 4 ganz gemieden wird. Ist das nicht möglich, behilft man sich mit der Lesart *yon*, die ebenfalls 4 bedeutet, aber ansonsten unbedenklich ist.

Die 7 ist ebenfalls nicht gern gesehen, ist der traditionelle Ausdruck dafür doch *shichi*, wo auch wieder der Tod drinsteckt. Auch hier kann man zur alternativen Aussprache greifen: *nana*. Nicht ganz so schlimm, aber immer noch schlimm genug ist die 9 beleumundet, denn *ku* heißt neben 9 auch *leiden*. Gottlob kann man auch *kyu* sagen. Aber besser, man meidet sie ganz.

Die 4 wird als Unglückszahl derart ernst genommen, dass man immer wieder hört, es gebe in japanischen Hotels keinen vierten Stock, sondern auf den dritten würde in der Nummerierung gleich der fünfte folgen. Das wollte ich einmal in einem Hotelkomplex im Tokioter Stadtteil Shinagawa überprüfen. Die Anlage bestand aus mehreren Türmen unterschiedlicher Preisklassen. Ich hatte mich im günstigsten Turm einquartiert. Ein Blick auf die Knopftafel im Fahrstuhl: Da war sie, die 4. Zwischen der 3 und der 5, genau da, wo sie hingehört. Von wegen kein vierter Stock.

Am Abend war mir nach einem Getränk mit Aussicht, deshalb wollte ich die Panoramabar des Hotels nutzen, die sich im obersten Stockwerk des teuersten der Türme befand. Ich wechselte den Turm, und siehe da: Im teuren Fahrstuhl keine 4. Lektion gelernt: Uns einfache Leute kann man ruhig mit dem Tod konfrontieren. Die Betuchteren bleiben davon unberührt.

Ich hab's überlebt.

Das höfliche O

Die Höflichkeit mit ihren verschiedenen Abstufungen ist eine große Sache in der japanischen Sprache. Man sollte sie nicht auf die leichte Schulter nehmen. Denn leicht denkt man: Was soll's, ich spreche doch eigentlich immer höflich.

Irrtum. Die gesellschaftliche Hierarchie bestimmt, wen man wie höflich anzusprechen hat. Wenn man in einer bunt gemischten Gruppe das Mitglied, das hierarchisch am weitesten unten steht, mit dem gleichen Höflichkeitsvokabular adressiert wie das Mitglied, das ganz oben auf der Leiter hockt, kann man sicher sein, dass letztere Person beleidigt sein wird. Und erstere peinlich berührt. Außerdem wird übermäßige Benutzung von Höflichkeitsvokabular oft als Zeichen von mangelnder Aufrichtigkeit gewertet.

Eine unverfängliche Art der höflichen Ausdrucksweise im alltäglichen Sprachgebrauch ist das Vorstellen eines O vor Nomen und Adjektive. Die Worte werden dadurch geadelt. *»Genki desu ka?«* heißt so viel wie: *»Wie geht's?«* Wer es genau wissen möchte: *genki* heißt *gesund*, *desu* heißt *sein*, *ka* ist ein Partikel, der anzeigt, dass es sich um eine Frage handelt. Es kann aber nie schaden, um ein O zu erhöhen: »*O-genki desu ka*?« Mit dem O wird aus der Frage nach der Gesundheit die Frage nach dem werten Befinden. Noch feiner wird es mit: *»O-genki ikaga de gozaimasu ka?«* Kennt man sich bestens, reicht situationsbedingt auch schon mal ein: *»Genki?«* In etwa: *»Alles klar, Alter?«*

Dass gerade so vulgäre Dinge wie die Toilette oder Geld durchs Höflichkeits-O zu *o-toire* und *o-kane* erhöht werden, legt die Vermutung nahe, diese Dinge genössen ein besonders hohes Ansehen im japanischen Gedankenkosmos. Es ist aber genau das Gegenteil der Fall. Oft dient das O dazu, eher unangenehme Dinge zumindest sprachlich ein wenig aufzupolieren.

Generation Gorufu: Japanglizismen und der Abkürzungswahn

Professor Suzuki schaltete mit der *rimokon* den *terebi* aus, denn er hatte noch Arbeit an seinem *pasokon* zu erledigen, bevor er morgen wieder ins *rabo* musste. Viel lieber hätte er eine Partie *gorufu* oder *tenisu* gespielt. Aber dafür war es jetzt sowieso zu kalt, es war eher die Saison für *sunobo*. Das war nichts für ihn. Also schloss er die *doa*, machte sich ein *sandoitchi* mit *chīzu* und *sarada*, braute einen starken *kohi* und machte sich ans Werk.

Wenn Sie jetzt nur *eki* (Bahnhof) verstanden haben, liegt das nicht etwa daran, dass der letzte Absatz mit japanischen Wörtern gespickt war. Die kursiv gesetzten Begriffe sind alle Englisch. Allerdings auf Japanisch geschrieben. Und mitunter bis zur Unkenntlichkeit abgekürzt.

Gern wird über die Invasion der Anglizismen in der deutschen Sprache gestöhnt, und das nicht immer zu Unrecht. Falls es ein kleiner Trost ist: In Japan ist es noch viel, viel schlimmer. Man sollte es nicht für möglich halten, wo die Sprachen doch in Aufbau, Historie und Schrift nicht unterschiedlicher sein könnten. Und genau daher kommt es auch, dass englische Ausdrücke im Japanischen oft nur mit einiger Übung zu erkennen sind, denn sie wurden mithilfe des japanischen Silbenalphabetes übertragen, damit sie in Katakana geschrieben werden können. Das Wort *gorufu* besteht aus den Silben go, ru und fu, wobei ru die naheste Entsprechung für den Buchstaben L ist, die die japanische Sprache vorzuweisen hat, und näher als mit fu kommt man dem lateinischen F nicht. Und so wird aus Golf *gorufu*. Auch mit Schlägern, nur anders, spielt man *tenisu*, in der Hoffnung ein zweiter Borisu Bekka zu werden. Ein *sandoitchi* ist auch in Deutschland beliebt, wenn einem *belegtes Brot* zu lang und *Stulle* zu rustikal ist. Zumindest morgens gehört ein starker *kohi* dazu, notfalls *to go*. *Chīzu* sagt man in Japan nicht nur, wenn man Käse möchte, sondern auch bevor das Vöglein aus der Kamera kommt. Bei *sarada* ist die Auswahl groß. Am Nudel-*sarada* scheiden sich die Geister, aber ein bisschen Eisberg-*sarada* geht immer. Dass es im Japanischen keinen eigenen Begriff für die Tür gibt, stimmt nicht. Aber die traditionelle japanische Schiebetür (*shōji*) ist eben nicht dasselbe wie die westliche *doa* (door).

Eine Stufe schwieriger sind die Begriffe, die nicht nur aus dem Englischen übernommen wurden, sondern auch noch abgekürzt wurden, meist ohne Rücksicht auf die Wortstämme der Originalausdrücke. *Rimokon* meint die ***remo***_te_ ***con***_trol_ (Fernbedienung), heute bei keinem *terebi* (***televi***_sion_) wegzudenken. Das *rabo* ist ein Labor (***labo***_ratory_), möglicherweise steht auch dort ein *pasokon* (***perso***_nal_ ***com***_puter_). Wer bis hierhin gekommen ist, hat bestimmt bereits erraten, dass ein *sunobo* ein Schneebrett für Wintersport ist. Harmlos und sehr japanisch klingt *sekuhara*, aber dahinter verbirgt sich Ernstes: *sexual harassment* (sexuelle

Belästigung). Vor Olympia wurde ernsthaft diskutiert, ob man Touristen vor *nuhara* warnen müsse: Nudelbelästigung. Gemeint war das Schlürfgeräusch beim Verzehr, das sensiblen ausländischen Ohren vielleicht nicht zuzumuten sei.

Sogar für Reis wurde aus dem Englischen das Wort *raisu* übernommen. Ist es denn die Möglichkeit, dass die Japaner vor Bekanntschaft mit der englischen Sprache kein Wort für ihr Grundnahrungsmittel hatten? Doch, aber der japanische Begriff *gohan* steht für auf japanische Art gekochten Reis, während *raisu* den Reis meint, wie er in ausländischen Gerichten vorkommt. Tatsächlich ist der Reis in der japanischen Sprache so gegenwärtig, dass das Wort *gohan* außerdem gleichbedeutend mit den Wörtern *Essen* oder *Mahlzeit* ist. Bei der flüssigen Nahrung verhält es sich ähnlich: *Sake* bezeichnet einerseits den sogenannten Reiswein, ist andererseits aber auch der Oberbegriff für alle alkoholischen Getränke. Wobei *sake* ebenfalls eine Art Lehnwort ist, stammt es doch aus der Sprache der Ainu, der Ureinwohner Nordjapans, deren Sprache und Kultur sich stark von der des restlichen Japans unterscheidet.

Auch wenn die Vorliebe der Japaner für japanisierte englische Worte zum Ersten gehört, was man als Sprachlernender lernt, überrascht sie einen immer wieder. Der Titel der Polizeiserie *Anfea* (アンフェア) gab mir Rätsel auf. Bis ich erfuhr, dass Anfea nicht etwa der Name der Polizistin, die im Mittelpunkt der Handlung steht, war, sondern die Weltsicht der Serie beschreibt: *unfair* auf Englisch, aber japanisch geschrieben.

Wie in Deutschland gibt es auch in Japan Mahner und Warner, die finden, dass es so nicht weitergehen sollte. Für viele Lehnworte gibt es durchaus urjapanische Begriffe, sie geraten jedoch zusehends in Vergessenheit. Aber die Sprachschützer schreien gegen den Zeitgeist an, und der Zeitgeist schreit einfach lauter. Auch die beiden Trendwörter des Jahres 2008, die vom Verlag Jiyu Kokuminsha ermittelt wurden, wären ohne die englische Sprache nicht möglich. Und nicht ohne das japanische Fernsehen. Platz 1 belegte *guu*, eine Verballhornung von *good*, die das Markenzeichen einer beliebten japanischen Komikerin ist. Auf Platz 2 kam *arofō*, eine Bezeichnung für Frauen *around forty*, Titel einer hippen Fernsehserie.

Das Englische ist übrigens nicht die einzige europäische Sprache, aus der die japanische sich Ausdrücke leiht. Woher mögen die Japaner *arubaito* kennen? Damit ist indes nicht deutsche Wertarubaito gemeint, sondern eher niedere Zeitarubaito. Beim *bīru* lässt sich streiten, ob der deutsche oder englische Ausdruck Pate stand. Aber da die Japaner die Braukunst von den Besten gelernt haben, wollen wir uns das mal auf die eigene Fahne schreiben. Erst die *arubaito*, dann das *bīru*.

Und jetzt probieren Sie es selbst aus! Übertragen Sie den Inhalt des Duden und des Oxford English Dictionary nach dem Kana-System ins Pseudo-Japanische, und schlagen Sie die neu entstandenen Wörter in einem guten Japanisch-Wörterbuch nach. Sie werden staunen, wie viele tatsächlich existieren!

Ich sage *boku*, sie sagt *atashi*

Japaner und Japanerinnen stellen sich ungern selbst in den Mittelpunkt ihrer Rede, deshalb wird die erste Person Singular meist weggelassen, wenn aus dem Zusammenhang klar ist, dass man von sich selbst spricht. Kommt man um das Wörtchen *ich* nicht herum, so lautet das offizielle Wörterbuchwort dafür *watashi*. In zünftiger Herrenrunde wird man es aber nie hören, obwohl richtige Kerle unter richtigen Voraussetzungen zunehmend weniger Probleme mit dem Ich-Sagen haben. Sie sagen dann aber: *boku*. Heißt dasselbe, ist aber Männersprache. Ganz große Macker sagen: *ore*. *Watashi* wird man, wenn überhaupt, eher aus weiblichem Munde hören. Wobei in der weiblichen Sprache daraus oft *atashi* oder *atakushi* wird. Das wiederum wird keinem Mann über die Lippen kommen.

Dass Frauen und Männer unterschiedlich daherreden, ist allgemein bekannt. Weltweit können Ratgeberautorinnen und Bühnenkomiker gut davon leben, dass sie davon erzählen. Weltweit gemeint ist damit aber nicht, dass unterschiedlich *geredet* wird. Gemeint ist, dass Unterschiedliches *gemeint* wird. In Japan ist es umgekehrt: Es wird Unterschiedliches gesagt, aber dasselbe gemeint. *Boku* und *(w)atashi* bilden dabei nur die Spitze des Eisbergs.

Allerdings: Es wird immer häufiger belauscht, wie Damen keck das *boku* in den Mund nehmen. Angefangen haben damit Furcht einflößende Rocksängerinnen, aber inzwischen ist der Brauch auch in der Zivilgesellschaft angekommen.

Herr Andreas, der Bowie David und die Visitenkarten

Ich kann hingehen, wo ich will, ich werde mit »Herr Andreas« angesprochen. Beziehungsweise Herr A-n-do-re-a-su (siehe Kana-Tabelle). Der Grund für das ständige Missverständnis ist zweigeteilt. Erstens werden japanische Namen aus westlicher Sicht andersrum verwendet: Familienname zuerst, dann Taufname. Zweitens: Menschen in aller Welt machen sich entweder zu wenige oder zu viele Gedanken. So wissen viele Japaner, dass in anderen Ländern Namen in anderer Reihenfolge üblich sind, und drehen die Angaben, die auf deutschen Visitenkarten oder von Deutschen ausgefüllten Formularen stehen, automatisch um. Man sieht es aber keinem Menschen an der Nasenspitze an, was er weiß und was er nicht weiß. Halte ich mich für zuvorkommend und trage mich in ein Formular an Hotel- oder Firmenrezeptionen mit »Neuenkirchen Andreas« ein, kann ich sicher sein, dass die bearbeitende Person ihrerseits davon ausgeht, dass ich nichts von den japanischen Gepflogenheiten wüsste, und ihr Entschluss deshalb feststeht: »Herzlich willkommen, Herr Andreas!«

Wer öfter in Japan zu tun hat, tut gut daran, zweisprachige Kärtchen mit sich zu führen. Auf der einen Seite die Kontaktinformationen in guten alten lateinischen Buchstaben, auf der Rückseite in Kana. Selbst wenn das nicht möglich sein sollte – ganz ohne Visitenkarten geht in Japan gar nichts. Das sei in Deutschland heutzutage nicht anders, mag man einwerfen, hat aber unrecht. Japan ist da noch unnachgiebiger. Das Überreichen von Visitenkarten ist so selbstverständlich wie die Verbeugung und so japanisch wie die Teezeremonie. Zum Glück nicht so kompliziert. Aber Regeln sind trotzdem zu beachten, insbesondere für den Empfänger: mit beiden Händen annehmen und auf keinen Fall sofort wegstecken, sondern erst mal gebührend würdigen. Und wenn die Visitenkarte danach weggesteckt wird, um Himmels willen nicht in die Gesäßtasche. Sondern an einen Ort, der nicht haarscharf am Allerwertesten vorbeigeht.

Falls Sie sich fragen sollten: In diesem Buch werden bürgerliche Namen japanischer Persönlichkeiten nach der westlichen Regel geschrieben – erst Vorname, dann Nachname. Bei Künstlernamen wird von Einzelfall zu Einzelfall entschieden und die Reihenfolge benutzt, die international am geläufigsten ist. Das Japanische hat die schöne Eigenheit, dass aus jedem x-beliebigen Begriff Personennamen geschmiedet werden können. Deshalb sind Pseudonyme oft eher Statements als Namen, was die eindeutige Unterteilung in Künstlervornamen und Künstlernachnamen schwierig bis unmöglich macht.

Wer in Japan CDs kaufen möchte, muss die japanische Namenfolge beachten, bei West wie Ost. Wer eine seltene Japanpressung von David Bowie sucht, findet Herrn David unter D. Japans Superduperstar Ayumi Hamasaki (Vorname Ayumi) wird zwar aus Gründen der internationalen Coolness oft nach westlicher Marotte geschrieben, bei der Einordnung ist sie aber doch Frau Hamasaki Ayumi (also abgelegt unter は). Das Zurechtfinden im CD-Laden ist vielleicht das beste Argument, sich mit dem Silbenalphabet vertraut zu machen. Mit der Aussprache wie mit der Reihenfolge. Westliche Künstler werden zwar nach dem westlichen ABC sortiert, aber für die attraktiven japanischen Künstler muss man schon mit dem japanischen AIUEO vertraut sein. Das Erfolgserlebnis, wenn man zum ersten Mal in einem mehrstöckigen japanischen Musikalienkaufhaus genau die CD, die man haben wollte, nicht durch Zufall, sondern durch Systematik aus dem Regal gefischt hat, ist unbeschreiblich.

Wer die Millionenstädte nicht verlässt, sollte mit ein paar Brocken Englisch unter Zuhilfenahme von Gliedmaßen und Grimassen über die Runden kommen, auch ohne Japanischkenntnisse. Außerdem kann man sich in Städten wie Tokio und insbesondere Osaka auch mit exzellenten Sprachkenntnissen mühelos verlaufen. Oftmals schon bevor man den Bahnhof über einen der zig Ausgänge, die sich von mehreren Stockwerken in alle Himmelsrichtungen spreizen, verlassen hat. Als ich mich gegenüber einer Bewohnerin Osakas bitterlich beschwerte, ich würde in ihrer Stadt immer nur erfolglos im Kreis laufen, wenn ich irgendwelchen Schildern folgte, erklärte sie mir gelassen, worin das Geheimnis liege: »Einige der Schilder stimmen, andere Schilder stimmen nicht.« Osaka gilt übrigens als Wiege des japanischen Humors und Comedy-Hochburg.

Essen und was hinten rauskommt: Film & Fernsehen

Ich bin versucht zu sagen: Es ist ein Kreuz mit dem japanischen Kino. Aber ganz gerecht ist das nicht, denn aus Japan kommt mit schöner Regelmäßigkeit hervorragendes Autorenkino, und eine fidele Untergrundszene gibt es obendrein. Dem überdrehten Brüllen und Spritzen im verwackelten Schwarz-Weiß des Untergrunds ist man allerdings irgendwann entwachsen, und preisgekröntes Autorenkino kann auch nicht jedes cineastische Bedürfnis befriedigen. Man holt einfach nicht nach einem harten Arbeitstag das Sixpack aus dem Kühlschrank und sagt sich: So, jetzt zieh ich mir mal schön *Shoplifters* rein. Richtiger wäre also: Es ist ein Kreuz mit dem japanischen Unterhaltungskino. Denn da klafft eine riesige Lücke zwischen allzu Rabaukigem und allzu Gediegenem. Trashstreifen mit klangvollen Titeln wie *Robo Geisha* oder *Vampire Girl vs. Frankenstein Girl* sind allenfalls in Trailerlänge erträglich (außerdem werden sie in erster Linie für ausländische Japan-Freaks produziert, also guckt sich so was natürlich kein ausländischer Japan-Freak an, der was auf sich hält). Das andere Extrem hingegen, beispielsweise die gefühlsechten Dramen von Japans Vorzeige-Festivalregisseur Hirokazu Koreeda, unterhält nicht bei jeder Gemütslage gleich gut. Wo ist die Mainstream-Unterhaltung ohne Reue? Wo die romantische Komödie? Wo der Action-Kracher? Wo die Manga-Verfilmung ohne Fremdschämen?

Dabei gibt es durchaus alle paar Jahre einen Hit von internationalem Format. Die japanische Filmindustrie reagiert darauf leider stets mit unsouveräner Panik und reproduziert völlig kopflos das vermeintliche Erfolgskonzept so lange, bis man als Zuschauer gar nicht mehr weiß, was man überhaupt jemals daran gut gefunden hatte. Bestes Beispiel ist die heute mausetote J-Horrorfilm-Welle, die in den späten Neunzigern vom vielfach fortgesetzten, mannigfaltig neu verfilmten und ad nauseam nachgeäfften *Ring* initiiert wurde. Das geisterhafte Hexenmädchen mit den langen schwarzen Haaren wurde von einem willkommenen Neuzugang im internationalem Monster-Kanon in Windeseile zur bemitleidenswerten Symbolfigur für eine Filmindustrie, die die Qualität ihrer eigenen Ideen nicht versteht. Denn es waren eben nicht bleiche Mädchen und lange schwarze Haare, die Hideo Nakatas Romanverfilmung so außergewöhnlich machten. Es waren die durchdachte Geschichte, die erwachsenen Protagonisten, der erfrischende Verzicht auf Popmusik und Popinszenierung. All das wurde bei den Nachahmungsprodukten über Bord geworfen, als eine schrille Teenie-Variante nach der anderen hinterhergeworfen wurde, stets herumgestrickt um die gerade beliebtesten Gesichter aus Idol-Pop und Fernsehunterhaltung, ohne Achtung von schauspielerischem Talent oder sonstiger Eignung.

Große Kinofilme werden in Japan von Gremien aus Sponsoren und Talentagenturen produziert. Was dabei herauskommt, ist fadester Konsensmurks. Gerade die Agenturen arbeiten dabei oft mit erpresserischen Methoden: Wer einen veritablen Superstar haben möchte, muss auch ein paar Gurken dazunehmen. Besser noch lassen sich die Resultate dieses Vorgehens beim Fernsehen erkennen: Hier haben wir den Grund, warum so viele gänzlich unlustige Komiker den Weg in große Fernsehshows finden.

Da sieht man, welche Art von Kino man bekommt, wenn sich das Angebot ausschließlich an der vermeintlichen Nachfrage orientiert. Wer nie etwas Vernünftiges vorgesetzt bekommen hat, kann leider auch nichts Vernünftiges nachfragen. Plötzlich meckert man nicht mehr ganz so überzeugt über das gute alte deutsche Förderwesen, bei dem Verkäuflichkeit zwar ein Kriterium ist, aber kaum das einzige.

Einen Lichtblick gab es erst 2018 wieder. Die liebenswürdige, außerordentlich originelle Skurrilität *One Cut of the Dead* wurde vom Geheimtipp zum nationalen Dauer-Blockbuster und internationalem Export-Schlager. Sogar das große öffentlich-rechtliche Jahresendmusikspektakel *Kohaku uta gassen*, quasi der japanische Schlager-Grandprix, würdigte den Low-Budget-Film mit einer kurzen Zombie-Tanznummer.

Vergessen Sie das Wort »Zombie« am besten gleich wieder. Man möchte diesen Film nicht mal einem Genre zuordnen, weil man entweder lügen oder zu viel verraten müsste. Nur ein kleiner Tipp: Nicht allzu früh ausschalten, nur weil man meint, das sei wieder das ewig gleiche halbironische Untoten-Gemetzel, lediglich leicht variiert durch das handwerkliche Gimmick des schnittlosen Filmens. Ist es nicht. Ein Film, der zweimal komplett die Richtung wechselt und trotzdem aus einem Guss ist.

Der Optimist in mir sagt: *One Cut of the Dead* ist ein so einzigartiges Werk, dass nicht mal die japanische Filmindustrie es zu Tode kopieren kann. Der Pessimist, vielleicht eher der Realist, sagt: Irgendwie schaffen die das schon.

Wie wäre es mal mit dieser steilen These: Die besten japanischen Unterhaltungsfilme kommen aus Hollywood. Bitte lesen Sie weiter, und schreiben Sie Ihre Empörung unten in die Kommentare.

Ein Hoch auf den Fetisch: Japan im ausländischen Kino

Als ein amerikanischer Fernsehsender unlängst auf einer Pressekonferenz eine Neuverfilmung des Historienschmökers *Shogun* ankündigte, fragten aufgebrachte amerikanische Journalisten gleich nach, ob man etwa vorhabe, die japanische Kultur zu fetischisieren. Der Senderchef antwortete leider irgendetwas handelsüblich Rückgratloses, im Grundtenor von: Man sei da sehr sensibel, man erlaube viele verschiedene Blickwinkel, nicht nur den westlichen und den männlichen, blablabla.

Hätte er eine Portion Mumm gehabt, hätte er antworten können: »Warum sollten wir die japanische Kultur denn nicht fetischisieren? Die geht davon schon nicht gleich kaputt, sie ist ja kein zartes Pflänzchen. Und so ein Fetisch ist schließlich nichts Schlimmes; wir sind doch hier alle aufgeklärte Erwachsene. Film und Fernsehen sind immer Fetischisierung. Der Spaghetti-Western fetischisiert amerikanische Kultur. *Downton Abbey* fetischisiert den Adel. Ohne Fetisch hätten wir weniger Spaß.« Hat er aber nicht gesagt. Das musste ich übernehmen.

Ja, große Erregung ist vorprogrammiert, wenn Japan und Japaner in nicht-japanischen Filmen vorkommen. Die Erregung kommt vor allem von Japan-Enthusiasten und selbsterklärten Japan-Experten im Ausland. Im Land selbst ist man meist weniger erregt; da freut man sich einfach über die Aufmerksamkeit. Besonders groß war die Aufregung, als die amerikanisch-chinesisch-britisch-indische Realverfilmung des japanischen Zeichentrickfilms *Ghost in the Shell* angekündigt wurde. Darin spielte nämlich Scarlett Johansson die Hauptrolle, und Scarlett Johansson, so stellte sich heraus, war keine Japanerin. Die Produzenten taten sich keinen Gefallen, als sie damit beschwichtigen wollten, dass ScarJo mittels Digitaltechnik einen asiatischen Look verpasst bekommen würde. Diese tatsächlich an Dummheit und Ignoranz kaum zu überbietende Idee wurde zum Glück wieder aufgegeben. Ansonsten möchte man dazu aufrufen, die Kirche im Dorf zu lassen: Wer *Ghost in the Shell* nicht durch die Leberwurstbrille schaut, wird einsehen, dass dem großen Thema des Films, dem fragilen Zusammenhalt von Geist, Identität und Körper, mit einer nicht-japanischen Darstellerin in einer japanischen Rolle hervorragend gedient ist.

In Japan war die Empörung zunächst allenfalls eine Meldung für die Rubrik »Kurioses aus dem Westen«. Hier war man eher stolz, dass ein richtiger Weltstar in einem Film besetzt wurde, der auf einer japanischen Vorlage basiert. Erst als die westlichen Empörungsprofis den begriffsstutzigen Japanern erklärten, dass sie auch empört zu sein haben, war hier und da tatsächlich der eine oder andere ein klein wenig aufgebracht. Die Mehrheit mochte weiterhin nicht verstehen, was daran unerhört sein soll, dass in einem Hollywoodfilm ein Hollywoodstar mitspielt.

Die wichtigste Frage sollte doch sein, ob der Film gut oder schlecht ist. Dazu sage ich mit Begeisterung: Geht so. Es ist einer dieser Filme, die man immer wieder sehen kann, weil man sie jedes Mal so schnell wieder vergessen hat. Der nachhaltige Wert mittelmäßiger Filme wird oft unterschätzt.

Der nicht-japanische japanische Film, der mir am besten gefällt, ist wahrscheinlich *The Fast and the Furious: Tokyo Drift*. Ich bringe es nicht ganz fertig zuzugeben, dass er mein peinlicher Lieblingsfilm ist. Er will mir nämlich partout nicht peinlich sein. Sicherlich bildet er das ab, was man erwartet, wenn Hollywood nach Japan guckt: Shibuya Crossing! Mädchen in Schuluniformen! Mädchen in Lolita-Mode! Yakuza! Noch mal Shibuya Crossing! Warum auch nicht, all das existiert schließlich. Dem Film vorzuwerfen, er zeige damit nicht die ganze Bandbreite japanischer Kultur, ist so, als würde man den vorangegangenen Fast-&-Furious-Filmen vorwerfen, sie zeigten nicht die ganze Bandbreite der amerikanischen Kultur. Man könnte *Tokyo Drift* darüber hinaus vorwerfen, dass darin erstaunlich wenige

Japaner vorkommen, wenn man bedenkt, dass der Film größtenteils in Tokio spielt. Als Ausländer in Japan sage ich: Wie erfrischend, mal mehr von unserer Sorte auf der großen Leinwand repräsentiert zu sehen, selbst wenn es nur halbstarke Gockel in aufgemotzten Blechkisten sind. Noch erfrischender wäre es allenfalls, das in einem echten japanischen Film zu sehen.

Als ich mir den Film kürzlich mal wieder spontan genehmigte, wie man es halt mit Lieblingsfilmen so tut, kam mir mittendrin ein seltsamer Gedanke: »Hach, ich könnte auch mal wieder nach Tokio.« Erst nach einigen besonders langen Sekunden fiel mir ein: »Moment, ich bin ja in Tokio. Ich bin immer in Tokio.«

Die Moral meines Irrtums: Tokio ist aufregend und schön, aber so aufregend und schön wie im Kino nun auch wieder nicht. Also genau wie Paris, London oder New York City.

Und sie können es doch: 10 japanische Filme für die Ewigkeit (garantiert ohne Ozu und Kurosawa)

Bevor ich nun wirklich den Eindruck vermittle, im Ausland entstünden bessere japanische Filme als in Japan: Dem ist natürlich nicht so. Oder besser: Das war nicht immer so, und das muss selbst heute nicht so sein. Abschließen möchte ich das Filmgerede mit einer versöhnlichen Positivliste. Man wird sehen: Sie sind nicht mal alle steinalt, die guten Filme. Bewusst aussparen möchte ich die beiden Namen, die sich leider sonst niemand ausspart, wenn er von japanischen Filmen spricht: Akira Kurosawa und Yazujiro Ozu. Denn den bestehenden Kanon kann man an genügend anderen Stellen nachlesen. Hier kommt der neue Kanon, in alphabetischer Reihenfolge nach internationalem Titel:

Akira (1988): Sie werden in eine ferne Zukunft entführt, nämlich ins Jahr … 2019! Der Science-Fiction-Anime um motorisierte Banden, die sich im postapokalyptischen Tokio mit experimentierfreudigen Militärs und verrückten Wissenschaftlern rumschlagen, ist einer der seltenen Fälle, bei denen die Verfilmung überzeugender ist als die literarische Vorlage (ein etwas ausufernder Manga, ebenfalls aus der Feder des Filmregisseurs Katsuhiro Otomo). Selbst wenn man der Story nicht recht folgen kann (es ist aber, ehrlich gesagt, nicht so schwierig, wie manche tun): Die Bilder begeistern noch immer, die Musik verfolgt einen bis in den Schlaf. *Akira* war für Männer eines gewissen Alters das, was *Sailor Moon* für Frauen eines gewissen Alters war (gleichwohl eines etwas jüngeren gewissen Alters): Der Urknall, der Startschuss, die Einführung in die bunte, verwirrende, verführerische Welt der japanischen Popkultur.

Battles without Honor and Humanity (1973): Regisseur Kinji Fukasaku hatte genug von der Gangster-Glorifizierung herkömmlicher Yakuza-Filme, also inszenierte er seinen Film rau und ruppig, filmte oft mit der Handkamera, die Gewalt ist weder elegant noch heroisch. Innerhalb von nur zwei Jahren wuchs das Ganze zu einem fünfteiligen Epos an (Spin-offs und Scheinfortsetzungen nicht mitgerechnet). Der fulminante Tusch, der jeden dramatischen Höhepunkt begleitet, ist in Japan so bekannt wie die Musik zu *Krieg der Sterne* oder *Der weiße Hai* im Rest der Welt. Das Unterhaltungsfernsehen setzt ihn ohne Unterlass als ironischen Akzent ein.

Ju-on – the Grudge (2002): Ein Geister-Rache-Schocker wie *Ring*, nur gruseliger. Und verworrener. Der verschachtelten Erzählstruktur kann man vermutlich erst in der Wiederholung komplett folgen. Es spricht für den Film, dass man darauf Lust hat, obwohl der Schreck schon beim ersten Mal bis tief ins Mark geht. Das knarrende Geräusch, mit dem sich der Spuk stets ankündigt, wird man seinen Lebtag nicht vergessen. Der Kinofilm von Takashi Shimizu basiert auf einem Fernsehfilm desselben Regisseurs und wurde seinerseits etliche Male fortgesetzt und neuverfilmt. Es war nicht alles schlecht, aber irgendwann langte es auch. Dem schaurigen Spaß am ersten Kinofilm tut die spätere Verwurstung keinen Abbruch.

Kamikaze Girls (2004): Die rasant inszenierte Geschichte um die unwahrscheinliche Freundschaft zwischen einer versnobten Mode-Lolita und einem ungehobelten Moped-Rowdy ist ein Crashkurs in japanischer Jugendsubkultur und einer der weltweit schönsten Mädchenfreundschaftsfilme. Regisseur Tetsuya Nakashima gehört zu den ganz wenigen aktiven Filmemachern des Landes, die regelmäßig den Spagat zwischen Kunst und Kommerz schaffen. Von ihm kommen auch Filme wie das fast schon anstrengend emotionale Melodram *Memories of Matsuko* und der satirische Thriller *Geständnisse*. Kritiker, die ihm einen Hang zum visuellen Spektakel auf Kosten der Substanz vorwerfen, übersehen, dass seine Bilder nie grundlos durchkomponiert sind, sondern jedes genau die Komposition hat, die der Inhalt erfordert. Bei ihm geht nicht der Stil über die Substanz, sondern Stil und Substanz verschmelzen zu einer untrennbaren Einheit.

Kamome Diner (2006): Weniger japanisches Lokalkolorit geht kaum: Der dritte Film der Regisseurin Naoko Ogigami spielt komplett in Helsinki, wohin es drei grundsätzlich verschiedene Japanerinnen aus unterschiedlichsten Gründen verschlagen hat. Selbstverständlich werden jede Menge Freundschaften geschlossen – untereinander und mit den Eingeborenen. Eine stille, zutiefst menschliche Komödie, die zeigt, dass skandinavische Lakonie und japanisches Understatement gar nicht so weit voneinander entfernt sind. Japaner und Finnen verbindet mehr als der Lachs.

Kwaidan (1964): J-Horror der alten Schule: Vier visuell berauschende Episoden nach klassischen Geistererzählungen. Die kunterbunten Studiokulissen schöpfen die Möglichkeiten von Breitbildformat und Farbfilm komplett aus. Dafür gab es den Jury-Preis in Cannes und eine Oscar-Nominierung. Man sollte mehr Zeit mitbringen als für den üblichen Gruselstreifen: Der Spaß dauert etwas über drei Stunden. Keine Minute davon vertane Zeit.

Outlaw: Gangster VIP (1968): Dies ist die Art von Yakuza-Film, der die rauen, quasi-realistischen Gangster-Dramen von Kinji Fukasaku (siehe *Battles without Honor and Humanity*) ein Gegenentwurf sein sollten: Melodramatisch, knallbunt, durchchoreografiert, relativ actionreich (im Vergleich zum damaligen Standard, nicht unbedingt im Vergleich zu *The Fast and the Furious: Tokyo Drift*), kunstblutig, völlig realitätsfern. Mit anderen Worten: ganz großes Kino. In dieser Liste steht der erste Teil stellvertretend für die komplette Serie. Alle sechs Filme sind toll, ähneln sich allerdings so stark, dass sie in der Erinnerung zu einer einzigen großartigen Erfahrung verschmelzen.

Sasori – Scorpion (1972): In den Sechzigern und Siebzigern machte das Fernsehen dem Kino so starke Konkurrenz, dass die Filmstudios ausschließlich auf die Befriedigung niederer Instinkte setzten: Sex und Gewalt waren gefragt. Einige Filmemacher wollten aber trotzdem lieber Kunst machen. Also machten sie Kunst mit Sex und Gewalt. Der prächtigste Gaul unter diesen trojanischen Pferden ist die Sasori-Saga, vorgeblich eine Frauengefängnis-/Rache-Thriller-Serie, in der es in Wirklichkeit um vieles mehr geht. Zum Beispiel um den Kampf der Geschlechter, Japans unaufgearbeitete Kriegsschuld und den Militärfetisch seiner Mächtigen. Selbst wenn man den Subtext nicht sehen mag (man müsste sich allerdings schon willentlich verschließen), muss man Regisseur Shun'ya Itō zugestehen, dass die Sasori-Filme mit ihren atemberaubenden inszenatorischen Einfällen Exploitation-Filme sind, wie man sie nie zuvor und nie wieder danach gesehen hat. Hauptdarstellerin Meiko Kaji, zuvor mittelbeliebtes Starlet, wurde als maulfaule Rächerin zur Kino-Ikone. Teil zwei bis vier sind hier mit gemeint.

Tetsuo: The Iron Man (1989): Die Verschmelzung von Menschen und Maschinen in einem bizarren Schwarz-Weiß-Meisterwerk mit arbeitsaufwendigen (dafür spottbilligen) Stop-Motion-Effekten und einem hämmernden Industrial-Soundtrack. Ist das zu stark, bist du zu schwach. Regisseur Shinya Tsukamoto gehört weiterhin zu den interessantesten und eigenwilligsten Filmemachern des Landes.

Tokyo Godfathers (2003): Autor und Regisseur Satoshi Kon war Japans bislang letztes großes Zeichentrickgenie, 2010 mit 46 Jahren viel zu früh verstorben. In der Geschichte um drei Obdachlose, die in der Weihnachtsnacht an ein Findelkind kommen, zeigt er sich von seiner reifsten Seite, setzt ganz auf Handlungs- und Figurenentwicklung anstatt auf voyeuristische Provokation wie in seinem Erotik-Thriller *Perfect Blue* oder visuelle Reizüberflutung wie in seinem letzten zu Lebzeiten fertiggestellten Film, der Science-Fiction-Romanverfilmung *Paprika* (ein allerletztes Werk wartet nach wie vor auf Vollendung durch Kons Studio Madhouse, doch es fehlt das liebe Geld).

Mama! Papa! Ich habe euch ein Klo gebracht!

Ein Trick, sich das zeitgenössische japanische Kino schönzusehen: Einfach mal ein paar Minuten japanisches Fernsehen schauen. Nahezu weltweit leben die Menschen in einem TV-Platinzeitalter. Nur Japan weigert sich stur, dabei mitzumachen. Fernsehserien sind so packend inszeniert wie abgefilmtes Ohnesorg-Theater, aber nicht so gut geschrieben und nuanciert gespielt. Fairerweise muss man zugeben, dass fiktive Formate nicht die Kernkompetenz des japanischen Fernsehens sind. Man zeigt am liebsten das, wofür die Menschen sich am meisten interessieren, also die schönste Sache der Welt: Essen. In Auslandsreportagen geht es vor allem darum, was Ausländer so essen. Bei Berichten aus dem Berufsalltag geht es sofort in die Kantine. Prominentenporträts sind vor allem Porträts der Lieblingsspeisen der Prominenten. Als die quirlige TV-Persönlichkeit Becky vor ein paar Jahren wegen eines amourösen Techtelmechtels mit einem verheirateten Musiker spektakulär in mediale Ungnade fiel, wurde ihr erst wieder zaghaft verziehen, nachdem sie sich in einem mehrstündigen TV-Special erklären durfte. Gab es denn wirklich so viel zu diesem allzu menschlichen Allerwelts-Fauxpas zu sagen? Nein. Aber es gab abendfüllend zu essen. In diesem Fall von besonderer Schwere war es allerdings mit dem Verzehr allein nicht getan. Die Kamera war auch Zeugin, wie Becky ächzend im Feld die Zutaten erntete und am offenen Feuer die Mahlzeit zubereitete.

Reizthema unter in Japan lebenden Ausländern sind die vielen Sendungen, in denen sich Japaner von Ausländern erzählen oder zeigen lassen, wie toll Japan ist. Man könne sich doch auch ruhig mal zeigen lassen, was an Japan nicht so toll ist, meinen viele. Obwohl ich die Kritik nachvollziehen kann, ziehen mich diese Shows nach wie vor in ihren Bann. Oft sieht man Ausländer, die mit typisch japanischen Gaben für die ganze Familie in die Heimat zurückkehren. Die Großmama bekommt ein motorisiertes Fahrrad für die tägliche Fahrt zum Konsum hinter dem steilen Hügel, die Mutter einen innovativen Kartoffelschäler und der halbstarke Bruder eine Nietenhose aus Okinawa. Doch der Höhepunkt ist jedes Mal, wenn der Herr Papa sein Washlet bekommt, die bereits erwähnte Hygienetoilette mit Popodusche und anderen Wohlfühlfunktionen für untenrum. Das läuft nicht immer ganz undramatisch ab, oft müssen kreative Klempner kommen, um bei der Installation zur Hand zu gehen. Wird Papa letztendlich seinen Popo ordnungsgemäß duschen können? Man kann das spannend finden. Vor allem eben im Vergleich zu dem, was sonst so im Fernsehen läuft.

Hot Asian Chicks Gone Wild: Mein Beitrag zur Völkerverständigung

In jüngster Zeit bestreite ich einen nicht geringen Anteil meines Unterhalts damit, Produktionsfirmen bei der Entwicklung japanischer Stoffe für internationale Fernsehserien unter die Arme zu greifen. Das ist nicht ganz so glamourös, wie es klingt; meinen Namen wird man in Vor- wie Abspannen vergeblich suchen. Diesen Umstand beklage ich durchaus ein wenig, zumal in Hollywood-Filmen, vermutlich auf gewerkschaftlichen Druck hin, inzwischen jeder Assistent eines Assistenten des Assistenten des Fönhalters des Zweitfrisörs genannt wird. Achten Sie mal drauf, bei so einem 15-Minuten-Abspann eines Avengers-Films; ich übertreibe allenfalls ein ganz kleines bisschen. Vermutlich sollte ich allerdings als Filmfreund mit begrenztem Sitzfleisch und begrenzterer Geduld eher diesen Umstand beklagen als den, dass mein Name da nicht auch noch steht. Meine Arbeit besteht im Wesentlichen darin, die genialischen Kladden größerer Geister in kohärente Manuskripte umzuformulieren. Oft arbeite ich dabei einer japanischen Autorin zu, die ich regelmäßig sprachlich ausbremsen muss, damit sie nicht allzu frauenfeindlich und anti-japanisch rüberkommt. Liest man ihre Notizen, möchte man meinen, Japan sei ein einziger Sumpf aus Prostitution, Korruption, Ressentiments und Gewaltverbrechen. Obwohl ich selbst bereits Thriller geschrieben habe, die von Prostitution, Korruption, Ressentiments und Gewaltverbrechen in Japan erzählen, kann ich ihr gänzlich negatives Bild vom Land nicht teilen und finde es darüber hinaus nicht verkaufsförderlich; man muss ja auch an die ausländischen Investoren denken.

»Bei dir las es sich so, als sei Japan ein einziges Tal der Finsternis«, erklärte ich ihr einmal. »Ich habe das etwas abgemildert, nach der Devise: Japan hat auch eine dunkle Seite. Westliche

Leser können da ein bisschen sensibel sein. So wie du deine Landsleute beschreibst, das könnte man direkt für … rassistisch halten.«

Die Japanerin zuckte mit den Schultern. »Ich schätze, ich mag keine Japaner. Magst du denn Deutsche?«

»Na ja, ich mag einige Deutsche nicht, und einiges an Deutschland nicht. Trotzdem würde ich das nicht allzu grob verallgemeinern.«

Sie lachte. »Das ist Fernsehen, da musst du grob verallgemeinern.«

Als ich meiner Frau später von dem Gespräch und insbesondere vom Schlusssatz erzählte, in der Hoffnung auf etwas Anerkennung oder zumindest Mitleid für meine Sisyphos-Arbeit, lachte sie ebenfalls und sagte: »Da hat sie recht.«

Vielleicht nähern wir uns hier der Beantwortung der Frage, warum Japan noch so weit vom internationalen Platinzeitalter des Fernsehens entfernt ist.

Ein anderes Mal nahm ich als überzeugter politisch-korrekter Gutmensch Anstoß daran, wie die Autorin die Hauptfigur eines Projektes beschrieben hatte: *»She's a hot Asian chick.«* Ich schrieb die subjektive Behauptung zu einer objektiven Wahrheit um, in etwa: *»Ihre asiatischen Züge und ihre kurzen Röcke machen sie besonders bei der männlichen Klientel beliebt.«*

Als ich das finale Dokument in die Hände bekam, war ich erfreut, dass die Autorin die meisten meiner stilistischen Änderungen und viele meiner erzählerischen Alleingänge übernommen hatte. Nur die Figurenbeschreibung hatte sie zurückgeändert: *She's a hot Asian chick.*

Ich habe getan, was in meiner Macht stand.

Kunstoffplatten & Plastikpop

Lange Zeit habe ich den Gebrauchtschallplattenladen in unserer Straße nicht betreten, weil ich Enttäuschungen befürchtete. Nicht Enttäuschung darüber, vielleicht nicht die richtige Platte zu finden, sondern Enttäuschung darüber, gar keine Platten dort zu finden, obwohl welche im Schaufenster stehen. Unsere Straße hat mich nämlich gelehrt: Die Dinge sind nicht immer so, wie sie scheinen. Die Straße ist in erster Linie für ihre vielen Inneneinrichtungsgeschäfte bekannt. Das ist schön, wenn man sich gerade innen einrichten möchte; insbesondere, wenn man innerlich darauf eingerichtet ist, die eine oder andere Null mehr auszugeben als bei Ikea oder den japanischen Ikea-Mitbewerbern Muji oder Nitori. Wenn man sich gerade nicht einrichten will oder kann, hält sich der Flanierwert der Straße in Grenzen. Als wir frisch hergezogen waren und uns ein erstes flüchtiges Bild verschafft hatten, frohlockten wir: gleich drei Häuser, die groß »Brunch« inserierten; ein deutsch inspirierter Metzger namens »Lecker Bissen« (nicht meine Worttrennung); und das legendäre Parasitenmuseum ganz in unserer Nähe. Letztendlich hielt nur das Parasitenmuseum mit seinen herrlich ekligen Exponaten sein Versprechen. Unter »Brunch« firmiert eine Kette von … Inneneinrichtungsgeschäften. Und bei »Lecker Bissen« ist es nur bedingt lecker; offenbar verwechselt man dort Leberkäse mit Leberwurst. Ein anderes Mal, als ich es eigentlich schon hätte ahnen müssen, steuerte ich mit hungriger Vorfreude ein Geschäft an, das ein Hotdogs- und ein Open-Schild im Fenster hatte. Leider stellte sich heraus, dass es ein Geschäft war, das ausschließlich Schilder verkaufte. Darüber hinaus hatte es geschlossen.

Doch wer hätte es gedacht? Der Plattenladen verkauft tatsächlich Platten. Und Kleidung. Genauso steht es auch draußen dran. Manchmal stimmt es eben doch, was das Schild verspricht. Die Auswahl ist nicht groß, dafür wird bestimmt jeder etwas finden, der sich auf Kuriositätenimpulskäufe einlässt.

Plattenläden sind die neuen CD-Läden

Eigentlich hatte ich selbst mit den Vinylplatten abgeschlossen. Kalter Entzug bei unserem Umzug nach Japan. Einfach weg damit, in einem Schwung, ohne einen letzten Blick drauf zu werfen. Man kennt das ja: Rettet man eine, rettet man im nächsten Moment noch eine, »und die auch«, »und die sowieso«. Nicht mit mir, radikaler Bruch, vinylfrei ins neue Leben. Um den Schmerz zu lindern, strickte ich mir eine Schallplatten-sind-sowieso-doof-Attitüde drum herum, womit ich ausführlicher in meinem Buch *Happy Tokio* prahle. Dies ist ein weiterer »Was kümmert mich mein Geschwätz von gestern?«-Moment: Inzwischen habe ich mir doch wieder einen Plattenspieler zugelegt. Die erste Plattensammlung meiner zweiten Lebenshälfte ist schon auf ansehnliche sieben Exemplare angewachsen (fünf Langspielplatten, zwei Singles). Bin ich aus Sentimentalität eingeknickt? Ja, auch. Aber das ist nicht der einzige Grund. In dieser Stadt, so scheint es zumindest, kann man Schallplatten einfach leichter kaufen als CDs. (Doch, liebe Kinder, ich weiß von Downloads und Streaming. In meinem Alter brauche ich allerdings eine Repräsentation meiner Musik in der dinglichen Welt; sonst vergesse ich, dass ich sie habe. Und das wäre dann schade um das gute Geld, das man gefälligst für gute Musik ausgibt, ob sie nun dinglich oder digital daherkommt.)

Der Laden in unserer ansonsten musikfreien Nachbarschaft ist nicht ungewöhnlich, sondern exemplarisch. Vinyl, so scheint es, gibt es an jeder Ecke. Das Geheul (vor allem mein eigenes) war groß, als die große HMV-Filiale in Shibuya zumachte. Auf meine alten Tage kaufte ich meine CDs viel lieber dort als im jugendlicheren Tower Records um die Ecke, das nach wie vor unbeirrt dem Abwärtstrend des Marktes trotzt. Doch kurz nach der HMV-Schließung gab es nur ein paar Hundert Meter weiter eine HMV-Neueröffnung: ein reiner Vinylplattenladen auf zwei weitläufigen Stockwerken. Da gab es nicht nur Nostalgieplatten großer Künstler vergangener Jahrzehnte, sondern auch Vinyl von den blutjungen Mädchenbands der Stunde. Dafür habe ich zwei Erklärungsansätze: Erstens: Vinyl liegt wirklich generationenübergreifend im Trend, oder zweitens: Diese sexy Hupfdohlen-Formationen werden tatsächlich in erster Linie von Männern jenseits der 30 geschätzt.

Man kann nicht mal sagen, dass der HMV Record Shop, wie er heißt, endlich eine klaffende Lücke schließt. Ketten wie Recofan oder Disk Union verkaufen seit jeher an mehreren Orten der Stadt Kunststoffscheiben, und auch Tower Records mischt natürlich beim Geschäft mit. Eine kleine Filiale gibt es im Einkaufszentrum Grand Tree im Vorort Musashikosugi, das besonders von jungen Müttern und mir geschätzt wird. Auf engem Raum konzentriert sich das dortige CD-Angebot aufs Wesentliche (also K-Pop), aber für zwei Kisten mit Vinyl hat man noch Platz gefunden. Man findet dort unter anderem Dinge wie die Filmmusik zu *Christiane F. – Wir Kinder vom Bahnhof Zoo* und eine EP mit Brecht-Interpretationen von David Bowie. Dazu muss man erwähnen, dass Japan jenen westlichen Popstars besonders stark verbunden ist, die das Land bereits besuchten, bevor das eine Selbstverständlichkeit war. David Bowie war so einer, die Beatles ebenfalls. Bevor ich nach Japan kam, hatte ich kein besonderes Verhältnis zu den Beatles. An sonnigen Tagen summte ich mal die Hits mit, doch ausgesprochener Fan war ich nie. Seit ich hier in jedem Restaurant, jedem Kaufhaus und jedem Fahrstuhl mit ihnen beschallt werde, habe ich eine regelrechte Antipathie entwickelt, quasi Pilzkopfallergie. Leider ist auch das Eigenheim kein sicherer Rückzugsort mehr. Neulich kam meine Tochter aus dem Kindergarten, fröhlich das neue Lied singend, das zu ihrem aktuellen Curriculum gehört: »We all live in a yellow sun Mary, yellow sun Mary, yellow sun Mary!«

Ich korrigierte sie nachsichtig, erklärte ihr, was ein U-Boot ist, und machte gute Miene zum bösen Spiel. Es wird immer weitergehen, in alle Ewigkeit.

Das kann man nicht von allen musikalischen Phänomenen sagen. Als ich zum ersten Mal nach Japan kam, war gerade die Zeit der großen Popdiven, was ich mir gefallen ließ. Meine Lieblingsdiva war Ayumi Hamasaki, vermutlich aus reinem Zufall. Hätte ich Namie Amuro oder Hikaru Utada zuerst gefunden, wäre es vielleicht eine von denen geworden. Aber es war Ayu-chan, wie ihre Fans sagen, die bei meiner ersten Reise gerade auf allen Kanälen mit neuem Album, neuen Singles und neuer VHS-Videokollektion feuerte. (Ich habe sie noch, sie zeigt die Künstlerin in der Badewanne und hat eine transparente pinke Gummihülle, als solle man die Videokassette selbst mit in die Wanne nehmen. Aber verzichten wir darauf, dieses Nostalgie-Datenträger-Thema hier auch noch ausführlich zu erörtern.) Ihre Maxi-Singles (ein weiterer Begriff, der einen zurück in ein lang vergangenes Zeitalter katapultiert) waren länger als anderer Künstler Langspielplatten. Darauf befanden sich oft Remixe ihrer Songs, angereichert mit verzerrter Elektronik und versetzten Beats, was wir in den Neunzigern für die Höhe der Kunst hielten. Hamasaki ist nach wie vor gut im Geschäft, doch die große Glamour-Pop-Ära, für die sie steht, ist vorbei. Was dieser Tage die Charts bestimmt, betrachtet man lieber als interessante Zeiterscheinung denn unter musikalischen Gesichtspunkten.

48 Freundinnen sollt ihr sein, mindestens

Eine japanische Girlgroup kämpft seit 2005 fast allein an vorderster Front gegen die Invasion koreanischer Girlgroups und den Zusammenbruch des Tonträgermarkts: *AKB48*.

Als ich ihren Namen und eine kleine Auswahl ihrer freundlich lächelnden Mitglieder zum ersten Mal auf einem riesigen Werbe-Bus plakatiert durch den Verkehr von Shibuya schleichen sah, fragte ich meine Begleitung im Scherz: »*AKB48*? Haben die etwa 48 Mitglieder, höhö?«

Die Antwort: »Früher mal. Jetzt sind es etwas über 60.«

Das Guinnessbuch hat nachgezählt und bestätigt, dass *AKB48* die vielköpfigste Girlgroup der Welt ist. Deshalb muss sie sich in Team A, Team K, Team B und Team 4 teilen und schichtweise auftreten. Das *AKB* im Namen kommt vom Tokioter Stadtteil Akihabara, dem Mekka der besonders albernen Popkultur. Weil sechzig Mädchen für die Welt nicht genug sind, gibt es längst regionale und internationale Filialgruppen. Nagoya hat beispielsweise *SKE48* (nach dem Stadtteil Sakae), in Osaka trällert *NMB48* (Namba). Außerhalb Japans hat der umtriebige *AKB*-Erfinder und -Produzent Yasushi Akimoto *JKT48* (Jakarta), *TPE48* (Taipeh) und *SNH48* (Schanghai) ins Leben gerufen. Das sind insgesamt 237 Mädchen, Stand Juni 2012. Weil Akimoto niemand das Wasser reichen kann, hat er mit *Nogizaka46* sogar die offiziellen Rivalen von *AKB48* selbst erfunden.

Nicht mal ihre hingebungsvollsten Fans würden behaupten, dass jedes Bandmitglied mit wunderkindhaftem Talent oder überirdischer Schönheit geschlagen wäre. Genau das ist ja der Punkt. Hübsch sind sie, sie können ein bisschen tanzen, und wenn sie den Mund aufmachen, kommen Töne heraus. Weil nicht jeder Ton und jede Bewegung sitzen und weil nicht jedes Gesicht makellos ist, sind *AKB48* in gewisser Weise perfekt: die perfekten Mädchen von der Schulbank nebenan. Sie scheinen nahbar und geben sich auch so. In ihrem eigenen Theater in Akihabara treten sie in wechselnder Besetzung täglich auf. Wer keine Karte bekommt (oder vielleicht keine will), kann sich im Theatershop mit *AKB*-Merchandising eindecken. Geniales Crossmarketing: Es gibt *AKB*/Hello-Kitty-Mixprodukte. Damit ist zweifellos der Gipfel des *kawaii* erreicht, wirklich nur für fortgeschrittene Niedlichkeitsbefürworter auszuhalten (ich habe einen *AKB*-Kitty-Kugelschreiber, aber verraten Sie es keinem).

2018 haben *AKB48* 56 Millionen Tonträger verkauft und sind damit der erfolgreichste japanische Act aller Zeiten. Ohne Kontroversen ist das Geschäft mit den 48ern derweil nicht. Kritiker werfen dem Projekt vor, Erotik zu kindlich zu vermarkten. Im Gegensatz zu den ebenfalls rasend beliebten Girlgroups aus Südkorea, die ihre Sexualität mit einer gewissen Reife zu Markte tragen, sind *AKB48* in der Wahrnehmung eher auf Mädchen denn auf junge Frauen getrimmt. Dass die Girls offiziell keine Boyfriends haben, versteht sich von selbst. Als dennoch eine mit einem erwischt wurde, hat Manager Akimoto sie von *AKB48* zu *JKT48* strafversetzt. Das gab freilich einen Aufschrei in Indonesien. Schnell wurde dementiert, dass es sich um eine Strafe für das Mitglied handle, vielmehr um eine Belohnung für das indonesische Tochterunternehmen, das jetzt etwas von einem Mitglied der Muttergruppe lernen könne.

Epilog: Lob & Tadel

Nachdem ich mich etwas über 200 Seiten warmgeschrieben habe, kommt zum Schluss endlich der Klartext: Was ist jetzt so toll an diesem Japan, und was treibt einem regelmäßig das Gesicht in die Handflächen? Konsumentenfreundlich und serviceorientiert in zwei Top-Ten-Listen. Ich möchte mich dabei auf möglicherweise triviale Alltagsphänomene konzentrieren, die auch die vorübergehenden Aufenthalte von Reisenden tangieren könnten. Die größeren gesellschaftlichen und politischen Missstände und Errungenschaften im selben Atemzug zu behandeln scheint mir unschicklich. Die finden sich außerdem bereits im Rest des Buches.

Beginnen wir mit den Negativpunkten, damit wir uns an das Gute länger erinnern.

10 Dinge, die Japan einfach nicht auf die Reihe bekommt

1. **Fahrradverkehr:** Im Gesetzestext ist eindeutig festgehalten, wo Japans Radfahrer fahren dürfen und wo nicht: Auf der Straße ja, auf dem Bürgersteig nein. Aber wer liest

schon Gesetzestexte? Zivilisten nur dann, wenn sie nach Steuerschlupflöchern suchen, und Polizisten haben meist was Besseres zu tun. Zum Beispiel Fahrradfahrer gesetzeswidrig von der Straße auf den Fußweg zu pfeifen, wo sie gefälligst mit den anderen Radfahrern die niederen Fußgänger nerven sollen, anstatt den hochwohlgeborenen Autofahrern im Weg zu sein.

2. **Nachtverkehr:** Als phlegmatischer Familienvater ohne allzu bizarre Arbeitszeiten betrifft es mich kaum noch, doch man kann ja nicht immer die Augen vor den Problemen anderer verschließen: Wer nach Mitternacht noch unterwegs ist, hat in Bremen-Vegesack eine bessere Chance, mit öffentlichen Verkehrsmitteln nach Hause zu kommen als in Tokio. So gut der öffentliche Personennahverkehr auch funktioniert (siehe Punkt 3 der Lob-Liste), ab zwölf Uhr lassen die Bahnhöfe die Rollläden runter. Eine Mitschuld trägt die mächtige Taxi-Lobby, wobei ich die gar nicht allzu scharf kritisieren möchte (siehe Lob-Punkt 5).
3. **Fremdsprachen:** Klar, in einem Land namens Japan wird eine Sprache namens Japanisch gesprochen. Das ist auch gut so. Doch etwas mehr Mühe beim Vermitteln und Praktizieren anderer Weltsprachen würde nicht nur den unkundigen Besuchern mit den großen Fragezeichen in den Gesichtern helfen, sondern würde ebenso den Einheimischen eine Vielzahl neuer Möglichkeiten in einer Welt eröffnen, von der sie heutzutage nun wirklich nicht mehr abgeschnitten sind. Mit Besorgnis blickt die alte Generation auf die Umfragen, die besagen, dass die junge Generation wenig Lust auf Ausland hat. Japan möchte aber junge Leute, die Lust auf Ausland haben; was wäre der internationale Wettbewerb ohne sie? Fremdsprachenkenntnis kann da lustfördernd sein.
4. **Fernsehen:** Ich bin in mancherlei Hinsicht ziemlich altmodisch, aber nicht so altmodisch, dass ich im Streaming-

Zeitalter noch regelmäßig lineares Fernsehen sehen würde. Manchmal allerdings vermisse ich sie, diese verwegene alte Unbekümmertheit, einfach mal den Apparat anzuschalten und zu schauen, was gerade kommt. Mich vielleicht sogar in der fast vergessenen Kulturtechnik des Zappens zu versuchen. Aber ach, der Versuch nimmt einem die Lust. Das japanische Fernsehen ist bestrebt, seinen Gehaltsmangel durch ein Überaufgebot an visuellen Informationen wettzumachen (Farben! Dekorationen! Texteinblendungen! Rechts, links, oben und unten! In verschiedenen … Farben!). Unterhaltsam ist das allenfalls für Sekunden, und lediglich bei der ersten Begegnung. Inhaltlich geht es in jeder Sendung um Essen oder Hitlisten oder Essen-Hitlisten. Und wenn sich mal ein internationaler Serienspitzentitel ankündigt, handelt es sich garantiert bloß um das inkompetent heruntergekurbelte japanische Remake. Ganz Hartgesottene schaffen vielleicht sogar *The Last Cop*, die japanische Version der SAT.1-Klamotte *Der letzte Bulle*. So hartgesotten bin ich leider nicht. »Und das von meinen Rundfunkgebühren!«, würde ich gerne motzen. Ist aber in diesem Fall Privatfernsehen. Das kann es meinetwegen auch bleiben. Und so werden lieber doch wieder US-Inhalte aus dem Internet gestreamt. Was ich eigentlich schade finde.

5. **Geldautomaten:** Man kann in Japan rund um die Uhr Geld ausgeben. Warum nicht auch abheben? Der Convenience Store drüben an der Ecke hat die ganze Nacht geöffnet. Der Geldautomat im Convenience Store allerdings schließt abends um halb zehn. Nicht, dass man ihm das ansähe. Die Geldverweigerungsmeldung kommt, für den größtmöglichen Demütigungseffekt, erst am Ende des ganzen langen Steck- und Tipp-Prozesses. Dann, wenn man händereibend meint, jetzt könne nichts mehr schiefgehen. Bargeldknappe mit nicht-japanischen Karten haben es noch eine Spur schwerer: Selbst wenn so ein Automat mal geöff-

net hat, und selbst wenn das Debitkartenanbieterlogo auf der eigenen Karte einem der auf dem Automaten abgebildeten Logos entspricht, heißt das noch lange nicht, dass man Geld bekommt. Japanische Automaten und internationale Karten sind notorisch inkompatibel (die Maschinen der Seven Bank der Convenience-Store-Kette 7-Eleven sind eine verlässliche Ausnahme). Man möchte meinen, die kleben sich all die internationalen Logos nur ans Revers, weil die so cool aussehen.

6. **Kommerzkino:** Japans Autorenfilmer räumen die Preise der großen Prestigefestivals der Welt ab, die Trashfilmer des Landes lassen in internationalen Studentenbuden die Bierdosen knacken. Doch den ganz großen Kintopp für die Massen sucht man außerhalb des Zeichentricks vergeblich. Da stehen Produktionsgremien davor, die jede ungewöhnliche Idee sofort wegdenken, und mafiöse Talentagenturen, die für jede Figur garantiert das falsche hübsche Gesicht finden.
7. **Brot:** Warum beschwert sich der nervige Deutsche im Ausland immer, dass das Brot nicht schmeckt? Weil es halt nicht schmeckt, verdammt. Wollte man einem Japaner erklären, was am japanischen Weichbrot nicht stimmt, könnte man ihm sagen, es tagtäglich essen zu müssen wäre für einen Brotkulturmenschen so, wie es für einen Reiskulturmenschen sein muss, täglich Reis aus dem Kochbeutel vorgesetzt zu bekommen. Würde er leider nicht verstehen, weil er ohne Auswandererfahrung gar nicht wüsste, was ein Kochbeutel ist. Damit haben Japaner es gut. Mit ihrem Brot nicht.
8. **Wein (national):** Bier und Whisky von Weltniveau kommen aus Japan, von kultureigenem Vergorenem und Gebranntem mal ganz abgesehen. Mit der Koshu-Traube hat Japan sogar eine Weintraube, die es nirgendwo sonst auf der Welt gibt. Sie gilt als besonders widerstandsfähig gegen

Rebkrankheiten. Außerdem gilt sie als widerstandsfähig gegen Weingewinnung. Ein Verdienst sicherlich, dass es den japanischen Winzern trotzdem gelingt, dass nicht jeder Tropfen schrecklich schmeckt. Doch sollte »nicht schrecklich« ein Maßstab sein? Kann man nicht auch mal zugeben, dass man etwas nicht so gut hinbekommt wie andere? Könnte man auf die jetzigen Weinbaugebiete nicht ein paar weitere Bierbrauereien setzen? Irgendeinem Craft-Brauer mit Rauschebart wird schon einfallen, was man aus der widerspenstigen Traube noch so machen könnte.

9. **Wein (international):** Erwartungsgemäß ist europäischer Wein im asiatischen Ausland teurer als im europäischen. Die lange Reise, der Zoll, die lieben Steuern. Doch muss er gleich so viel teurer sein? Mit dem Dreifachen muss man immer rechnen, das Fünffache ist keine Seltenheit, eine Obergrenze gibt es nicht. Und wenn man schon so viel bezahlen muss, dann wäre es schön, mal etwas zu finden, von dem man bereits etwas gehört hat. Nein, liebe Japaner, niemand in Deutschland trinkt Zeller Schwarze Katz. Und seit ich in Japan einmal nicht umhin kam, weiß ich auch warum.
10. **Käse:** Jede Käsescheibe, die etwas auf sich hält, wird von japanischen Käseherstellern in Hunderten von handelsüblichen Mikrowellenmodellen getestet, ob sie vorbildlich formschön schmilzt. Es hat den Käseherstellern noch kein Käseliebhaber gesagt, dass es bei Käse darauf in erster Linie nicht ankommt.

10 Dinge, die Japan der Welt voraus hat

1. **Schlange stehen:** Warum sollte man an einer Bushaltestelle oder am Bahnsteig nicht Schlange stehen? Ist es ein zu radikales Konzept, dass der, der zuerst da war, auch zuerst einsteigt? Ist das etwa spießig? Oder sollte es ganz selbstver-

ständlich sein? (Bitte keine allzu ausführlichen Antworten; es handelt sich um rhetorische Fragen.)

2. **Convenience Stores:** Wären die sogenannten *konbinis* nur dazu da, dass man zu jeder Tages- und Nachtzeit ein warmes Spaghetti-Sandwich oder eine kalte Dose Bier zu zivilen Preisen kaufen kann, dann wären sie trotzdem auf dieser Liste vertreten. Ernährung ist schließlich wichtig. Die *konbinis* bieten aber viel mehr. Sie sind mit ihren Maschinen und Sitzecken Erweiterungen von Arbeits- wie Wohnzimmer, und sie übernehmen die Aufgaben von Postämtern und Banken. Oftmals besser als echte Postämter und Banken: Das bare Bezahlen von Papierrechnungen, im Papier- und Bargeld-verrückten Japan leider noch sehr üblich, geht am bequemsten am Schalter des freundlichen Nachbarschafts-Konbini. Dieser Tage wird diskutiert, ob die Läden wirklich rund um die Uhr geöffnet haben müssen, so wie es die Konzernleitungen ihren Filialleitern vorschreiben. Ich meine mit der Mehrheit: Nein. Auch wenn sie um Mitternacht schlössen und erst im Morgengrauen wieder öffneten, kämen ihre Öffnungszeiten noch immer viel gelegener als die der Institutionen, deren Aufgaben sie übernehmen.
3. **Öffentlicher Personennahverkehr:** Stimmt ja gar nicht, dass japanische Züge stets so pünktlich wären, wie immer behauptet wird. Gerade morgens herrscht in der großen Stadt eine geradezu surreale Diskrepanz zwischen der Zeit auf der Anzeigetafel, der tatsächlichen Uhrzeit, dem Zug, der gerade einfährt, und dem, der eigentlich gerade einfahren müsste. Aber es fällt keinem auf. Weil irgendwas immer kommt und immer alles weitergeht.
4. **Internationale Küche:** Die nationale natürlich auch, doch das muss wohl nicht extra erwähnt werden. Wer in Tokio nur japanisch isst, der verpasst was. Von Hamburger bis Haute Cuisine ist die japanische Hauptstadt die Michelin-verbriefte Gourmet-Hauptstadt der Welt. Und wenn mal

etwas nicht ganz authentisch ist, dann ist es meistens zumindest interessant variiert.

5. **Taxis:** Mitunter hört man, wie sich Ausländer darüber beschweren, dass Taxifahren in Japan zu teuer sei. Diese Sichtweise muss eine durch Vergleiche mit Barfußbilligländern verzerrte sein. Gemessen am deutschen Standard sind japanische Fahrten äußerst günstig, die Fahrer pfleglich gekleidet und die Wagen picobello. Es kommen außerdem ständig neue Modelle hinzu, sie werden stets geräumiger und technisch verspielter. Der Gewinner im Konkurrenzkampf der Unternehmen ist der Kunde. Schön auch, dass es eher unüblich ist, auf dem aufdringlichen Beifahrersitz Platz zu nehmen, und dass auf der angenehmen Rückbank niemand zum Small Talk gezwungen wird. Wer möchte, darf trotzdem.
6. **Kunstkino:** Keiner verknüpft Familien- und Gesellschaftsdrama so durch Mark und Bein gehend wie Hirokazu Koreeda, keiner verknüpft Mark und Bein mit Maschinenteilen so brutal wie Shinya Tsukamoto. Um nur zwei der Meisterregisseure des Landes zu nennen. Die internationalen Filmfestivals wären ärmer ohne Japans Avantgarde.
7. **Familienrestaurants:** Es muss doch möglich sein, als erwachsener Mensch mit kleinen Kindern in Würde und ohne Angst auswärts essen zu gehen. Es muss doch irgendetwas zwischen der dunklen Schankstube mit dem traurigen Fischstäbchen-Kinderteller und der Hüpfburg-Hölle mit Bedienung im Clownskostüm geben. In Japan gibt es das. Vieles, was sich als family restaurant (japanisiert und abgekürzt: *fami resu*) bezeichnet, bietet eine üppige Kinderkarte und eine Box voll mit begehrenswertem Billigplastikspielzeug für die Kleinen zum Behalten sowie verhältnismäßig anständiges Essen und Ambiente für die Großen. Ketten wie Royal Host (japanisch, mit wechselnden internationalen Sonderkarten), Denny's (eigentlich amerikanisch, in Japan allerdings vorwiegend japanisch) oder To The Herbs

(italienisch) werden regelmäßig vom Michelin-Guide übersehen. Völlig zu Recht; wir wollen die Kirche schön im Dorf lassen. Doch wenn einem im heimischen Esszimmer mal die Decke auf den Kopf fällt und man den Kleinen eine Freude machen möchte, kann man dort mit etwas gutem Willen wirklich das Gefühl heraufbeschwören, richtig essen zu gehen. Tatsächlich sieht man dort nicht selten auch Erwachsene ganz ohne minderjährige Begleitung einkehren. Das finde ich offen gestanden schon ein bisschen seltsam. Aber eben nur ein bisschen.

8. **Sauberkeit:** Mag sein, dass Japan nur oberflächlich sauber ist, derweil nicht porentief rein. Ich meine: Immer noch besser als gar nicht. In Zügen kommt regelmäßig die Durchsage, man solle sich bitte nicht auf den Boden setzen. Trotzdem schön, dass er so sauber ist, dass man nichts dagegen hätte.
9. **Trinkgeld:** Gibt es nicht, wozu auch? Es sollte Aufgabe des Arbeitgebers sein, seine Arbeitnehmer zu bezahlen. Nicht die Aufgabe des Gastes des Arbeitgebers. Einige Gaststätten, die sich besonders modern geben wollen, stellen inzwischen Trinkgeldgläser auf. Diese Gaststätten sind tunlichst zu boykottieren! Eine Bedienungsgebühr ist in den Festpreisen der Gastronomie bereits enthalten, darüber hinaus zahlt man in manchen Lokalen eine Extragebühr für den Sitzplatz. Das reicht. Und das zahle ich gerne, solange ich Kopfrechnerei zu einem Zeitpunkt, an dem Kopfrechnerei erfahrungsgemäß am schwersten fällt, vermeiden kann.
10. **Urlaub:** Sicher, Japaner machen nicht viel Urlaub, so weit stimmt das Klischee. Aber wenn, dann richtig. Wer findet, dass Vollpension und heiße Bäder zu sehr nach Rentnerpauschale klingen, der hat noch nie in einem *Ryokan* mit Onsen und Gängemenü sein Futon aufschlagen lassen. Da ist man gerne Rentner, in jedem Alter.

Also, viel Spaß bei Ihrem nächsten Rentnerurlaub in Japan.

Arigatō gozaimasu

Ohne meine Eltern Renate und Ernst-Ludwig Neuenkirchen wäre ich nicht nur nicht in die Welt gekommen. Ohne ihre Unterstützung und ihre eigene ansteckende Reiselust wäre ich auch nicht in ihr herumgekommen. Ohne meine Eltern hätte ich außerdem nicht Stefan Ernstings Eltern kennengelernt, und ohne die nicht Stefan Ernsting. Ohne den wiederum wäre die Keimzelle dieses Buches nie unserer nun gemeinsamen Agentin Aenne Glienke unter die Augen gekommen. Ohne Aenne Glienkes Vertrauen, Enthusiasmus und Beharrlichkeit wäre das ganze Unterfangen nicht auf dem Schreibtisch von Bettina Feldweg gelandet.

Bettina Feldweg, Renate Müller-Wolff, Antje Steinhäuser und Margret Kirsch sind schuld, dass die Arbeit am Text sich nie wie Arbeit angefühlt hat.

Chie Asano hat seit der dritten Auflage unverzichtbaren Senf dazugegeben und trägt Sorge, dass mir niemals die Hello-Kitty-Kugelschreiber ausgehen.

Ohne Teiko Geist-Suzukis Geduld und Gnade würde ich überhaupt kein Japanisch sprechen. Ich gelobe weitere Besserung, auch wenn ich dieser Tage selten ohne meine fünfjährige Simultandolmetscherin aus dem Haus gehe.

Ein Buch über Japan wäre ohne Japan schlecht möglich. Dass ich mich dort seit einiger Zeit noch willkommener fühle als ohnehin schon, liegt an meiner wunderbaren Schwiegerfamilie, dem Katayama-Clan: Reiko, Fumon, Takako und selbstverständlich vor allen und allem anderen Junko.

Es ist keine sentimentale Übertreibung, sondern nüchterne Tatsache, dass es dieses Buch ohne die Genannten nicht geben würde. Dafür möchte ich allen von ganzem Herzen danken.

Überhaupt nie genug kann ich all denen danken, die in diesem Buch unter Tarnnamen und Tarnidentitäten Sprechrollen übernommen haben. Ihre Tarnungen sollen an dieser Stelle nicht auffliegen, aber jedem Einzelnen sei versichert, dass ich oft und gerne an jede unserer gemeinsam gegangenen Wegstrecken zurückdenke, auch wenn wir irgendwann unterschiedliche Abzweigungen genommen haben.